當革命槍響

天下再無皇帝

×皇族內閣 × 十月圍城 × 光復浪潮……

了上千年的帝制，而今大廈將傾的局面是該推翻還是力挽狂瀾？

張程 —— 著

至高無上的帝制何以分崩離析？
政治腐敗、財政困窘、生靈塗炭……
帝國走到這個地步，如果現在不革命，馬上就要沒命了！

—— 辛亥那年，腐朽王朝的末路。

目錄

十月圍城 ——— 一九一一年十月十號前後發生了什麼

地動山搖 ——— 各省獨立與清廷政治巨變

民國肇建 ——— 革命黨站穩腳跟，成立南京臨時政府

山雨欲來 ——— 一個嶄新時代的跟蹌起步

宣統王朝
——舊帝制的末日和新變革的背景

宣統王朝——舊帝制的末日和新變革的背景

北京城正中央的紫禁城，在帝制時代是個神祕陰森、令人望而生畏的地方。慈禧太后葉赫那拉氏在這座巨大的建築群裡，帶領中國邁進了二十世紀。

從一九〇七年春開始，立憲派領袖張謇先後四次應慈禧太后之召，踏進了紫禁城。風燭殘年的慈禧太后在召見中，多次「語及時局之非，不覺淚下」。張謇直言不諱，悲涼地陳述了國家財政窘境、行政效率低下、官場黑暗腐敗和百姓怨聲載道，指出民心開始傾向革命，對大清王朝不利。慈禧太后聽著真實的反饋，失聲痛哭，毫不掩飾她的心力交瘁：「我久不聞汝言，政事敗壞如此。你可以問問皇上，現在招對臣工，不論大小，甚至連縣官也時常召見，哪一次我不是用言語以求激發天良，要求他們認真辦事？萬不料全無感動！」在希望、迷茫和痛苦中，慈禧太后結束了一生，鬆開了掌握超過四十年的權柄。

一九一一年五月十二日、十六日，北京的總稅務司安格聯收到長沙海關稅務司偉克非的兩封信。信中說：

「毫無疑問，大多數老百姓是希望換個政府的。不能說他們是革命黨，但是他們對於推翻清朝的嘗試是衷心贊成的。」

「中國的前途似乎非常黯淡。我看在不久的將來，一場革命是免不了的。現在已經公開鼓吹革命，並且獲得普遍的同情，而政府並沒有採取任何預防措施，卻盡在瞎胡鬧。」

此刻，最頑固的保皇黨人、獲利豐厚的殖民者、初出茅廬的新派學生……所有的人都相信清王朝已經到了必須變革的時刻。不然，等待它的只有滅亡。

攝政王一語成讖：快完了

光緒三十四年（一九○八）十一月初，慈禧太后在頤和園慶祝七十四歲生日期間，患了痢疾。年邁的身體經不起病毒的折騰，迅速衰弱。她知道，自己的「日子」到了，開始著手安排後事。

對政治人物來說，所謂的「後事」就是「人事」安排。王朝復興也好、方針政策的延續也好、前任的哀榮也好，歸根結柢離不開挑選一個合適的接班人。

被囚禁在中南海瀛臺的光緒皇帝早在慈禧患病之前就臥床不起了，雖經各地名醫輪番診治，病情非但沒有減輕反而加重了。估摸著，皇帝駕崩也就在這幾天了。由於光緒沒有生育，慈禧不僅要為大清帝國挑選一個新皇帝，更重要的是配置好輔政團隊。選誰來當新皇帝的助手，誰就將帶領已經千瘡百孔的大清王朝走向不可預知的未來。那麼選誰呢？

時任領班軍機大臣、慶親王奕劻是百官之首，是第一候選人。奕劻已經七十歲了，血統、能力都不出眾，而且貪墨成性、聲名狼藉，可他最大的或者說唯一的優點是政治上完全可靠，在歷次政治事變中都堅定地站在慈禧一邊。奕劻能不能託付後事呢？慈禧搖了搖頭。這樣的人可以用作心腹，卻不能將江山交給他。

奕劻進入權力核心多年，拉幫結派，勢力不小。因為貪贓枉法，他多次遭到彈劾。慈禧雖然沒有動奕劻，奕劻自己卻忐忑不安，加上年紀實在大了，想全身而退了。幾年年初，奕劻向慈禧申請退休，並推薦兒子載振進入軍機處，「子承父業」。為了達到目的，奕劻派兩個寶貝格格有事沒事往宮中跑，在慈禧身邊吹風。慈禧很有主見。朝廷的核心權力，怎麼能讓你奕劻父子私相授受？她招來奕劻，綿裡藏針地加以慰

留，說：「現在時局艱難，你這樣的老成之人可不能輕易退休。不過，你的年紀也大了，就讓醇親王載灃跟著你學習歷練一下，你好好教教他。一二年後，我再批准你退休。」奕劻一聽，明白了：我船到碼頭車到站了，太后選中載灃為接班人了。

老醇親王奕譞是咸豐皇帝的弟弟，娶了慈禧的妹妹，長子載湉被慈禧抱進紫禁城當了光緒皇帝，次子就是今年二十五歲的載灃。所以，載灃是光緒皇帝的親弟弟，也是慈禧太后的侄子兼外甥。慈禧太后選中載灃，有私心作祟的痕跡。可話說回來，載灃在血緣上是最親近的宗室親王，表現也不錯。當年代表中國去德國，就德國駐華公使克林德被殺一事道歉，載灃堅決拒絕向德皇行跪拜禮，不卑不亢地完成使命，為海內外矚目。慈禧的選擇不算盲目。一九〇八年二月，載灃進入了軍機處。奕劻知道扳不倒載灃，退而求其次，希望盡可能多保留自己的勢力。他推薦關係密切的袁世凱進入軍機處輔助自己。慈禧太后同意了，不過認為張之洞和袁世凱都是封疆大吏中的佼佼者，應一起進入軍機處。奕劻無話可說。慈禧本意是想用載灃制約進而取代奕劻，奕劻想聯合袁世凱壓制載灃，慈禧就引入和奕劻關係疏遠的張之洞來制約袁世凱。

臨終前，慈禧面對著核心權力圈子中奕劻、載灃、袁世凱、張之洞四大股勢力。

這四個人中，慈禧最放心不下的是袁世凱，最擔心的是奕劻和袁世凱的聯合。

四十九歲的袁世凱是最近幾年之內飛速上升的政治新星。他在直隸總督兼北洋大臣的任上籌辦新政，成果顯著；他為朝廷編練了六個鎮（相當於師）全副德式武裝的北洋新軍；他培養了一大批軍政人才。袁世凱的問題隨著政績接踵而至，成績有多大，問題就有多嚴重。袁世凱蜚聲海內外，得到了革新派官吏、新興社會力量和洋人們的傾心支持，而

這些人並不看好朝廷；他訓練的軍隊只聽他的命令，朝廷指揮不動；他舉薦、培養的人才占據了越來越多的職位，形成了袁氏勢力。幾十年的權力鬥爭讓慈禧太后對潛在的威脅異常敏感。去年，慈禧調袁世凱為軍機大臣、外務部尚書，明升暗降，解除他的兵權，調離直隸。不過，袁世凱保舉的繼任直隸總督楊士驤完全是鐵桿袁黨，直隸和北洋軍隊大小事務仍暗中操於袁世凱之手。袁世凱的所作所為已然對朝廷構成了威脅。

更可怕的是，實力膨脹的袁世凱和貪墨戀棧的奕劻勾勾搭搭，形成政治同盟。慈禧知道，袁世凱大肆賄賂奕劻。慶王府裡無論是生了孩子、死了人，或是過個生日什麼的，費用都可以拿到直隸總督衙門報銷。奕劻擔任領班軍機大臣前不久，突然收到袁家送來十萬兩（有說是二十萬兩的）白銀。來人傳述袁的話說：「王爺就要有不少開銷，請王爺別不賞臉。」奕劻也需要袁世凱勢力的支持，讓兒子載振與袁世凱結為兄弟。

兩人聯合後，把目標先對準了張之洞。張之洞出身科舉正途，在大江南北磨礪多年，是沿著帝國官員傳統的晉升途徑一步步走過來的，經驗豐富。不過正如袁世凱所說，張之洞雖然為官幾十年，依然是一介書生，「有學無術」，並未通曉中國政治的實際面貌，雖然地位、做事和李鴻章相仿，取得的成績卻遠遜於李鴻章，也遜色於袁世凱。奕劻和袁世凱表面上以長輩之禮尊敬張之洞，卻把無關緊要的事務，比如祭祀、改行金幣等推給他主政，而各省疆吏、各部要臣則安置自己的親信私人。慈禧年老多病，無力過問軍機事務，便讓奕劻和袁世凱把持了軍機處。

如此看來，奕劻和袁世凱兩個人都不能參與後事。慈禧下了一道命令，把奕劻調到東陵查看帝陵工程，在權力部署的節骨眼上不讓他在北京；又將袁世凱心腹愛將段祺瑞的北洋新軍第六鎮全部調出北京，緊急調陸軍部尚書，滿人鐵良統轄的，幾乎全由八旗子弟組成的第一鎮接防——當然這一系列調動，事先都沒讓袁世凱知道。

宣統王朝 —— 舊帝制的末日和新變革的背景

萬事俱備後，慈禧密召軍機大臣載灃、張之洞和世續入宮，囑咐後事。

首先是挑選新皇帝。光緒無子，只好從近支親貴中選擇。慈禧提議醇親王載灃的兒子、三歲的溥儀為新皇帝。同治皇帝和光緒皇帝都是幼年即位，由慈禧太后垂簾聽政。張之洞、世續二人見國家內憂外患，唯恐溥儀登基後再由後宮垂簾，對慈禧的提議委婉地表示反對：「國有長君，社稷之福，不如直接立載灃為帝。」慈禧淒涼答道：「我何嘗不知道你們的顧慮，可是光緒是兄終弟及，現在再來一次兄終弟及，我的親生兒子同治就斷後了。我立溥儀，仍令載灃主持國政，公私都可以兼顧。」

張之洞等人不敢堅持，新皇帝就這麼定下來了。

當年光緒繼承堂兄同治的皇位。這項變更祖宗家法的做法引起朝野大片譁然，慈禧曾允諾將來光緒的兒子會同時作同治和光緒的繼承人。現在，慈禧讓溥儀繼承同治，未提兼祧光緒之事。慈禧對光緒並無好感，溥儀如果不能同時作同治、光緒兩人的繼承人，光緒的皇后就無法升為太后，地位將不倫不類。張之洞大膽提出：「當今皇上臨御天下三十多年，不可無後，古有兼祧之制，似可仿行。」慈禧沉默不言，過了良久才瞪著張之洞說：「此事姑且從你所請，擬旨吧。」

十一月十三日，紫禁城命令：醇親王載灃授為攝政王，代批奏摺；載灃之子溥儀接進宮中教養，並在上書房讀書。

同日，慶親王奕劻回到北京，發現權力結構發生了天翻地覆的變化。他跑到宮中面見慈禧，慈禧便「徵詢」了他的意見。奕劻趕緊磕頭，表示完全擁護老佛爺的英明決策。於是，慈禧頒布懿旨：賞給慶親王「世襲罔替」的恩榮。這是清王朝封出去的最新的「鐵帽子王」，也是最後一個鐵帽子王。

同日，袁世凱發現自己已被排斥到核心權力圈之外，必將失勢，偽

稱足疾（袁世凱兒時頑劣，曾經墜馬傷腳，落下終身傷病），由兩個人扶著進宮表示擁護太后的決策，也算是自己給自己找個臺階下，避免尷尬。

同日，載灃在日記中記錄心情「萬分無法，不敢再辭」。他當天最重要的任務是把兒子溥儀送入紫禁城去。傍晚，他帶著一大幫大臣、宮人回家，要帶溥儀進宮。醇王府裡頓時發生了一場大混亂。溥儀在《我的前半生》中描述道：「老太太不等聽完兒子帶回來的懿旨，先昏過去了。王府太監和婦差丫頭們灌薑汁的灌薑汁，傳大夫的傳大夫，忙成一團，那邊又傳過來孩子的哭叫和大人們的哄勸的嘈雜人聲。新就位的攝政王手忙腳亂地跑出跑進，一會兒招呼著隨他一起來的軍機大臣和內監，叫人給孩子穿衣服，這時他忘掉了老太太正昏迷不醒。一會兒被叫進去看老太太，又忘掉了軍機大臣還等著送未來的皇帝進宮。這樣鬧騰了好大一陣兒，老太太甦醒過來，被扶送到裡面去歇了，這裡未來皇帝還在『抗旨』，連哭帶打地不讓內監過來抱他。內監苦笑著看軍機大臣怎麼吩咐，軍機大臣束手無策地等攝政王商量辦法，攝政王只會點頭，什麼辦法也沒有⋯⋯」溥儀的乳母看小孩子哭得可憐，本能地拿出奶來餵他，這才止住了溥儀的哭鬧。這個卓越的舉動啟發了束手無策的大人們，載灃和軍機大臣商量，決定破例地由乳母抱溥儀一起進宮。溥儀入宮後，被抱去見慈禧太后。沒有熟悉的屋子，沒有了嬤嬤，三歲的溥儀忽然發現自己被一群陌生人抱著，穿梭在一節節陰暗的過道中。這讓他留下了模糊而強烈的可怕印象。半個多世紀後，他寫道：「在一個陰森森的幃帳中，露出一張瘦削的老太婆的臉，醜得要命。據說我一看見慈禧這副病容，立刻號啕大哭，渾身哆嗦不止。慈禧看我哭了，叫人拿冰糖葫蘆給我，不料我一把拿過來就摔到地下，連聲哭喊著：『要嬤嬤！要嬤嬤！』弄得慈禧很不痛快，說：『這孩子真彆扭，抱到哪兒玩去吧！』」

十四日，光緒皇帝病逝於瀛臺涵元殿，終年三十七歲。慈禧下令：溥

宣統王朝——舊帝制的末日和新變革的背景

儀入承大統為嗣皇帝，考慮到時勢艱難，而新皇帝年紀太小，暫由攝政王載灃監國，所有軍國政事都由載灃訓示裁度。第二天（十五日），朝廷真正的舵手慈禧也去世了。皇上、太后都停柩宮中，群臣哭臨三日。按制，三品以上官員在乾清門外，四品以下則應在景運門外痛哭。這一次，官員無論官職大小都混入乾清門，人聲嘈嘈，甚至有僕人、隨從夾雜其中，御史不糾禮，禮部不相儀，亂成一團，沒見有人站出來糾正秩序。慈禧的死，對大小官員的打擊實在太大了，大家一時都不知道怎麼做了。

在一片混亂中，慈禧臨終前經過縝密思考，反覆權衡選定的繼任團隊，能接過權柄，帶領清王朝走好下一段路嗎？

一九〇八年十二月二日，溥儀在紫禁城太和殿舉行登基大典，宣布明年為宣統元年，尊光緒皇后為「兼祧母后」，上徽號「隆裕」。

登基大典對三歲的溥儀來說，簡直是一種折磨。正式大典之前，溥儀要先在中和殿接受內廷大臣和侍衛們的朝賀。溥儀被他們折騰了半天，加上那天天氣奇冷，等他被抬到太和殿、再被放到又高又大的龍椅上的時候，小孩子的耐性完全喪失了。溥儀放聲大哭。可登基典禮剛剛開始，王公大臣文武百官正要對他三拜九叩呢！載灃單膝側身跪在龍椅下面，雙手扶住兒子，不讓他亂動。溥儀掙扎起來，哭喊得更凶了：「我不挨這兒！我要回家！我不挨這兒！我要回家！」三跪九叩禮磕起頭來沒完沒了，小皇帝的哭叫越來越響。載灃急得滿頭是汗，只好哄他說：「別哭別哭，快完了，快完了！」

典禮結束，文武百官竊竊私議起來了：「王爺怎麼可以說什麼『快完了』呢？」、「太不吉利了！」大家都垂頭喪氣地散去，覺得載灃的話給剛剛揭幕的宣統王朝罩上了不祥之兆。三年多後，小皇帝溥儀就宣布退位了，載灃的「快完了」成了一句讖語。

「隆裕 ── 載灃體制」

　　清朝的最後三年多時間，是在「隆裕 ── 載灃體制」下度過的，載灃是實際施政者。

　　隆裕皇太后是慈禧的親姪女，又嫁給了慈禧名義上的兒子光緒。慈禧臨死前，布置了由兒媳兼姪女的隆裕為太后，由姪子兼外甥的載灃為攝政王監國的權力格局。載灃掌握軍國大權，隆裕則對朝政擁有一票否決的權力。慈禧希望在死後維持一個皇室專政的強勢局面，一如她自己四十多年來的統治一樣。她思索著，只要皇室大權在握，江山總會保住的。可惜，無論隆裕還是載灃，都沒有慈禧那般能力，把持不住大局。

　　隆裕太后時年正好四十歲。很多人把她描繪成一個昏庸、悍妒又專權的女人，仗著慈禧的寵信橫行後宮。而在清人和民國的筆記中，隆裕是一個苦悶、平常的女子，並不受慈禧的寵愛。相反，慈禧相當喜歡聰明活潑的珍妃和工於心計的同治皇帝留下的妃子瑜妃。隆裕既得不到慈禧的關懷，又得不到丈夫光緒的愛，只能在後宮對坐枯燈，生活單調而枯燥。冷板凳一坐就是二十一年。老醇親王奕譞逝世的時候，隆裕身為他事實上的兒媳婦，要上門詣祭。皇后駕到，總要犒賞門丁、僕嫗等人，需要上千兩銀子。隆裕根本沒有這個意識，同時也窮得拿不出這筆錢，就空著手去了醇親王府。最後還是王府代她出了這筆賞銀，對外宣稱是「皇后有賞」。隆裕知道實情後，大慚。一年後，醇親王府舉辦奕譞的週年殷祭，隆裕百般籌措還是沒有湊足賞銀，就藉口生病不去祭奠奕譞，說來實在有些悲涼的感覺。

　　關於隆裕的為人處世，晚清時期經常出入紫禁城的德齡評價她「個

性溫和」、「不愛管事」。隆裕的弟弟德錫則回憶姐姐：身為一個女人，她遵循了舊體制下「無才便是德」的傳統，所以她謹言慎行，從不囂張跋扈，從不怨天尤人，她努力地生活在那個沉悶的世界裡。隆裕曾對弟弟說：「我知道在這個皇宮裡，大家都不喜歡我，而且我也不明白為什麼大家都不喜歡我。我每件事情都盡量做得小心，每件事情能忍則忍，能讓則讓，可為什麼大家對我還是這樣？」隆裕口中的「這樣」包括他人的誤解，也包括慈禧在世時自身的苦悶無助。她彷彿就是個鄰家大姐，一心要過安穩的好日子，談不上什麼遠大志向，也沒有執政的能力。

這樣的人做鄰家大姐，一點問題都沒有，可一旦被推上末代太后的位置，就是她個人和王朝的雙重不幸了。

隆裕暴得富貴，又沒有什麼志向，「唯得時行樂而已」。她要把失去了二十一年的歡樂都彌補回來。一旦掌握後宮的大權，隆裕就寵用內監張德（即小德張），負責張羅玩樂享受的事務。脫下孝服後，隆裕就鑽進梨園，沉迷於京腔崑曲之中，又下令建築長春宮，恢復宮市，買入歐美、蘇廣雜貨。不過，隆裕的享樂也就局限於此，沒有更過分的舉動了。她畢竟是個鄰家大姐，能想到的行樂手段也就是聽聽戲、買買東西了，倒不會對國家造成什麼傷害。至於軍國大事，她都推給了載灃處理，當起「甩手掌櫃」。慈禧賦予她的最終決定權，隆裕在革命爆發前都沒有使用過。

四十歲的皇太后隆裕不成器，那麼二十五歲的監國攝政王載灃又怎麼樣呢？

載灃熱愛家庭，待人和善，生活簡樸，喜歡讀書、寫字和觀察天文。他是在傳統貴族生活環境中長大的，衣食無憂，上有母親管著家務，下有一大幫辦事機構和僕人為他理財、酬應、供他役使，還有一群清客幫他出謀劃策以及陪他聊天遊玩，這就造成載灃的生活環境很狹

隘，沒什麼社會閱歷，對國情、政情談不上什麼了解。更糟糕的是，他的父親奕譞因為兒子當了光緒皇帝，一生都在提防著慈禧太后的猜忌，韜光養晦。載灃從小跟著父親謹小慎微地生活，養成了怯懦畏縮、沒有主見的性格。

載灃剛開始監國時，很多人提議他移宿紫禁城，方便照顧溥儀和朝政。

結果太福晉不同意。太福晉是奕譞的正妻，是慈禧的親妹妹。她有一個兒子被慈禧抱入紫禁城成了永不能相見的光緒皇帝，因此對紫禁城有著很強烈的抗拒感。太福晉堅決反對載灃住到紫禁城去，載灃不得不留在醇親王府。載灃的兩個弟弟載洵、載濤依仗著太福晉的支持，對載灃多有要求，載灃也不得不滿足他們。載灃的正妻是榮祿的女兒，是個很強勢的女人，利用丈夫是攝政王與外界交通關節，企圖對朝政施加影響。結果醇親王府的新老兩任福晉都對載灃耳提面命，矛盾不可避免。載灃的福晉比婆婆更凶悍，太福晉爭權爭不過媳婦，就轉向三個兒子求助。載灃是坐視不管，對老媽和老婆都無可奈何；載濤血氣方剛，為母親抱不平，曾經操刀向嫂子尋仇，幾乎釀成大亂。王府鬧翻了天，載灃退避三舍，在府外躲了起來，一連十幾天不敢回家。大清朝的監國攝政王竟然如此狼狽，令人發笑。

遺憾的是，宣統王朝幾乎完全由這麼一個人拿主意。載灃和軍機大臣們同席議事，一切不敢自專，別人說什麼都覺得有道理，就是提不出自己的主張來。一些躁進之徒、鑽營小人就跑到他面前獻言獻策，載灃都欣然接受。往好了說是「監國性極謙讓」，往壞了說就是「無能」。無能也就罷了，問題是載灃內心格局也不大，還不勇於擔當責任、委任他人。東三省總督錫良、湖廣總督瑞澂入見，陳述各自轄區的政務。載灃召對時只勞慰了幾句場面話，就說不出其他的了。瑞澂有政務想和載灃

當面商量，開口說了幾句，載灃就打斷他：「你的痰病還沒好嗎？」瑞徵馬上住嘴，不再說話。出使日本的大臣汪大燮屢次上書密陳日本政治動向，提醒載灃關注日本勢力的擴張，一直沒接到載灃的回覆。汪大燮乾脆趕回國內，請求面陳機宜。他對著載灃慷慨陳詞，載灃默然無語，最後提醒汪大燮說：「已經十點鐘了。」說完就讓汪大燮退下。

溥儀也回憶了一件事：「李鴻章的兒子李經邁出使德國赴任之前，到攝政王這裡請示機宜，我七叔載濤陪他進宮，託付他在攝政王面前替他說一件關於禁衛軍的事，大概他怕自己說還沒用，所以要借重一下李經邁的面子。李經邁答應了他，進殿去了。過了不大功夫，在外邊等候著的載濤看見李經邁又出來了，大為奇怪，料想他託付的事必定沒辦，就問李經邁是怎麼回事。李經邁苦笑著說：『王爺見了我一共就說了三句話：你哪天來的？我說了，他接著就問：你哪天走？我剛答完，不等說下去，王爺就說：好好，好好地幹，下去吧！—— 連我自己的事情都沒說，怎麼還能說得上你的事？』」

說到執政理念，載灃沒有系統性的政治思想，也沒有提出新穎的執政思路。貴族生活和在德國的遊歷，只讓他相信一點：執政者必須掌握大權，滿族親貴們只有大權獨攬，才能迎接一個個挑戰，帶領王朝渡過一個個難關。這是載灃最大的政治原則，他三年多的執政都是圍繞這個原則展開的。

掌權之初，載灃就開始集中掌握軍權。他重新編組了禁衛軍，把京城軍隊掌握在自己手裡，任命忠君報仇的滿族親貴良弼實際負責禁衛軍。一九〇九年，載灃以宣統的名義下詔，宣布皇帝是海陸軍大元帥，因皇帝年幼暫由攝政王代理。其次，載灃重組了軍事指揮機關，將軍諮處從陸軍部獨立出來，變成一個直屬攝政王的專門機構，指派弟弟載濤負責。軍諮處後來發展為軍諮府，類似於清軍的總參謀部，剝奪了地方

督撫、將軍等原有的調兵權，並方便把載灃的軍事思想貫徹到各級軍隊（儘管載灃並沒有什麼軍事思想）。他又將海軍處從陸軍部中分出來，組建了海軍部，讓弟弟載洵當海軍大臣，重建海軍。張之洞提醒載灃，載洵、載濤二人年輕無知，恐怕不堪重任，軍隊是國家重政，應該挑選精通軍事的人擔任主持工作。載灃不聽，他就是要把軍權都掌握在兄弟三人手中。結果，載洵和載濤兄弟兩人做上官之後最熱衷的便是出洋考察。載洵前往歐洲各國考察海軍，載濤就前往歐美各國和日本考察陸軍。載洵回國一數，弟弟載濤比自己多去了日本和美國，不行，他又專程去了一趟日本和美國。

鎮國公載澤是載灃的族兄，血脈出自嘉慶皇帝第五子。他和突然抖擻起來的載洵、載濤兄弟不和，仗著自己是隆裕太后的姐夫（慈禧的大侄女嫁給了載澤），氣焰很囂張。載澤走隆裕的路子，把度支部尚書兼鹽政大臣的肥缺搞到了手。在任上，載澤貪汙受賄，中飽私囊。廣東道御史胡思敬兩次參劾兩廣總督袁樹勛貪腐，舉證的兩處贓款都涉及載澤。奏摺上去的第二天，載灃就召載澤入見，把奏摺遞給他看。載澤供認不諱。載灃說：「既然確有此事，就不必交查了。」載澤走後，以為載灃肯定要處分自己，惴惴不安。過了好一陣子一點消息都沒有，載灃將奏摺擱置不辦。載灃對親戚的態度是，只要他們不覬覦自己的權力，對自己無所隱瞞，哪怕親戚貪贓枉法他都不聞不問。

載灃的放縱和乏力，使得一時間滿族親貴盡出專政。這些皇親貴戚多是猖狂少年，造謀生事，大大破壞了政治風氣。可載灃就是相信他們，寧願將權力交給他們，也不願意選拔賢才。不要說漢族文武大臣，就是一般滿族大臣，也在載灃時期靠邊站了。比如良弼乃宗室多爾袞之後，忠於朝廷，留學日本，對近代軍事頗有研究，是滿族青年中難得的將才，就只是因為和載灃關係不近而被安置在禁衛軍，沒有更大的舞

臺。年近半百的鐵良先後任戶部、兵部侍郎，和袁世凱並列過練兵大臣，參與創設北洋六鎮新軍，經驗豐富且在新軍中有一定的影響力，是滿族將領中唯一可以與袁世凱相提並論的人選。可鐵良與載灃關係生疏，還做過榮祿的幕僚，得不到載灃的信任。載灃先免去他的陸軍部尚書職位，又貶他為江寧將軍，趕到南京去，眼不見心不煩。經過一番人事清洗後，盤踞在清朝權力金字塔頂端的都是載灃、載洵、載濤、載澤等滿人權貴小集團。

這個小集團是封閉排外的，因為權力本身帶有排他性。載灃為首的小集團勢力膨脹後，就和袁世凱、奕劻、張之洞等人產生了矛盾。載灃等人對袁世凱恨之入骨，本想將他千刀萬剮，後來在奕劻、張之洞等人的強烈反對下，為袁世凱辦理了提前退休，趕回老家。

載灃在慈禧時期，對奕劻、載振父子非常厭惡，手握實權後卻沒有處置他們倆，還對奕劻倍加優禮。奕劻實權大大削弱，可還保持著僅次於載灃的朝廷二號大臣的名分。原來，奕劻和隆裕的關係很緊密，載灃要防備隆裕，同時需要拉攏奕劻勢力來鞏固權力。奕劻也樂得和載灃結盟，來保住權勢。載澤則一心一意想把堂叔奕劻的權力奪過來，醇王府的人經常可以聽見他和載灃嚷嚷：「老大哥這是為你打算，再不聽我老大哥的，老慶就把大清斷送啦！」載灃總是半晌不出聲，最後說了一句：「好，好，明兒跟老慶再說……」到第二天，奕劻巋然不動，載澤又白費一次力氣。

張之洞從洋務運動開始就活躍在政壇上，是碩果僅存的「中興名臣」。一九○八年，他七十一歲了，對朝政有經驗、有看法，可惜心有餘而力不足。《國聞備乘》說他「暮年才盡，執筆沉思，終日不成一字」。光緒皇帝的遺詔出自張之洞的手筆，其中有一句話是「在天之靈彌留不起」，讀者皆掩口而笑。對於張之洞這樣的老臣，載灃原本可以借用他

的經驗和人脈，讓他辦點具體事務。可載灃將張之洞也視為權力威脅，棄之不用，讓他管些文化禮樂等冷衙門。張之洞晚年想提拔幾個官員都做不到。

比如一次安徽蕪湖道出缺，張之洞舉薦易順鼎。載灃對張之洞舉薦的人特別敏感，藉口易順鼎是著名詩人，詩寫得好不一定能治好地方，擱置不用。遇到朝廷大事，張之洞極力諫爭、百般陳述，載灃都懷疑張之洞的意見主張不是出於公心，全都不採納。張之洞公開反對載洵、載濤獨攬軍權，最後載灃頓足喝斥他：「這不關你的事！」張之洞生平多處順境，想不到晚年位極人臣了卻遭到訓斥，而且境遇越來越糟糕。老書生一時間想不開鬱鬱成疾。他乾脆不管朝政，埋頭將平日詩稿自編為《廣雅堂集》，希望思想能流傳下來。一九〇九年（宣統元年）夏，張之洞即因病請假，十月病逝。朝廷追諡他「文襄」。

奕劻被擱置、袁世凱被罷免、張之洞鬱鬱而終，表明朝廷最高層真正有施政經驗、踏實做事的力量徹底消失。隆裕、載灃等人的最高權力，力圖掐死所有現有和潛在的威脅，如今連能夠制約他們的力量也消失了，成了不折不扣的絕對權力。在矛盾重重的王朝末日，絕對權力不見得是壞事 —— 如果載灃能用好絕對權力，乾坤獨斷、雷厲風行、快刀斬亂麻的話。對於有作為的掌權者來說，權力只是工具，斷不能成為目的。可惜，載灃不能用權力來為國家和愛新覺羅家族作些有益處的事情，一味迷信絕對權力能保證王朝長治久安，對朝政卻得過且過，辜負了慈禧對他的信任和厚望，也白白浪費了飛到他手上的歷史機遇。為了權力而追逐權力的人注定不是個有作為的人 —— 而風雨飄搖的清王朝，多麼需要一個強而有力的、有作為的掌權者來扭轉危局啊。

不願面對的現實

理清了晚清皇權的最後更迭和「隆裕 —— 載灃體制」的情況，我們來看看統治者們面對著什麼樣的亂世景象 —— 這也是產生變革者的背景。

中國傳統王朝崩潰的原因，可以歸咎為末世財富與權力的高度集中，導致整個社會喪失公正公平。有錢的人越來越有錢，當官的人家世世代代為官，好處都被他們占盡了。而占人口多數的、沒有財富和權力的群體生活日漸困苦，且看不到改善的希望，於是走上推翻王朝的道路，建立新王朝。大亂之後必有大治，新王朝會打破財富與權力高度集中的趨勢，做一個平均化的努力，緩解矛盾，讓中國歷史踏上典型的王朝更迭之路。晚清社會大體上也遵循著傳統的王朝崩潰路徑。

清朝末期，貧富差距懸殊是巨大的社會問題。富者動輒一飯千金，流連在酒池肉林之中。袁世凱向奕劻行賄，出手都是十萬甚至幾十萬兩銀子。朝廷新貴們占據京城的核心地段，大起亭臺樓榭。而貧者，如京杭大運河的縴夫，將船隻從天津拉到北京，花費數天時間才能賺幾個銅錢，雇主還不供餐。湖北《國風報》報導一九一〇年湖北大水，襄陽荊州兩府「被災之民數十萬，皆田廬蕩然」。而「安陸府之潛江縣、鐘祥縣、監利縣亦連年受災，所有受災的地方，一片汪洋，數里不見煙火。災民有生食野獸之肉者，有握泥果腹致斃者，有挖樹皮草根以濟急者，令人忍不目睹」，儼然是一副地獄景象。

如果說貧富差距是個人能力高低和奮鬥與否造成的，那還能部分安撫弱勢群體的不滿情緒，問題是晚清的貧富差距是權力因素造成的。權力因素插手經濟運營、干預財富分配，霸占了大批不應屬於它的財富。

富裕起來的少數人不是本身是官吏及其家眷，就是投靠官府的紅頂商人，或者是前兩者的爪牙走狗。在權力和財富既得者的壟斷下，普通人透過個人努力累積財富的管道幾乎被封死了。按說，在社會轉型和大變革時期，個人企業和巨富很容易出現。日本的大型財團許多就是在近代崛起壯大的，得到了日本政府的扶持。但晚清政府不去扶持個人企業的發展，相反設置了種種政策壁壘和無形的障礙，還千方百計地從民營經濟中獲取利益。我們悲哀地發現，雖然晚清中國企業家是有抱負、有社會責任感的群體，卻沒有發展出有勢力的人物來。這一時期的胡雪巖、盛宣懷是後人津津樂道的官商，曾經富甲一方，可離開了政治支持後很快就被官府擊垮了。張謇是人們常提的另一個大商人，但他的出名更多是因為將事業的攤子鋪得很大，且具有開創性，真正的經濟實力並不強大，並且很大程度上得益於他的「狀元」身分和官場上的人脈 —— 普通人去開辦工廠、發展大型農場，不只要獨立承擔各種風險，還要天天和各種衙門打交道，沒過硬的官府人脈是行不通的。對於官商勾結，權力和財富相互轉化的惡劣行徑，清政府是管不了也不想管，聽之任之，任憑社會黑暗和人民對立情形加劇。清政府完全成了一個權貴政府。

更可氣的是，本身負有扶貧濟困、保持社會公正責任的官府，不但沒有救濟災民、扶助弱小，而是變本加厲地橫徵暴斂。因為戰爭賠款和各項新政支出的增加，清朝的財政成倍快速增長。甲午戰爭前，清政府每年財政收支大體穩定在八千萬兩左右；到一九○三年，清政府歲入一億零四百九十二萬兩；到一九○八年，歲入達兩億三千四百八十萬兩；到一九一一，清政府編制的財政預算中，歲入要達到兩億九千六百九十六萬兩，支出為三億三千八百六十五萬兩。十年間，政府的財政收支竟然增長了四倍，同期中國的經濟和老百姓的收入肯定沒有增長四倍。

多出來的錢是怎麼來的呢？只有一種解釋：各級官府敲骨吸髓，從老百姓身上搜刮來的。一方面是個人收入的減少，一方面卻是官府稅賦的增加，晚清百姓的生活境遇只能是每況愈下。

既然權力把持財富，那麼個人能否順暢地進入官場，公平地獲取權力呢？不幸的是，晚清政壇的流動性極小，幾乎是一個封閉的小世界。

儘管從理論上來說，任何人都可以透過科舉考試獲取權力，用十年寒窗苦讀獲取一官半職，但是科舉發展到晚清，已經爛透了。每年科舉考試期間，北京城和各省省城就炸開了鍋，有能力者開始預做準備，或晉謁、或賄賂已經或可能成為考官的官員。入場之時，各分房考官暗中答應錄取的考生加上正副考官屬意的考生，再包括達官貴人們塞紙條打招呼要求錄取的考生，多如牛毛，有千百人之多。考官們與其是在閱卷，不如說是在權衡關係。靠關係、賄賂的人很多，錄取名額有限，考官們必須反覆推敲，比真正批閱考卷按真才實學來評定高下更加辛苦。錄取名單上寫上那些必須錄取的考生之後就沒有幾個名額了，再挑選幾個有真才實學的孤寒考生，列名其上，以塞人口。普通人家的子弟想金榜題名，難度越來越大。

就算你在種種巧合之下「僥倖」考中了進士，也當不上官。因為晚清官員的主要來源是捐納的人，也就是花錢買官的人。《清稗類鈔》載：

「捐納，到同治光緒年間，流品益雜。早晨交錢，晚上就換上了頂戴花翎，根本不管買官者是販夫走卒還是富家小廝。小康人家的子弟，不讀詩書，只想著累積資金捐職，作為將來吃飯謀食的工具，美其名曰『討飯碗』。至於富商巨室家財萬貫的人家，即便是襁褓中的乳臭小兒，都有紅頂翠翎，家長給捐了候補道臺，又給加捐了二品頂戴花翎（省長、部長級別）。」

其中蘇南一帶經濟發達，買官的人多，而且購買的級別很高，《官

場現形記》中說:「江南本來有個口號,是婊子多、驢子多、候補道多。」南京城裡擁擠著成百上千的候補道臺,都能填補全國的道臺空缺了。官員太多了怎麼辦?唯一的辦法就是不管是科舉正途的還是旁門左道進來的官員,都要「候補」,有了實缺後,再按照資歷先後上任。

清末官員編制在四萬人左右,候補官員隊伍竟是正式編制的六倍多,候補隊伍越來越龐大。天天穿戴整齊到衙門等待差使降臨的候補官員們大有人在,更有一些候補者典當衣物,無處舉借,帶著妻子兒女啼饑號寒,坐以待斃。

當然了,真正有大錢或者靠上大官的人,是不需要候補的,甚至都不需要多少手續,可以由朝廷直接發文,任命為某某官銜。這可苦了那些兢兢業業的老實人,和那些背景不硬四處鑽營的一般人了。這樣,官場的封閉和擁擠,也在體制內造成了離心傾向,製作了一批「堡壘內部的反對者」。

進入官場以後,滿目黑暗腐敗,大小官吏腐朽不堪。紀實小說《官場現形記》記載了許多令人發笑的官場醜聞 —— 據說慈禧看了這部小說以後,按圖索驥查辦官員。比如朝廷的華中堂宣稱「最恨人家孝敬他錢」,但喜歡收受古董。他暗中開了個古董鋪,而且只接受別人從他店裡買來孝敬的古董。一邊收古董,一邊收下後就放回店裡去賣,一件古董周而復始地不知道為華中堂帶進多少銀子。比如不學無術的毛維新被總督大人認為是「洋務中出色能員」,實際上毛維新的洋務本領只有兩樣:一是背誦過了時的《南京條約》,二是把辮子剪成了短髮。又比如,南京候補道臺田小辮子,為顯示自己的「才能」,搜腸刮肚地為總督大人上了一個條陳,提出三條「富國強兵」的建議:一,不讓兵士吃飽飯,打仗必然勇敢;二,把兵士的眉毛剃去一條,防止士兵逃亡;三,幫兵士「一齊畫了花臉」,可以嚇退洋鬼子。而總督賈世文也是個不學無術的昏

官，竟然一本正經地向幕僚下屬們賣弄說得到了一本王羲之寫的《前赤壁賦》，聽說還是漢朝一個有名的石匠刻的（《前赤壁賦》是北宋蘇軾寫的，王羲之是南朝人）。清王朝內外交困，而皇親貴戚還醉心於爭奪權力的內訌。隆裕躲在紫禁城裡，雙耳不聞窗外事，任由寵任太監小德張在外界狐假虎威、頤指氣使。奕劻、載振父子本來就是一黨，現在又多了許多皇室派系：載洵出任海軍大臣，兼辦陵工，黨羽毓朗、載搏擔任了訓練禁軍大臣，合為一黨。載濤管理軍諮府，又侵奪陸軍部實權，和良弼等結為一黨。溥偉自恃是道光長孫，身分特殊，向載灃力爭官職，載灃只好任命他為禁煙大臣，權力在諸王之下。肅親王善耆占據民政部，兼管警政，為一黨。載澤把持財政全權，創設監理財政官、鹽務處，為一黨。載灃的福晉聯絡榮祿餘黨，收受賄賂，載灃不能制止。朝野議論紛紛，都說慶黨貪鄙、肅黨齷齪、貝勒黨浮薄、澤公受人撥弄。宗室覺羅、八旗世家互有分歧，各有打算。載灃處於各夥人勾心鬥角中，一會兒聽這邊的話，一會兒又信另一邊的主意，一會對兩邊全說好，過一會又全辦不了。弄得各夥人都不滿意他。官場如此荒唐，令忠於朝廷的臣民寒心。胡思敬就在《國聞備乘》中感嘆：「國統再絕而家無令子，識者早知其必有亂矣！」

晚清的末世亂象，還有兩個之前王朝沒有的特點。第一個是民族矛盾。清朝是滿族人建立的少數民族王朝，滿族人，尤其是貴族，擁有種種政治和經濟特權，加劇了社會的不公和黑暗。鄒容在《革命軍》中就指出：「滿洲人之在中國，不過十八行省中之一最小部分耳，而其官於朝野者，則以一最小部分，敵十八行省而有餘。今試以京官滿漢缺額觀之，自大學士、尚書、侍郎，滿漢二缺平列外，如內閣衙門，則滿學士六，漢學士四，滿蒙侍讀學士六，漢軍漢侍讀學士二，滿侍讀十二，漢侍讀二，滿中書九十四，漢中書三十。又如六部衙門，則滿郎中、員

外、主事缺額約四百名，吏部三十餘，戶部百餘，禮部三十餘，兵部四十餘，刑部七十餘，工部八十餘，其餘各部堂主事皆滿人，無一漢人。而漢郎中、員外、主事缺額，不過一百六十二名。」占人口大多數的漢族人的不滿之情，始終存在。太平天國起義爆發後，清廷大量啟用漢族能人，地方督撫提鎮大多是漢族功臣。可到光緒二十年後，滿族督撫又遍布天下，幾乎沒有漢人。一般八旗子弟有「鐵桿子莊稼」，雖然不多但也能保障基本生活，加上還有在參軍、從政和駐防等方面的種種便利，生活普遍好於同等的漢族人。在太平盛世，物質相對充裕的時候，漢人和滿人的矛盾得到了稀釋，沒有爆發出來；當國困民窮、生活艱難的時候，民族矛盾成了漢族人越來越不滿的首要問題。傳統的起義領袖也好，新式的革命宣傳者也好，紛紛抓住民族矛盾大做文章，爭取支持。

在辛亥革命前後，革命黨人宣傳最多的還是民族革命，推翻滿清統治，對其他革命主張宣傳不多。原因就是民族壓迫議題是一個堆滿了硫磺乾柴的房間，有一丁點火星就能燒起來。「反滿」宣傳容易鼓動百姓。而一般百姓，也將革命首先理解為推翻滿族人統治。

亂象的另一個特點是外國勢力入侵，搶占中國利權，殖民者壓迫中國人，引發了中外矛盾。遠的如輸入鴉片毒害中國人，割占中國領土，掠奪中國白銀也就不說了。清政府對外國勢力從完全排斥，到羞答答地學習人家的器物技術，又到義和團時期的強硬宣戰。八國聯軍用刺刀逼清政府簽訂《辛丑條約》後，殺戮了對外強硬的頑固派，扶持了外務部，並對清政府橫加了強大的賠款和軍事壓力。清政府完全對外屈服，成了「洋人的朝廷」。清朝官吏遇到黃頭髮藍眼睛的洋人，除了卑躬屈膝就是一味諂媚地點頭說：「也是，也是。」

外國勢力因此迅速在中國大地上蔓延，趾高氣揚的傳教士、外交官和水兵們橫衝直撞。外資企業透過鐵路和轟隆隆的火車，將中國的礦

產、資源和勞動力掠奪走，輸入鴉片和廉價的工業品。從一九○三年到一九一一年間，中國完工了許多幹線鐵路，在東北有東清鐵路、南滿鐵路，在中原有京漢鐵路、膠濟鐵路、正太鐵路等，在南方有粵漢鐵路、滬寧鐵路、滇越鐵路、廣九鐵路等，此外橫穿華北通往西北的隴海鐵路也通車了，構成舊中國的鐵路幹線，主導權和管理權都操縱在外國人手裡。噴吐著濃煙的火車像一個個怪物，風馳電掣地奔跑在中國的廣闊原野上，將沉睡地下千萬年的財富搶走，徹底打碎了中國百姓田園牧歌般的自然生活。

志士仁人對外國勢力侵略深惡痛絕：「嗚呼，鐵路之於大國，猶靜脈之於人身也。是故一縣失其權則一縣死，一省失其權則一省死，況全國南北（粵漢鐵路）、東西（蜀漢鐵路）交通之大關鍵乎？」、「經濟上之競爭，其禍乃毒於政治上。何以故？譬之是猶人也，朝割其一手，夕割其一足，其人必痛，而其警醒也易，而其反抗之力大，而其人猶可以復生也。若舉全身之精血而吸之，其猶茫然皇然莫知其由。」外國勢力成了新的末世亂象和革命的對象。

中國曾經在歷史上處於輝煌的頂點，強盛一時，傲視四海，如今突然跌落到谷底，成為列強爭相欺辱的羔羊，其中的落差給中國人的心理帶來難以撫平的創傷。這種心理落差很大部分轉化為對現狀和清政府的不滿。

在種種因素作用下，一九○一年到一九一一年，各地發生的民變超過了一千三百起，平均每兩天半一起，其中既有搶米、抗稅、兵變、盜匪、起義這樣傳統王朝將潰敗的前兆，又有學潮、工人罷工、中外衝突和教案這樣的新事端。光緒皇帝駕崩的時候，百姓們沒有悲傷之情，生活照舊，很多人還搶在遺詔正式公布前剃髮、嫁娶，北京城內鼓樂聲晝夜不絕。這說明人們對皇帝的忠誠度已經很低了，朝廷的重大變故似乎

與己無關。

李鴻章擔任北洋大臣的時候，一次接待了一位入京陛見，經過天津的巡撫。談及邊事，巡撫詢問北洋水師實力如何。李鴻章笑道：「苟延之局，何必認真。」說完，他苦笑著罰酒自酌：「失言！失言！自己罰酒一卮。」李鴻章對時局看法清楚而悲觀，認為在三千年未有之變局中朝廷處境危險，自己辛勤作為只不過是稍微糊裱而已，維持著清朝這座紙房子不至於立即倒掉。可悲的是，發展到載灃時期，清朝統治階層連這樣的認知都不願意有了。面對危局，他們像鴕鳥一樣，把頭埋進地下，不願正視現實。

朝政舵手載灃話不多，口頭禪是「照例」。重要節日如何慶祝，老爺生病了用什麼藥，小人們都不請示載灃，而是去找以前的做法，在載灃時期找不到就去找老醇親王時期的做法，因為他們知道即使請示，載灃也是說一句：「照例，即可。」載灃剛上臺時，還有些興致，喜歡把奏摺末尾恭維讚譽的套話濃墨圈點，後來懈弛得都懶得圈點了。浙江巡撫增韞舉薦王豐鎬為二品的交涉使，載灃批覆「著照所請」。二品大員竟然連任命的聖旨都沒有下發，朝野莫不怪詫。載灃還交辦了一些密旨，辦事之人經年累月沒有答覆，他也不過問或者乾脆就忘記了。比如兩廣總督袁樹勛被彈劾，載灃交瑞澂查辦，朝野都十分關注。瑞澂查復請旨，載灃在摺子上還是寫了那四個字「著照所請」，至於具體怎麼辦都懶得說。下面的大臣自然也就不敢查辦。光緒、慈禧大喪，民政部、禮部各奏請獎賞有功辦事人員超過百人，載灃還是「著照所請」。從此，各部門大開邀賞請封之門，導致官位和榮譽大大貶值。最滑稽的是，不同的奏摺說的是同一件事情，但奏請不同的處理意見，載灃也都「著照所請」，讓經辦人員無從下手、哭笑不得。庸官、小人便利用載灃的庸碌懶惰混日子、蒙事情。

宣統王朝 —— 舊帝制的末日和新變革的背景

　　宣統王朝是在整個清朝中政務辦理得最差的時期。載灃、奕劻等人視樞務為例行公事，一切墨守成規，批改奏章或者下發聖旨都讓軍機章京們按照之前的成案改動幾個字了事，如果沒有成案就讓每個大臣各出己見，拼湊成文下發。載灃等人不求真正解決問題，只想著將政務處理乾淨，讓清朝這艘破船繼續航行下去即可。

　　載灃攝政之初，御史江春霖彈劾奕劻反被罷官。此後，監察部門凡是揭露問題、彈劾官吏的奏章，都被載灃扣留，石沉大海。御史們乾脆噤不發聲，一兩個新進的年輕御史剛開始還恪盡職守，匯報實際情況，不過也很快沉默不語了 —— 反正說了也沒用，攝政王不需要聽實際情況。朝臣不敢生事，都混吃混喝、尸位素餐而已，朝堂議事時萬馬齊瘖、消沉一片。

　　載灃集團不願面對殘酷的現實，固執地認為把持住權力就能保住江山，終究要為此付出代價。

　　有個晚清的政治段子，生動地勾勒出了他們的面貌。載灃、載濤二人都嗜戲，載濤更以善演《盜御馬》著稱，經常召集家人串演。有一次，太福晉病重，載灃前來探視，在病房遇到載濤。兄弟倆見面，載濤馬上拉住載灃說：「正準備演《黃鶴樓》，缺一角色，二哥你來演周瑜正好。」載灃說：「我從來未學過武生，你又不是不知。」老母親聽了，拍床怒罵：「我都要病死了，你們還在歌舞娛樂，我死不瞑目啊！」

袁世凱「病退」

載灃掌權後，總做了些事情吧？他做的第一件真正有影響的事情，是斥退了袁世凱。

在一九○八年的中國，如果說掌權的載灃集團是保守、專制勢力的代表的話，那麼袁世凱就是體制內部尋求變革勢力的代表，是清朝主動改革的旗手。前者不對清朝進行大的改革，或者說載灃他們找不到清朝的改革之路，而袁世凱從豐富的人生經驗和政治閱歷出發，傾向改革，推行改革。

袁世凱，生於一八五九年九月，河南項城人，字慰庭。他出生在一個軍功世宦家庭，剛出生的時候前線傳來了祖父輩的戰鬥捷報，所以得名「世凱」。家族希望袁世凱能在傳統的科場上獲取功名，為官宦人家增光添彩，父叔輩對袁世凱的學業督促甚嚴。無奈他生性頑劣，不愛讀書，倒愛舞槍弄棒，騎馬射箭，廣交朋友，儼然是一副「失敗者」的模樣。

不過，科場成功人士徐世昌在落魄的時候，偶然與袁世凱相逢，就認為他狀貌偉然、氣概不凡，他談話後更發現他能縱談當前國家大事，非常驚奇，就誠心誠意地和他交為朋友。

傳統的科舉仕進道路走不通了沒關係，好在袁世凱所處的時代是亂世。他決心丟棄八股文章，在實際辦事的道路上謀求成功。家族背景為他開啟了良好的開端，二十二歲時袁世凱前往山東登州，投靠嗣父的拜把兄弟、淮軍大將吳長慶。吳長慶很照顧「世侄」袁世凱，立馬幫他安排了職位，不過對袁世凱的前途，吳長慶一開始也做出了錯誤的判斷，希望能督促袁世凱好好讀書考取功名，還讓小有名氣的幕僚張謇輔導他

的學業。這對袁世凱和張謇兩人，都是煎熬。所幸第二年（一八八二年）朝鮮發生兵變，政局混亂，清政府派遣吳長慶率軍隊入朝平息事變。袁世凱隨之入朝處理營務，有膽略，有機變，有權謀，整飭軍紀，表現搶眼。吳長慶不得不承認，袁世凱去考八股文真是太屈才了，他天生是帶兵打仗做實事的料。吳長慶奉調回國後，留部分軍隊給袁世凱；袁世凱被委派總理營務處，會辦朝鮮防務。之後，袁世凱直接投靠淮系軍閥首領、直隸總督李鴻章。一八八五年，李鴻章薦舉袁世凱負責「駐紮朝鮮總理交涉通商事宜」，以清政府全權代表的身分處理中日朝三國關係。

從此，袁世凱開始發跡，在對日外交、編練朝鮮新軍等事務上成績卓著，贏得了朝野的誇獎。

清朝在甲午戰爭中慘敗後，朝野急需訓練新式陸軍。有新軍編練經驗的袁世凱成了當仁不讓的負責人選。一八九五年十二月二十一日，袁世凱奉命到達天津小站操練新建陸軍。這支最初七千人的軍隊後來發展為北洋六鎮新軍，成為當時中國最強大的武裝力量。袁世凱為北洋新軍裝備了最先進的武器、教會他們最先進的策略戰術，同時向官兵灌輸了最落後最保守的思想，比清王朝教給舊式軍隊的「忠君愛國」思想還要落後和保守。袁世凱向北洋軍隊灌輸的是忠實個人的私家軍隊思想，人人供奉袁世凱的長生牌位，視袁世凱為衣食父母，結果北洋六鎮除了第一鎮由八旗子弟組成、歸陸軍部直接管轄外，其他五鎮都「只認袁世凱，不知有朝廷」。

緊接著的戊戌變法期間，袁世凱思想新穎，同情變法，練兵又卓有成效，受到維新派的重視。康有為希望借助袁世凱的軍隊發動兵變，消滅慈禧勢力、抬出光緒掌握實權。於是就有了譚嗣同祕訪袁世凱策動他勤王，袁世凱當面慷慨答應，轉身就向榮祿告密、出賣維新派的經典一幕。

這裡面既有袁世凱並不贊同康有為等人激進變法的主觀原因，也有袁世凱羽翼未豐不敢獨自政變的客觀原因。不過，前後這一切讓慈禧誤會了光緒，導致了光緒最後十年被囚禁的悲慘生活，也讓載灃兄弟認定袁世凱就是出賣哥哥光緒的罪魁禍首、是挑撥帝后關係的奸佞小人。年輕一代的皇親貴戚們恨透了袁世凱，比如載灃家的孩子們都痛恨袁世凱，看到袁世凱的相片，就用手剜去袁世凱的眼睛。

因為在戊戌變法中準確站隊，袁世凱在義和團運動爆發後升任山東巡撫。他在山東鎮壓義和團運動，保護外國利益，讓山東在八國聯軍侵略時期得以保全。他對於複雜局面的機敏處置，得到了中外一致肯定。

李鴻章臨終前向清廷保薦袁世凱：「環顧宇內人才，無出袁世凱右者。」等於是將袁世凱推薦為自己的接班人。一九〇一年，袁世凱就被任命為署理直隸總督兼北洋大臣，第二年實授。晚清時期，中央權威衰落，地方督撫實權上升，而直隸總督兼北洋大臣是最重要的地方督撫。袁世凱在任上，抓住「新政」的契機，大刀闊斧地發展新式經濟、社會事業，將原本並不發達的直隸建設成了新政模範省。他興辦了國有銀行，從洋人手中回收或者自己開採礦山，支持詹天佑修京張鐵路；廣興新式教育，中小學校在全省迅速鋪開；建設現代警察制度，興建發電廠、公車和博物館等。直隸在袁世凱主政之前近代工業資本不過區區數十萬元，等他離任後超過了兩千萬元。袁世凱所駐的天津成為了清末新政的中心，從一座稍微落後、遠於政府的城市躍升為北方經濟中心和僅次於北京的政治中心。現代天津城的基礎和眾多人們習以為常的建築、制度和事業都可以追溯到袁世凱主政時期。同時，袁世凱進一步推進軍事改革，一九〇三年在他的建議下，清廷成立了練兵處，慶親王奕劻為總理練兵大臣，袁世凱為會辦大臣，實際負責練兵。北洋的勢力進一步壯大。

宣統王朝——舊帝制的末日和新變革的背景

袁世凱強大的政治勢力和高超的政治手腕、他開明的思想和舉辦新政的巨大成績，讓他在新興社會力量中間、在主張朝廷變革和立憲的力量中間，擁有很高的支持率。變革力量對袁世凱抱有深深的好感，比如立憲派領袖張謇就把袁世凱視作緊密的政治同盟者。

外國勢力也對袁世凱的開明、變革形象非常認可。一九〇八年，美國《民主與法制時報》的托馬斯·密勒動情寫道：「現在的袁就是健康和精壯的化身。他目光炯炯，敏銳的眼神顯示出了他身體的健康和心情的安定。在接下來的交談中，袁說他每天清晨五點鐘起床工作，一直到晚上九點鐘才休息，其間只有短暫的用餐和休息時間，除非偶爾有別的任務讓他離開日常工作。大清國缺乏能幹的官員，這是清國政治中一個最大的缺陷，也使得大清官員中有限的幾位先進人物都被委以重任，並不得不過度操勞。袁自己也承認了這點，然而他似乎不以為苦，倒更像是樂在其中。」《泰晤士報》文章則稱讚：「中國出現了改革的轉機，大清國一個握有實權的改革家，他的名字叫袁世凱。」在重大問題上，外國人非常在意袁世凱的態度。

清廷原本就對中央權威失落、地方權臣勢力上升的趨勢很敏感，袁世凱的膨脹引起了清廷的憂慮。一九〇七年袁世凱被慈禧明升暗降，但實力沒有受到實質削弱。載灃上臺後，權力之爭和情感好惡纏繞在一起，袁世凱的處境危險了。雖然他還出現在一系列官方活動中，載灃接見外賓的時候還站在載灃的身後，但袁世凱日漸被排除在核心圈子之外。

載灃剛剛上臺，肅親王善耆和載澤就密告載灃：「內外軍政，皆是袁之黨羽，從前袁所畏懼的是慈禧太后，如今太后一死，在袁心目中已經無人可以箝制他」，建議載灃迅速剷除袁世凱，不然「異日勢力養成，削除更為不易，且恐禍在不測」。載洵、載濤等人要求殺袁世凱的原因則更簡單：為親哥哥光緒皇帝報仇！就連和載灃有過節的溥偉都拿著當年道

光皇帝賜給他祖父的白虹寶刀，說要手刃袁世凱這個大凶巨惡。

載灃在眾多因素推動下，迅速擬定了誅殺袁世凱的詔書，其中有「跋扈不臣，萬難姑容」字樣。載灃集團就等詔書頒布，坐看袁世凱人頭落地了⋯⋯

一九〇九年一月二日，袁世凱頂著冰冷徹骨的寒風，迎著他人冷清的目光，像往常一樣去內廷參加軍機大臣議政。這幾天的流言蜚語讓他的心理忐忑不安。走到外殿的一處過道上，一名之前被買通的當值太監突然走到袁世凱的身邊，輕聲說：「袁大軍機可不必入內，今日攝政王怒形於色，聽說嚴懲諭旨即下，恐怕對袁大軍機不利，宜早籌自全之策。諭旨如何嚴峻，則非我輩所能得知。」

袁世凱聽後，方寸大亂。所謂的「嚴懲」，對高官顯貴而言是抄家、流放甚至被殺的代名詞。他趕緊折返出宮，失魂落魄地回到家中。稍微清醒後，袁世凱把幕僚、親信都召來商議對策。情勢危急，屬下建議袁世凱趕緊乘火車前往經營多年的天津，投靠老部下、現任直隸總督楊士驤。袁世凱聽後，立刻簡單地收拾行裝逃往天津。為防載灃在天津攔截，袁世凱沒有在天津火車站下車，提前一站停靠，打了電話給楊士驤，讓他派人來接。楊士驤讓袁世凱隱蔽好，萬不可讓人看見。（也有說法是楊士驤怕因禍上身，避而不見。）袁世凱躲在火車上煎熬的時候，楊士驤派親信帶來了北京的消息，說：「罪只及開缺，無性命之虞。」袁世凱情緒這才穩定下來。

原來，朝廷內反對誅殺袁世凱的力量同樣強大。軍機大臣奕劻和大學士世續極力為袁世凱開脫，學部侍郎嚴修冒著極大的危險公開要求載灃收回成命，不被採納後憤而辭職回籍。最後，張之洞半勸半嚇地拉著載灃說：「殺了袁世凱，朝廷控制得住北洋軍嗎，萬一軍隊叛亂了怎麼辦？」的確，袁世凱處境凶險的消息傳出後，「北洋陸軍，皆袁舊部，聞

之大譁，個個摩拳擦掌，慷慨急難，幾將肇絕大風潮」。載灃還真控制不住豺狼虎豹一般的北洋新軍。張之洞趁機說，讓袁世凱罷官回籍就可以了，這樣一來便於安撫軍心，二來彰顯皇恩浩大。載灃這才把殺袁世凱改為罷官。袁世凱的腳不是殘疾嗎，那就提前退休，回家養傷去吧。

聖旨改過來了，可北京城裡找不到袁世凱了。袁大軍機失蹤的消息在城中不脛而走，謠言四起，有人說袁世凱被祕密處死了，有人說袁世凱畏罪自盡了。大學士世續為袁世凱求情成功後，本想連夜去安慰袁世凱，得知他逃往天津後，趕緊掛了長途電話到天津，說：你逃亡是自尋死路，趕緊回來。世續擔保朝廷不會嚴懲袁世凱，沒有後續的迫害。

袁世凱的老朋友、英國公使朱爾典也派人來傳遞消息，擔保袁世凱的安全。袁世凱這才決定立刻回京，預備第二天早晨入朝謝恩，不然怕引起更大的麻煩。張之洞聽說袁世凱回來的確切消息後，心裡的一塊石頭也落了地。他對左右調侃道：「人家都說袁世凱不學無術，我看哪，他不但有術，而且是多術，你看他這次倉皇出走，能找的地方都找遍了，誰能知道他躲在哪裡？我現在算是知道什麼叫『術』了。」

第二天，袁世凱跪接上諭：「內閣軍機大臣外務部袁世凱，夙承先朝屢加擢用，朕御極復予懋賞，正以其才可用，俾效驅馳。不意袁世凱現患足疾，步履艱難，難勝職任。袁世凱著即開缺回籍養痾，以示體恤之至意。」此時此刻，袁世凱的委屈、不滿和憤怒可想而知。在他年富力強的時候，在他成績顯著的時候，在他正想進一步作為的時候，突然被剝奪了工作的權力，而且被趕回老家。可就算有再多的怨惱，袁世凱還是要謝恩。幕僚代他寫謝恩奏摺的時候，當中有「屬當憲政垂成之時，正值兩宮升遐之日」二語。袁世凱對「憲政垂成」四字極為敏感。他和載灃除了私人恩怨，還有政見不同：載灃信奉絕對權力，傾向保守維持，袁世凱是革新和立憲的鼓吹者。敏感時刻，袁世凱怎好在謝恩奏摺

上再鼓吹「憲政垂成」，他趕緊取筆把這四個字塗去，換以「庶政待理」。

三天之後，袁世凱離開了北京。一般官員不敢前來相送，可依然還有楊度等人在風口浪尖上前來送行。不久，袁世凱一大家子人抵達河南，輾轉汲縣、輝縣，最後選定彰德洹上村定居。此後，袁世凱在政壇上銷聲匿跡了兩年多。袁系勢力也受到清洗：直隸總督楊士驤在袁世凱被排擠後，憂鬱異常，當年去世；郵傳部尚書陳璧因為貪汙受賄，被載灃「以儆效尤」而遭革職；東三省總督徐世昌內調為郵傳部尚書；黑龍江布政使倪嗣沖被查辦；民政部侍郎趙秉鈞被斥退；江北提督王士珍自請開缺……袁世凱培養的，或者認同袁世凱革新思路的在朝勢力，遭受重創。

但是，袁世凱並沒有在社會上消失，依然是人們心中務實和革新的旗幟，在報紙雜誌和人們的口耳相傳中始終保持了良好的出鏡率。有關袁世凱的新聞不斷出現在大城市的報紙上，就連未經核實，有關袁世凱的傳聞和那張明顯「擺拍」出來的袁世凱蓑衣釣魚的照片，都堂而皇之地刊登在頭版頭條。革新派和西方勢力在他隱居期間，一直沒有忘記他，關注著他的一舉一動。時局越糟糕，人們對袁世凱的同情和期望就越深。

袁世凱在河南鄉下隱居期間，表現得醉情田園無所作為，暗地裡卻與舊部以及北京、天津地區保持密切連繫。當時還十分罕見的電報設備，在袁世凱的鄉間居所就有一部。徐世昌、馮國璋等舊部還專程去鄉間聽袁世凱傳授機宜。對於袁世凱說，也許在受載灃迫害之前尚且是清朝的忠臣，起碼沒有暴露出不臣的舉動，僥倖存命後逐漸與清王朝離心離德了。在滿漢矛盾緊張時刻，袁世凱被罷官難免在朝野漢族官吏的心理產生微妙的變化。

載灃斥退袁世凱，沒有達成消滅仇家政敵的目的，反而助長了袁世凱在渴望變革的人群心中的影響和在西方勢力腦中的份量，失敗至極。

載灃下了一步臭棋。

新政是清朝最後的機會

載灃主政，做的第二件事情是繼續推動「新政」。

所謂的「新政」是相對於傳統王朝的政策而言的。清朝面臨著傳統王朝沒有遇到過的問題 ── 一隻腳踏進了近代，另一隻腳還踩在古代。一方面，王朝末世的內憂外患、財政窘迫、權貴無能、政治黑暗，清朝都遇到了；另一方面，近代的器物、制度、思想乃至社會形態，隨著西方勢力的進入，撲面而來。後者既是對清朝的嚴峻挑戰，也給清朝提供了碩大的歷史機遇，一個近代化的機遇，一個運用近代資源實現社會進步和王朝長治久安的良機。

八國聯軍用刺刀強迫清廷完全屈服的同時，清廷也在思想上被迫接受西方壓倒東方的事實，承認西方列強的優越與進步。之前清朝體制內部人士開眼看世界也好，洋務運動也好，都是堅持中國文化和制度的優越性，只是學習西方器物的皮毛。一九〇一年後，中國從上到下承認西方的進步是全方位的進步，要全方位地學習西方的經濟、社會和制度。慈禧太后高調宣布要奉行新政，希望透過向西方學習化解內外矛盾，維持統治。之後，新政在全國鋪開，走得比慈禧太后親手鎮壓的戊戌變法想走的還要遠。

首先是清朝在外交制度和國際法上向西方靠攏 ── 雖然這是被迫的；接著在國內「育才興學」、「整頓中法」、「吸收西法」：奉行千年的重農抑商政策被更改，清廷鼓勵工商業，尤其是近代工商業的發展，制定了專門的商業法律，消除了部分障礙。國內掀起了一股官辦和商辦企業的高潮。一九一一年，中國的商稅超過了兩億零七百萬兩，成為政府財政收入的主要組成，可見經濟改革的成效。在教育上，科舉制度於

一九〇五年在張之洞和袁世凱的聯合奏請下被廢除，取而代之的是全國推廣的新式教育體制，朝廷並鼓勵留學，對「海歸」人士量才錄用。在社會領域，清廷進行了內政改革，設置巡警，改革司法。原先一本《大清律》囊括一切的局面被各種專業的法律所分割，並起碼在審判程序上做到公平公正，讓監獄看起來不再像是地獄。

改革，在中國是一件吃力不討好的事情。清政府的最後十年在重重阻難中，取得了不小的成績。一座座近代城市，如上海、天津、廣州、武漢等拔地而起；一座座礦山、工廠、碼頭和車站得到了開發。中國社會出現了些許寬容、自由和發展的空氣。一九〇二年清廷發出上諭，勸誡女子不要纏足。同年開放滿漢通婚的禁令，隨後對漢人開放了原先只能由滿人擔任的職位，如將軍和都統等。對於滿族人被封固在某地只能駐防不能從事其他生產的「駐防制度」，清政府也廢除了，授予旗人土地，責令耕種，讓普通旗人們自謀生計。滿人入關後駐防在各地，兩百多年來世代為兵，大多數人連滿語都不會說，和漢人已無區別。清政府破除滿漢隔閡，對緩和社會矛盾大有益處。一九〇六年，清廷下令禁煙，還派出使臣與英國交涉禁止輸入鴉片事宜。一九〇九年，上海召開了萬國禁煙會，中國的禁煙運動得到了國際輿論的普遍同情。在經濟和社會改革快速推進的同時，清朝對傳統的內閣和六部官制進行了改革。雖然袁世凱等人倡導的廢除軍機處、施行責任內閣的主張被慈禧太后否決，但原來的六部被徹底重組，並裁撤了部分中央和地方機構 —— 這在官本位現象嚴重的中國，是一個不小的進步。民政部、度支部、陸軍部、郵傳部、商部等新衙門紛紛成立，以便與新政相適應，也為了進一步推進改革。

難能可貴的是，清政府在社會、經濟改革之後，把變革的矛頭對準核心的權力結構，啟動了政治改革。在一片立憲聲中，一九〇五年清朝

宣統王朝——舊帝制的末日和新變革的背景

大臣滿世界考察憲政，一九○六年清政府頒發上諭，宣布「預備立憲」。雖然預備立憲的實質內容是「大權統於朝廷，庶政公諸輿論」這句話，而且預備期長達九年，表明最高統治者不願意放棄絕對權力，可畢竟國家權力如何構建、如何制約在神州大地上第一次成為可以討論的話題。很多國民熱烈地參與權力話題的討論。慈禧太后在逝世前幾個月還頒布了《欽定憲法大綱》，在政治改革道路上邁出了更大的一步。

載灃上臺的一九○八年末，新政事業已經進入到第七個年頭，政治改革也已經開啟了長達三年之久了。容易改革的、能改的，都改革得差不多了，剩下的都是硬骨頭。被隱藏的問題和新冒出的問題也都粉墨登場了。整個改革進程進入到最為關鍵、也最艱難的階段。

問題的根源和改革的焦點都指向專制皇權，專制政體受到越來越多的詬病。改革派認為要破除專制政體，皇權應兌現自我限制，希望仿效當時世界上多數國家，建立君主立憲政體。

新政到底是王朝復興的機會，還是將王朝推入覆滅深淵的兇手，就要看載灃等人怎麼做了。

非常遺憾，載灃雖然有出洋經歷，卻對世界局勢和洋務蒙昧不通。

溥儀回憶說父親載灃對那些曾被老臣們稱為奇技淫巧的東西，倒是不採取排斥的態度，可他對新事物的態度也只是停留在不排斥的階段，要他採用、推廣新事物和新制度就超出他的能力範圍了。一次，太福晉患褥瘡，請中醫總不見好，載灃就聽從兄弟們的意見，請來了一位法國醫生。醫生打算開刀，遭到了醇王府上上下下的反對，只好採取敷藥的辦法。敷藥之前，醫生點上了酒精燈準備給用具消毒，載灃嚇壞了，忙問翻譯道：「這、這、這幹什麼？燒老太太？」載洵看他這樣外行，忙對翻譯搖頭咧嘴，不讓他翻給洋醫生聽。因為載灃不同意，醫生留下藥就走了。後來，醫生發現老太太病情毫無好轉，覺得十分奇怪，就叫把用

過的藥膏盒子拿來看看。載灃親自把藥盒都拿來了，一看，原封未動，根本沒給老太太敷過。同樣，載灃對新政的理解也很淺薄，只是把它看作是慈禧既定的大政方針而已，照辦就是了，至於如何把新政辦好、如何創新，全然無知。

改革已經觸及了核心權力結構問題，載灃等人卻還在固執追逐絕對權力的政治理念。憲政的許多事務，比如國會、憲法和選舉等，在載灃看來只是形式的不同而已，目的都要保持天賦皇權萬世不變。載灃繼續推進慈禧開啟的新政改革，不緊不慢地推動著，呈現出複雜的矛盾心態。一方面，載灃集團也承認國事糜爛，必須變革，而變革必然要放棄部分既得利益，對新興力量甚至敵人妥協；另一方面，他們不肯妥協退讓，不肯將祖宗流傳下來的權力、制度和政權付諸茫然不確定的變革洪流中。他們覺得可以妥協的內容，之前已經被慈禧做了，留下來的他們不願意妥協。比如，他們覺得慈禧已經把消除滿漢隔閡的改革都已經做了，至於剩下來的徹底廢除八旗軍隊在全國要塞和重要城市的駐防、完全取消滿族人的政治和經濟特權，是不能碰的內容。也就是說，載灃集團守護著改革的硬骨頭，自己不去碰也不希望別人碰。改革進入了蹣跚徘徊的階段。

慈禧在啟動新政改革的時候，曾說：「誤國家者在一私字，困天下者在一例字。」多好的一句話啊！之後的改革表明，「例」倒是不斷被破掉了，但「私」字一直存在滿族親貴的腦海中。

除了晚清末代統治階層的頑固、保守外，新政改革還有兩大硬傷。

首先，成功的政革必須是可控的，不能成為脫韁野馬。遺憾的是，一九〇一年開始的新政，是激烈的全面改革。清王朝在保守了幾個世紀後，同時由於近代歷次對外戰爭的失敗導致政治權威極速衰落的情況下，突然走上了激烈的全面改革道路，經濟、社會、文化、軍事、法制

宣統王朝 —— 舊帝制的末日和新變革的背景

和官職等各種改革齊頭並進，新舊矛盾像火山熔岩噴發一般暴露了出來。內外交困的清政府不具備控制這場大變革的能力。這就像一條漏洞百出的航船，一邊在茫茫深海中航行，一邊進行大刀闊斧的整修，不斷出現新的裂縫和漏洞。所以說，大刀闊斧的整修是不明智的 —— 但是不大修又不行，這是晚清政府主導改革的悖論所在。

載灃等人的集權思路，讓晚清新政企圖將已久散在地方的權力收回中央，扭轉太平天國運動時就開始的地方壯大中央衰落的局面。比如載濤管理的軍諮府剝奪了地方督撫的調兵權，練兵處收集全國之力編練北洋新軍。又比如載澤掌握財權後推行兩大政策：一是在各省設監理財政官，盡奪當地布政使的財權；一是在北京設立鹽政處，盡奪各地鹽政鹽運使之權。政策的本意是加強中央集權，尤其是為中央謀財，可無端助長了朝廷和地方的矛盾，讓原本就不和諧的中央地方關係緊張了起來。

再比如官制改革中的設立責任內閣，雖然廢除了每部各有一套滿漢團隊的制度，每部以一個尚書為最高長官，但新設立的十一個部眾，漢人只占五人，比以前六部滿、漢各一的比例還小了。朝廷本意可能是想改變滿輕漢重的局面，結果是激起了漢族官員的不滿。

其次，改革必須讓多數人受惠。一個剝奪百姓來推進的改革勢必不能長久。不幸的是，清政府是在八國聯軍侵占北京、國家衰微至極的情況下進行的改革，戰爭賠款和日常開支就讓它喘不過氣來了，新政所需的費用只能靠向老百姓徵收額外的苛捐雜稅來籌集。在鎮壓太平天國時期興起的厘卡制度，不僅沒有因為戰爭結束而撤銷，反而越徵越多。當時清廷和地方政府在傳統的稅收外，又增加了許多新的稅捐，如糧捐、房捐、新捐、學捐、鋪捐、膏捐、統捐、攤捐等等，這都是以前所沒有的，也是清末新政經費的一個重要來源。如袁世凱督撫直隸期間規定「每戶售酒百斤，抽捐制錢一千六百文，並准其於常價之外，每斤增加

十六文發售」。新政成了套在老百姓頭上的一條新的緊箍咒 —— 儘管它的長遠效果對老百姓是有益的。

多數情況下，錢成了新政推進緩慢的主要因素。為了推進新政，更為了維持統治，新舊官府一心向「錢」。比如商部原為扶持工商業的衙門，有人憤而指出：「自商部設立，而當事諸公，紛紛聚議，不日開統捐，即日加關稅，不日勸募紳富慨助巨金，即日招來南洋巨賈責令報效……自有商部，而吾市井乃轉增無數剝膚吸髓之痛。」、「自有商部，而吾商人乃轉增無數剝膚吸髓之痛。」商部變成了向商舖和工廠強行攤牌、捐款的衙門，學部成了向學生和家長徵收額外捐稅的部門，於是各地湧現的百姓抗捐抗稅、衝擊新式學堂的行為也就有了合理解釋。

在看似轟轟烈烈的清末新政中，占據人口百分之九十以上的農民是沉默的大多數，他們對於新思想毫無認知，但對日漸惡化的生活狀態感觸尤深。人口的增長導致資源供給更加緊張，生活一天比一天艱難。國內官府壓迫和外國勢力侵入使得農村舊秩序正在消退，農民們渴望在動盪中尋得安定的新秩序。新政並沒有帶來新的秩序，帶來的只有新的負擔。

沒有人為廣大農民在殘酷的現實中提供生活的避風港，他們就等著陳勝吳廣來挑頭揭竿而起了。同樣，占城市人口多數的貧民，也和廣大農民一樣，沒有分享到新政的雨露，只看到多一項新政就多一重壓迫。於是，人們對新政的反感就被體制外力量所利用，成了攻擊新政的理由。

比如一九〇九年一月，清政府計劃進行全國人口普查。這是預備立憲需要做的事前工作。從技術層面來說，人口統計是推行選舉的基礎。應該說是一件好事，很有必要。在革命黨人的鼓動下，普通老百姓理解清朝此舉是清查「黑戶」，是增加賦稅的前奏。各地出現了抵制人口普查的騷動。

　　總之，新政對清王朝來說是一把雙刃劍，既可能是它的救命稻草，也可能是它的催命咒符。從晚清的實踐來看，新政的作用是後者。

　　孫中山先生在一九○四年指出：「滿清政府可以比作一座即將倒塌的房屋，整個結構已從根本上徹底地腐朽了，難道有人只要用幾根小柱子斜撐住外牆就能夠使這座房屋免於傾倒嗎？……顯而易見，要想解決這個緊急的問題，清除妨害世界和平的根源，必須以一個新的、開明的、進步的政府來代替舊政府。」清政府的衰亡不是利用小修小補的新政可以輕易拯救或者衰亡的。載灃等人要想復興祖宗基業，必須對王朝進行傷筋動骨的深度「新政」，遺憾的是他們不具備這個能力。

　　普通老百姓可不管你是新政還是舊把戲，他們關心的是日子怎麼過下去、能不能過下去。日子已經過不下去了。到一九一○年前後，清朝建立已經超過兩百七十年了，評書和演義中的朝廷興亡讓他們知道，現在是「改朝換代的時候了」。

走向共和
——中國變革的新力量、新選擇

　　清十三王朝已經病入膏肓，傳統的社會力量都找不到解決的方法：

　　最高統治者不願意做深入變革，體制內的變革勢力被斥退，傳統的士大夫階層和農民大眾不知道怎麼變革 —— 因為大家面臨的問題是新舊交替的「三千年未有之變局」。舊路不通，尋找新路的重任就落在了新的社會力量身上了……

　　一九〇五年，在一艘歐洲郵輪上有兩位新派的中國乘客。一個是在反清起義失敗逃亡歐洲的孫中山，另一個是在清朝駐法國公使館當隨員的張靜江。張靜江是朝廷命官，孫中山是朝廷欽犯。所以，孫中山躲著這個同胞，生怕張靜江對自己不利。最後還是張靜江主動攔住孫中山說，你就別躲了，我知道你是朝廷欽犯孫中山，你們造反肯定會遇到資金困難，我可以資助你們。這話說得孫中山驚喜萬分，喜的是有人為革命雪中送炭，驚的是這人竟然是清朝官員。身為接受西方教育的新式知識分子，孫中山希望中國走上西方的民主共和道路。張靜江也是中國新興的社會力量。他是在近代發達起來的江浙巨商的子弟，花巨資買了一個道員當，不過他出洋當官的主要目的卻是照顧張家在巴黎、倫敦、紐約等處公司的生意。和孫中山不同，張靜江不願意做職業革命家，卻傾向推翻清朝建立共和國。後來，孫中山在窘迫之時嘗試著向張靜江發電求援，革命同志們都將信將疑。沒想到，張靜江馬上匯來三萬元錢，之後陸續支援武裝起義數以十萬計，成為革命黨人最大的幕後資助者之一。

　　這個故事可以說明：中國新興的各個階層經歷迷茫之後，最終選擇了推翻朝廷、救國圖存的道路。

洋人不是好東西

　　近代以後的中國歷史與古代歷史最顯著的不同是它是一個「全球史」。

　　中國的命運和世界的運動，和其他國家的力量盛衰緊密連繫在了一起。

　　西方列強湧入中國，為清朝帶來了近代經濟、科技和制度等等，也創造了新的社會力量。清王朝再也不能像之前一樣關起門來獨善其身了。遺憾的是，在近代對外交往中，中國是一個「受害者」。近代西方勢力在中國的形象，就像那塊掛在上海外灘公園的牌子「華人與狗不得入內」一樣，傲慢蠻橫、欺壓中國人、剝奪中國人的尊嚴，成了尋求變革的中國人要打倒的對象。

　　「華人與狗不得入內」這塊牌子很能激起中國人對洋人的憤怒，也折射出洋人形象在中國的變遷。

　　當時上海公共租界外灘公園不讓中國人進入，同時期禁止中國人加入的外國人專用場所還有不少，著名的跑馬場、英國總會、德國總會等娛樂場所都禁止中國人入內，從來沒接受過華人做會員。租界的電車也分頭等、次等車廂，前者由洋人乘坐，後者專供中國人乘坐。為什麼獨獨外灘公園的這一條規定，掀起了中國人的怒火呢？

　　因為各國總會和跑馬場是私人經營性場所，採取會員制，人家不吸收中國人入會，這是人家的權利。但是外灘公園是負責租界市政建設的工部局修建的，經費來自租界的稅收。華人占公共租界納稅人的多數，也就是說公園修建的經費主要來自華人。同時，外灘公園的英文名稱是Public Park，意思是公共花園。既然是「公共」的，它應屬於整個租界

的居民共有。用中國人的錢在中國人的土地上造的公園，而且還標明是「公共」的，為什麼就不能讓中國人進入呢？

一八八五年，工部局打算擴建外灘公園，遇到了中國人的第一次抗議。

唐茂枝等八人聯名向工部局寫信：「中國人與外國人在使用公共花園方面遭受到不同的對待是令人不滿的，希望工部局想些辦法來消除這種招人怨恨的矛盾。」他們指出：「工部局拒絕華人入園，僅僅是從種族方面來區別，這不管以權宜之計或國際禮儀作為理由，都是站不住腳的。」

唐茂枝等八人的身分很能說明問題。唐茂枝是怡和洋行的買辦，其餘七人或是海關總翻譯，或是房地產富商，或是教堂牧師，總之都屬於「上等華人」之列。在上海這座由小漁鎮發展為遠東大都會只花了半個世紀的爆發型城市中，唐茂枝等人是身分尷尬的一群人。他們既不屬於傳統的「士農工商」中的任何一類，是傳統社會分類以外的群體；他們的身分和財富來源於洋人的事業、依附於洋人，可又不被洋人所接納和尊重。最讓唐茂枝八人氣惱的是，外灘公園向日本人和朝鮮人開放，就是不允許他們這些喝咖啡吃奶油麵包的新派中國人進入！總之，他們迫切希望能在變化的社會中得到認同，找到屬於自己的空間。唐茂枝等人在抗議的同時建議工部局向那些「高貴階層的中國居民」發券，允許他們入園。

西方勢力進入中國，培養了一批處境和唐茂枝類似的社會新力量。

他們的抗議得到了新興力量的聲援。《申報》連篇累牘報導此事，上海的華商團體也為此聯名上書工部局。最終，工部局在壓力下同意外灘公園從一八八六年五月起有條件向中國人開放，讓華人憑券入園。

華人進入公園後，因為秩序涵養欠佳，做了許多違反公德的事，激起了外國遊客的抗議。一八九〇年，管理公園的「上海公共娛樂委

員會」向工部局報告說，有中國人在遊園券上弄虛作假，更改券面日期（遊園券有效期只有一週）。華人入園後，「有挾妓以入者，此已犯西人之所忌，而妓又愛花成癖，往往一見鮮花，必欲折取」。「中國人入適園後，往往不顧公益，任意涕唾，任意坐臥，甚而到於大小便亦不擇方向……」在租界的華人公園開放後，有華人遊客「一人欲獨坐一凳，不肯與人共坐……」。

巡捕遂斥此人之非是，彼即罵詈不絕。又有遊園諸華人見此人與捕忿爭，亦不問事之是非，咸助此人，大有與捕為難之勢」。工部局決定收緊入園券發放的範圍，限制秩序涵養低下的華人入內。為了分流華人遊客，工部局將蘇州河邊一片河灘改建為華人可以隨便進的「華人公園」。華人公園雖然設備簡陋、環境衛生也差，但此後華人的抗議之聲就基本上平息了。

這就是整個上海外灘公園接納中國人入園與否事件的來龍去脈。

那麼，這一件被租界當局及時平息的「群體性事件」為什麼在近代中國人語境中就成了外國人欺壓侮辱中國人的典型案例了呢？

爭論的焦點是那塊「華人與狗不得入內」牌子。有許多人，包括近代名人，都言之鑿鑿地聲稱看到了類似內容的警示牌。同時也有許多人否認在公園看到過類似的牌子，後人也找到類似的實物或者當年的老照片、老報紙來佐證。租界當局是否出示過這塊警示牌就成為爭論的焦點。

查一八八五年的《公共租界工部局巡捕房章程》，其中的第二十四項第一條說「腳踏車及犬不准入內」，第五條說「除西人之傭僕外，華人一概不准入內」。有人就說可能後人將這第二十四項的其中兩條規定合二為一，得出了洋人將狗和華人並列的結論。在民族主義情緒的刺激下，人們很容易從中品出辱華的味道，把繁瑣的規則演變為簡單的「華人與狗不得入內」。

一九二八年，面對中國人洶湧的抗議浪潮，租界工部局宣布：外灘公園對所有中國人開放。但是為時已晚，「華人與狗不得入內」的惡劣印象無法從中國人腦海中抹去了。

必須承認，西方列強在中國還是做了許多好事的。最明顯的表現是中國興起了近代經濟。先是中國人簡單模仿西方，建造星星點點的近代企業，進入二十世紀，後近代經濟在華取得了突飛猛進的發展。一九〇五年到一九一一年七年時間內，中國近代經濟的投資總額同以前三十年的總和相等。

投資的對象，面向國內市場的棉紗、造紙、麵粉等行業遙遙領先。從一八九五年到一九一三年，中國民族工業的發展速度年均百分之十五，比第一次世界大戰期間的發展速度還略高一點。而在第一次世界大戰期間，趁著列強無暇東顧，中國的民族資本主義迎來了一個黃金時期，一九一二年到一九二〇年的發展速度為百分之十三點八。近代經濟發展的直接結果是讓中國社會出現了一群「新」人，他們抓住中外通商契機進行中外貿易，或興辦近代工商業，或替外國勢力打工做中外溝通的仲介，富裕起來。他們被稱為民族資產階級、近代工商業者、紳商或者買辦階層。

西方人還告訴晚清的人們，地球不是方的而是圓的、打雷不是雷公在發威而是一種叫做電的物質在碰撞、清朝只是世界上的一國而不是全部等等。他們又告訴中國人，婦女是可以不纏足的、有的國家是沒有皇帝的、國家和王朝是兩碼事情、人生下來雖然物質上不平等但在精神上是絕對平等的等等。聞所未聞的思想文化衝擊著中國人的心靈，加上新式教育的推廣，西方勢力在中國培養了一批新式知識分子。這些讀書人不再像祖父輩那樣苦讀四書五經、鑽研八股文，自然也就不再以科舉考試和做官為唯一的出路。他們有的參與新式事業，有的繼續出國留學，

有的成為買辦或者官員的對外幕僚。因為中國新式教育的蓬勃發展是在新政之後，所以事實上，中國新式知識分子多數都還是學生——想一下，短短的十年時間，剛好可以把一個懵懂的少年兒童教育成為獨自思考的青年，卻來不及讓他們進行社會角色的分化。他們比新興富裕階層年輕，思想活躍，更容易接受變革。

新的富裕階層和讀書人的出現，表明一向高度官僚化的中國社會鬆動了，出現了傳統體制囊括不了的新力量。他們的財富和知識不是依附朝廷得來的，這讓朝廷非常擔心。更擔心的是他們學會了獨立思考，比如抗議外灘公園不向華人開放的那批「上等華人」頭腦中就有「反抗不公」和「正當權益」的概念，進而發出了自己的聲音。這對堅持絕對權力的清朝統治來說是個噩耗。最終，這些富裕階層和讀書人，不能被傳統體制所包容，自身權益又得不到伸張和保障，都走到了朝廷的對立面去了。我們會發現，改良也好，革命也好，新興階層都是運動的菁英。

話說西方勢力在中國客觀上做了許多好事，催生了新興的社會力量，傳播了近代科學文化，帶來了豐富多彩、光怪陸離的新生活，應該能讓中國人產生好感。的確有很多中國人對西方人和西方文化抱有好感。

開風氣之先的上海人在十九世紀都以西化為時髦。洋人在上海舉行的各種運動，雖然不對華人開放，依然有許多華人歡天喜地去觀看。比如跑馬場賽馬，上海人傾巢出動，萬人空巷，連附近的蘇州、杭州、嘉興等城市的人們也不顧勞頓，奔波趕來。由於觀眾實在太多，那些簡易的看臺常常發生倒塌傷人事故。租界的重大慶典，比如法國國慶、英國女王登基等活動，上海人均踴躍參加，積極性比慶祝慈禧的生日要熱烈得多。

長三角地區許多人千方百計移居租界，投奔相對自由寬鬆和富裕的生活環境。一八八三年，上海《申報》刊登〈論引見驗看代以照相說〉

一文，主張朝廷選拔官吏時不必再讓候選者親自到北京「驗明正身」，改為查看候選者的照片即可，希望以此杜絕官場上的行賄受賄現象。

然而，進入二十世紀，情況大不相同。洋人的形象大幅下降。

這完全是西方人咎由自取。西方勢力的進入，刺激中國社會進步只是「副產品」，他們是帶著槍炮、抱著獲利的目的來的。西方列強在對華問題上堅持兩點：第一是堅持維持和擴大在華特權利益，包括廣被中國仁人志士詬病的治外法權、租借地和耀武揚威的駐軍權等等；第二是歐美始終不願意一個強大、平等的中國的崛起，幻想中國永遠被他們剝削、掠奪和「教導」。這就導致國內排外情緒在逐漸累積。有趣的是，依靠西方勢力產生、之前還以西化為時髦的新興階層，如今走到了抨擊洋人的隊伍前列。

在暢銷的政論小冊子《猛回頭》中，留學日本的新知識分子陳天華激憤地列舉了列強的罪行：「海禁大開，風雲益急，來了什麼英吉利、法蘭西、俄羅斯、德意志，到我們中國通商，不上五十年，弄得中國民窮財盡。這還罷了，他們又時時地興兵動馬，來犯我邦。他們連戰連勝，我國屢戰屢敗，日本占了臺灣，俄國占了旅順，英國占了威海衛，法國占了廣州灣，德國占了膠州灣，把我們十八省都畫在那各國的勢力圈內，絲毫也不准我們自由。中國的官府好像他的奴隸一般，中國的百姓，好像他的牛馬一樣。又有那一班傳教的教士，如狼似虎，一點兒待他不好，遂辦起教案來，要怎麼樣就怎麼樣。我中國雖說未曾瓜分，也就比瓜分差不多了……可憐北京一帶，被八國殺得屍體遍野，血流成河，足足殺了數百萬。俄國乘勢占了東三省，無故的把六千人趕入黑龍江。」

面對這些血淋淋的事實，西方勢力不僅不思考如何修復與中國的關係，平息中國人的憤怒，反而變本加厲地從中國竊取利益。租界是越來

越多、越來越大，一批批的礦藏和寶物被裝船運往海外，一隊隊中國人被捆綁著押上海外苦役的道路。

主管開平煤礦的張翼原本在醇親王府飼馬，是兩代醇親王奕譞、載灃信任的人。八國聯軍侵華期間，北方局勢動盪，開平煤礦不穩，張翼憂心忡忡。英國人利用張翼不懂洋務，採取坑蒙拐騙的手法，騙得張翼將礦產以極低的價格賣給英國人，「得以保全」。輿論譁然。朝廷也逼張翼去倫敦訴訟，要求贖回開平煤礦。載灃監國後，張翼仗著載灃的信任，顛倒黑白，吹噓自己「中外合辦」煤礦的功勞，還進一步將開平附近的唐山、西山、半壁店、馬家溝、無水莊、趙各莊、林西等處地脈相接的礦產以及秦皇島通商口岸附近土地，承平、建平等地金礦銀礦，都交給英國公司經營。河北士紳聯名反對，要求懲辦賣國賊張翼。載灃念舊，加上老福晉在一旁說張翼的好話，他非但沒有懲處張翼，還追認了張翼的賣國行為。清朝自辦礦務以來，開平周邊礦產獲利最多，最後竟然被英國人侵吞，有識之士莫不扼腕嘆息。

二十世紀初的世界，是一個殖民的世界。西方列強爭相瓜分殖民地，弱國墜入苦難的深淵。有識之士放眼望去，不能不對中國的前途憂慮萬分 —— 尤其是看到東亞鄰國紛紛成為列強殖民地後，也斷不會對西方列強產生好感 —— 誰能保證列強明日不會瓜分中國呢？隨著欺辱凌掠日重，國家危機日深，洋人成了新的鬥爭對象。自然，洋人乘坐洋車，用「文明棍」敲打被大車壓彎身子的中國車伕的後脊梁骨，催逼加快腳步的鏡頭畫面，成了中國人愛國主義教育的經典反面教材。

革命黨人疾呼：「以吾四萬萬之同胞，腦量不減於人，強力不弱於人，文化不後於人，乃由人而降為奴，是稍有人血人性者所不甘，而謂我志士而忍受之耶？以此原因，睹外患之迫在燃眉，遂不能不赴湯蹈火，摩頂斷脰，以謀於將死未死之時。」最終，西方勢力進入中國既推

動了社會進步，也因為壓迫行為產生了反抗。一九〇三年，廣東人溫生才在南洋錫礦做工，一次遭到技師無理鞭打。他憤怒地說：「你是人，我也是人，憑什麼打人？瞧不起弱國國民嗎？」溫生才揮拳將那個技師打得血流滿面而逃。

李達回憶自己一九〇五年進入新式學堂讀書時的情景說：「十五歲的時候，我考入一所享受公費待遇的中學，並開始接觸一些新的知識，逐漸知道一些國家大事。如從看地圖中，知道過去常常談論的『洋鬼子』國家就是英、美、德、法、意、日、俄、奧等國，他們都是侵略中國的；中國的貧窮落後是由於政治的黑暗，清廷的媚外……開始有了一點愛國觀念，知道愛國了。」這種敵視、反抗情緒將伴隨著中國人度過二十世紀的前期。

沒有根的反叛者們

新興社會力量的政治傾向具體如何呢？

之前中國歷史上是沒有專門的工商業者群體的，即便是少數人透過工商業暴富了，他也會選擇將財富消耗在購買田地和建造園林豪宅方面，自我改造為一個大地主。朝廷也將工商業視作「盆景」，賞玩而已，斷然不會讓「盆景」成長為參天大樹的。歷史上出現過多次朝廷鎮壓大工商業主的案子。但是，如今新興的富裕群體是透過近代工商業致富的，要想轉身去做地主，難度很大。而且接受了新思潮的他們也不願意像祖輩那樣做個地主。比如，江浙是魚米之鄉，自古盛產巨富。在清光緒之前，江浙財閥悶頭發財，不多說話，不過問政治，衙門吩咐什麼事情就恭敬地聽著。而成長於清光緒的江浙財閥們，思想新潮，發現自己的利益和朝廷的利益不盡一致，又感慨國事日非，開始小心翼翼地涉足政治。在戊戌變法、創辦新式學堂等活動中都有他們的身影。參與的政治實踐越多，他們對清朝的所作所為就越不滿，膽子也就越大。比如出生在十九世紀後期的張靜江就是浙江南潯巨富子弟，資助孫中山起義。

同是南潯巨富的長輩龐雲鏳望子成龍，向清廷獻銀十萬兩「報效」，給兒子龐青臣買來了朝廷的嘉獎和官職。龐青臣拒領獎賞，對頂戴花翎不屑一顧，還改名為「青城」表示不做清朝的臣民。後來，龐青城也走上了資助革命的道路。大革命發生的時候，上海周邊的起義軍軍械和物資，多半是由江浙巨富們資助的。

如果說新興富裕階層還是偷偷摸摸、遮遮掩掩地「反叛」朝廷的話，那麼年輕學生們的離經叛道就顯得直白、激烈和沸騰得多了。

新政廢除科舉、鼓勵留學後，中國的年輕人多數進入新式學堂，或

者飄洋過海，去學習近代知識。新式學堂的學生人數從一九○二年的十萬人增加到一九一二年的將近三十萬人；而在中國留學生最多的日本，中國學生在高峰時維持在七八千人的規模。他們是中國人數最多的新力量。這些洋學生們接受了西方思潮，不可能再按照朝廷所希望的忠君報國的條條框框生活了。國家的貧弱和危亡，使得反叛情緒和革命思想在年輕人中間半公開地傳播 ── 在官辦的新式學堂中、在留學監督的眼皮底下傳播。一九一○年前後，年輕學生們傳閱的是《中國日報》（香港）、《國民報》（日本東京）、《蘇報》（上海）、《警鐘日報》（上海）、《湖北學生界》（東京）、《浙江潮》（東京）、《江蘇》（東京）等報刊以及鄒容的《革命軍》和陳天華的《猛回頭》、《警世鐘》等鼓吹革命的小冊子。一隊隊少年，滿懷美好的憧憬進入學堂，畢業時大多是新銳激憤的反叛者了。

一九○○年，年僅十三歲的福州少年林覺民在科舉考卷上留下「少年不望萬戶侯」七個大字，毅然決然地退場。進入全閩大學堂後，林覺民不止一次地聲稱：「中國非革命就不能自強。」有一天晚上，林覺民慷慨激昂地當眾評述時局，說到沉痛之處拍案捶胸、聲淚俱下，聽眾無不動容。該校的學監恰好聽到，憂心忡忡地對人說：「亡大清者，必此輩也！」留學生們在國外，做得就明目張膽多了。日本留學生監督姚某，拖著一條辮子對學生頤指氣使，管束很多。他的保守思想和留學生們格格不入。青年學生們就想尋機懲治他。一天，學生們堵住姚監督，鄒容抱住他的腰，張繼捧頭，陳獨秀揮剪，咔嚓一聲剪下了姚監督的辮子。

三個血氣方剛的少青年，頓時成了留學生們的英雄。

一九○三年的「據俄事件」讓留學生們對朝廷普遍失去了信心。事情的起因是：沙俄趁八國聯軍侵華，趁火打劫，出兵占領了東北地區，賴在那裡遲遲不肯撤兵。一九○三年，東京留學生組成了拒俄義勇隊，

抗議沙俄霸占中國領土，還選派代表回國運動。此時的留學生還對清政府多少抱有希望，希望政府能夠支持他們的愛國舉動。沒想到，上海的《蘇報》刊載了一封密電以及清廷的一道密諭。在密電裡，駐日公使蔡鈞指稱留學生「名為拒俄、實為造反」。那道密諭更電令兩江總督嚴拿歸國留學生，「即行正法」。官府對留學生組織這樣的新生事物心懷疑慮，採取鎮壓態度，徹底冷了年輕學生的心。這樣的政府還有什麼值得留戀的呢？因此，儘管清政府也意識到要籠絡留學生，為朝廷所用，尤其是要拉攏留學生中的菁英分子，朝廷每年舉行考試，對通過考試的留學生授予等同翰林、進士、舉人等的出身，但並沒有招攬到什麼人才。絕大多數留學生都沒有，也拒絕進入王朝體制，為朝廷所用。除了少數信奉「堡壘最容易從內部攻破」而混入王朝體制中的革命者，比如徐錫麟、吳祿貞等人外，多數為清政府任用的留學生是濫竽充數的平庸之才。北京曾出現過翰林不識字的笑話來。光緒末年，一位留學生歸國被授予翰林職位，竟然將「秋蟬」讀為「秋輩」、「奸宄（ㄍㄨㄟˇ）」讀為「奸究」，真實學問如何可想而知。

必須指出的是，留學國外的讀書人也好，國內興起的富裕階層也好，幾乎都沒有對西方思想文化，尤其是西方政治有深入的了解，更談不上研究了。留學歐美的中國人以學習理工科為主，留學日本的中國人雖然很多進入法政系，但一來日本為了接收中國留學生專門設立的各類「速成學校」的教育品質成了問題，二來大多數留學生不是流連在勾欄酒肆和藝妓的懷中，就是將主要精力放在社會活動和激烈的批評中，沒有沉下心來認真學習、思考和研究。國內依靠西方勢力富裕起來的群體，都是從直觀的接觸中了解到西方器物文化的好處，痛陳國內的黑暗與落後，但對中外制度的深層次利弊、對中國到底應該走向何方，他們並沒有明確的認知。除了極少數人對西方政治真正有研究外，比如孫中

山和宋教仁等，多數人只是接觸了西方政治的皮毛而已。另一方面，近代工商業者也好、新式教育下的年輕人也好，對中國現實的了解也非常有限。不像他們從土地中走出來又回歸土地的祖父輩，工商業群體的事業是近代的、西方的；不像讀著四書五經去考試做官最後回鄉當紳士的前輩讀書人，新一批的讀書人舊學根底薄弱了許多，加上年輕，也談不上有什麼社會閱歷。他們可能知道土壤的酸鹼度問題，卻不了解土地對中國人的重要性；他們可能知道京杭大運河的長度，卻不明白有多少人（漕幫、鹽商、水手、商販等等）靠著這條河吃飯；他們可能同情乾旱地區農民的極端貧困，卻搞不清楚他們為什麼要排斥去幫助他們的神父和修女們。中國的實際情況錯綜複雜，身處其中幾十年的聰明人，如李鴻章、張之洞之輩，都感嘆沒有真正了解實情。接觸了幾年洋人活著、讀過幾年洋學堂的新人們，更不能說了解中國實情了。最後，這些新興群體，游離在西方理論和中國現實之間，兩邊都不靠，成了沒有根的人。而這些人中恰恰產生了革命的領袖和菁英。

對於一個體制來說，不能包容新出現的社會力量，是非常危險的事情；而這些新興力量走到了舊體制的對立面去，是非常可怕的事情。清王朝不能贏得新興力量的效忠，於是社會呼喚著一場大的變革。

體制內外的變革路徑

中國社會不變是不行了。圍繞著「變多變少」、「怎麼變」的問題，中國的政治力量分化組合為四大派別。

攝政王載灃代表了滿族親貴和保守派官僚的利益。他們也承認國家出了問題，需要變革，但是只願意在保證皇室絕對權力的前提下，進行可以控制的、有限的變革。他們掌握著國家的大權，指揮著災難深重的中國蹣跚前行。

被載灃斥退的袁世凱則代表了王朝體制內尋求變革的開明勢力。他們認為小修小補已經挽救不了危局了，因此要進行大規模的、深層次的變革。西方社會表現出來的軟硬體的優勢，值得中國學習。袁世凱掌權時期，就推動廢除了科舉制、鼓勵民間辦廠、改革官吏考核制度，還推動官制改革，企圖廢除軍機處設立責任內閣。在開明和保守兩派勢力的爭鬥權衡中，有些變革啟動了，有些變革則夭折了，但阻止不了越來越多的人加入開明勢力的陣營。這其中有和袁世凱一樣在仕途中摸爬滾打上來的實幹人物，更包括了許多新興的富裕階層。國內工商業階層，多數支持開明勢力。畢竟，舊體制進行改革更新，總比用暴力手段鍛造一個新體制，對社會的損害要少得多，也符合工商業發展的利益。比如著名實業家張謇就支持袁世凱，是開明勢力的重要成員。

張謇，一八五三年出生於江蘇南通一個普通人家，早年曾在吳長慶軍中做幕僚，因此短期做過袁世凱的老師，後來離開軍營回鄉應試。他文名出眾，科場卻不得意。翁同龢、潘祖蔭等人對張謇一心提攜，多次想在科舉考試中拔他為狀元，不料都誤把他人卷子認作張謇的卷子，反而讓張謇蹉跎了幾年。一八九四年，張謇終於考中狀元，授翰林院修

撰。甲午戰爭中，張謇因父喪循例回籍守制，萌發「實業救國」的念頭，創辦了大生紗廠。從此，他棄官經商，一口氣創辦了多家實業，興建了港口，資本不斷累積。南通因此成為中國早期的工商業基地，城市面貌和社會風氣煥然一新。

張謇等新興力量和袁世凱等實權人物相互結合，使得開明勢力雖然不能掌權，但社會影響不降反升，始終是潛伏在體制內部的暗流。在他們看來，國家貧弱的根源在於「憲法未立」、「民權未伸」，而解決之道就是「立憲」，建立國會奉行憲法，讓中國成為憲政國家。對於皇室，他們不反對，更不會推翻，因為當時世界上多數國家還是君主國家。大多數君主國，尤其是富強的君主國家，比如日不落帝國英國和立憲成功的日本都是君主國家，所以張謇他們希望中國也朝著君主立憲的方向發展。這一派因此也可以被稱為「立憲派」。

載灃、袁世凱兩派都是提倡在體制內進行變革的力量。而在王朝體制之外，梁啟超等人要求和平改良，孫中山則代表對清王朝完全失望、要求用革命推翻舊有體制的力量。他們兩派因為和朝廷有直接衝突，在國內難以立足。一九〇四年，清政府允諾在國內實行改革，以慈禧七旬萬壽的名義下詔赦免了一大批人。詔書說：「從前獲罪人員，除謀逆立會之康有為、梁啟超、孫文三犯，實屬罪大惡極，無可赦免外，其餘戊戌案內各員，均著免其既往，予以自新。曾經革職者俱著開復原銜，其通飭緝拿，並現在監禁，及交地方管束者，一體開釋。」

在三個「罪大惡極」的人物中，康有為和梁啟超先登上中國政治舞臺。他們二人都是「半新不舊」的知識分子，都是從儒家經典轉向西方政治的一代人。康有為，一八五八年生，廣東南海人。他在二十多歲後開始接觸西方學說的中譯文，又親身遊歷了香港，有感於西方的強盛和優越，開始鑽研西學，提倡變法圖強。梁啟超，生於一八七三年，廣東

新會人。梁家是耕讀世家，梁啟超從小聰明好學，有「神童」美譽，十二歲就中了秀才。十七歲又中了舉人。因為仰慕康有為，中了舉人後的梁啟超不顧世俗偏見，拜還是秀才的康有為為師，跟隨康有為鼓吹變法維新。從此，「康梁」成為維新變法運動的領袖和一代知識分子的代表。

戊戌變法中，康梁和慈禧太后爆發了激烈的權力衝突，導致變法失敗，戊戌六君子就義。康梁難以在國內立足，不得不流亡海外。他們的政治主張其實與立憲派沒有本質區別，但是比立憲派激進、高調，又被排斥到體制之外，走上了不同的發展道路。

流亡後，康有為影響降低，梁啟超後來居上，成為體制外立憲改良勢力的領袖。

康有為此人恃才傲物，自信、自負到剛愎自用。康有為的文章、言行多有誇張，章士釗認為這是其性習使然，又系政治作用為之也。他以為「南海詩文，向欠洗伐之功，筆端起處，即傾河倒峽而出；其勉強趁韻處，往往活剝生吞，無暇咀嚼，以詩律言，誠達不到一個細字」。變法時候流亡海外後，康有為對光緒皇帝感恩戴德，在海外組織保皇會，鼓吹保皇，又把自己包裝成當代孔子、聖人，逐漸失去人心。梁啟超不再熱心保皇，和老師分道揚鑣。他花大量精力研究西方政治，提倡君主立憲制。梁啟超著眼於將普通中國人的素養提高，認為國民文明程度的高低決定國家的興亡。當時中國人智慧不開，缺乏現代意識，迫切需要進行教育提高。「新民為今日中國第一急務。」於是，梁啟超創辦和主持《新民叢報》，批判中國人思想落後、素養低下的同時，普及近代政治文化思想。他是支持君主立憲的，但覺得中國人還沒有實行憲政的心理和能力準備。

儘管身處體制內外，國內立憲派和海外梁啟超等人的思想本質是相

同的。從一九〇三年開始，國內有張謇，海外有梁啟超，發起了君主立憲運動。

一九〇五年底，清廷派載澤、端方等五大臣出國考察政治。五個人考察了一圈，不知道如何寫考察報告，竟然找上朝廷的通緝要犯梁啟超，請梁啟超做槍手起草考察報告。梁啟超欣然接受，有系統地提出了實行兩院制、責任內閣制和地方自治制的政治主張。梁啟超同時指出中國人民智未開，立憲過程不宜過快，新憲法的程度不能太高，可以緩慢推進。這份報告得到了包括慈禧太后在內的最高層的認同，之後清廷的「預備君主立憲」基本照搬了梁啟超的建議，只是在速度上更加緩慢，釋放的民權更加微弱而已。朝廷欽犯竟然主導國家政治改革，這可以說明晚清歷史是多麼複雜，多麼有趣，也表明立憲派的主張很有市場。

另一個朝廷欽犯孫中山，各方面都更像是「欽犯」。

孫中山生於一八六六年十一月，廣東香山（現中山市）人。他原名孫文，字逸仙，流亡日本期間曾化名「中山樵」，後來就用化名為稱呼，被人稱為「孫中山」。孫中山出身農家，小時候沒有條件接受系統性的儒家教育，卻在十三歲時因為哥哥孫眉在美國檀香山務農致富而移居檀香山生活。從此，孫中山接受了系統性的西方教育，深信民主共和，一度還準備加入基督教。他是全新的知識分子，在之前中國歷史上找不到類似的群體。連孫眉都對弟弟的西化傾向感到擔憂，將孫中山強行送回國內。

返回家鄉後，孫中山對故鄉的落後和同胞們的愚昧無法忍受，和好友陸皓東一起搗毀了家鄉的神像。結果，孫中山兩人為父老鄉親所不容，被迫避走香港。一八九二年，孫中山在香港結束學業，專業是西醫，此後在港澳和廣州等地行醫和活動。年長後的他，開始參與政治活動。孫中山一度傾慕康有為的維新變法主張，但因為康有為自大自狂，

要求孫中山拜為門生，兩人沒有進一步接觸。孫中山又寄希望於朝廷權臣主動改革。一八九四年初，孫中山起草了〈上李鴻章書〉，希望國家「人能盡其材，地能盡其利，物能盡其用，貨能暢其流」。他說：「此四事者，富國之大經，治國之大本也。」是年春夏之交，孫中山和陸皓東一起從廣州北上，費盡周折找到關係把建議書交到了李鴻章手上。李鴻章當時是直隸總督、北洋大臣，手握重兵，正忙於一觸即發的中日戰爭。他並沒有接見默默無聞的年輕孫中山。上書的建議也就石沉大海。孫中山失望之際，清軍在中日戰爭中潰敗的消息再次襲來，他對朝廷的自我變革徹底失去了信心。孫中山悄然前往檀香山，著手組織革命團體，開始職業革命家的道路。一八九四年十一月，孫中山成立了興中會，提出了「驅除韃虜，恢復中華，創立合眾政府」的祕密誓詞。朝廷不可救了，那就推翻它再造一個新天地。先後加入興中會的有一百二十六人，大多是富裕華僑，身家顧慮較重。他們有愛國心，也同情革命，但不贊成孫中山採取激烈行動。第二年初，孫中山來到香港，同楊衢雲的輔仁文社聯合，成立興中會總會。它的成員主要是新式知識分子和傳統的會黨分子，態度更激進，開始採取實際行動：武裝反叛朝廷。此後的十多年，孫中山籌措經費，組織武裝，發動起義，屢敗屢戰。孫中山曾對蔡元培說：「我不善處成功，而善處失敗；愈失敗，我的精神愈煥發。」這種無畏的堅持，讓孫中山成了朝廷通緝的要犯，也使他在革命團隊中的聲望越來越高。

孫中山起義的一再失敗，表面看是革命武裝太弱，完全與清朝軍隊不成比例。他往往購買幾百條槍支，聯絡綠林好漢就敢進攻官府。比如第一次廣州起義，孫中山以為從香港運送幾百人到廣州，就能一舉占領廣州。由於計畫泄露，起義未及發動即告失敗，好友陸皓東被殺，他也被迫流亡日本。深入分析，孫中山的失敗是因為他沒有獲得國內多數人

的支持。支持他起義的基本是海外華人，國內菁英分子熱衷於立憲，改良政治，很少有人願意接受武裝革命。在傳統語境下，孫中山更多的是一個「江洋大盜」。他只能孤獨無援地飄蕩海外。期間，孫中山於一八九六年九月被中國駐英國公使館誘捕。他在英國同情者的支持下獲釋，將壞事變成了好事，營造了著名的「倫敦蒙難」事件，讓自己和中國革命黨的名聲傳遍了歐洲。

一九○五年夏，孫中山抵達日本。留日學生將他視為革命領袖，興奮地圍繞在他周圍。當時日本聚集著許多從國內流亡而來的革命者，有許多革命組織。孫中山便主張建立統一的革命組織。黃興等人的華興會力量是華中地區最大的革命組織，陶成章、章太炎等人的光復會則是江浙地區的主要革命組織，他們都同意統一。在孫中山主持下，國內外的革命者成立了中國同盟會，以孫中山提出的「驅除韃虜，恢復中華，創立民國，平均地權」為行動綱領。眾人推舉孫中山為同盟會總理，黃興為執行部庶務長，協助總理主持工作。黃興，字克強，湖南長沙人，一八七四年生，是官派留學日本的秀才。一九○三年，黃興參加據俄活動，並回國在長沙邀集陳天華、宋教仁等人成立革命團體華興會，被公推為會長。

隨後，他聯絡會黨，計劃次年秋，乘慈禧七十歲大壽在長沙起義。事泄，黃興逃亡日本，研究軍事。黃興結識孫中山後，大力支持孫中山籌組同盟會，成為會中僅次於孫的領袖。此後「孫黃」並稱於世。同盟會總部的主要職員則有章炳麟（章太炎）、汪精衛、宋教仁等人。

同盟會建立了機關報《民報》，孫中山在《（民報）發刊詞》中，有系統地闡述了民族主義、民權主義、民生主義的「三民主義」的理論綱領。他以中國的現代化為方向，認為民族要獨立，政治要民主，社會要均富，提出了三個層面的奮鬥目標。

　　同盟會的成立和「三民主義」的提出，象徵著革命勢力的成熟和聯合。這對朝廷來說，實在是個壞消息 —— 因為要推翻它的人越來越強大了。

要革命，還是要改良

同盟會成立後，在海外華人中爆發了一場到底是要革命還是要改良的爭論。這場思想爭論蔓延到國內，對中國人造成了類似思想啟蒙的作用。

激進的革命力量彙集後，身為立憲派首領的梁啟超首先發動了思想進攻。他在《新民叢報》上和《民報》上的革命者進行了激烈的論戰。中國要救亡圖強，路在何方？立憲派不贊成革命，主張和平的改革；革命者認為和平的改革已經救不了中國了，只能進行革命，推翻清朝建立共和國。

梁啟超重提中國人民素養低下，不具備民主共和的政治能力的觀點，認為民主共和不適合中國。從理論上說，民主政治離不開一定的社會基礎和人民素養的支撐。共和民主政體和專制政體對國民的素養要求不同。大體上，民主制下國家大權和社會發展都取決於國民的認知和選擇，而且每個人要在自由多元的環境中充分競爭，獨立滿足個人生存和發展的需求。因此民主政體對每個國民的素養要求很高；在專制政體下，國民只要按照統治者設定的規範去行動和生活就可以了。

專制社會不需要百姓有獨立的思想，也不願讓百姓有創造性，結果造成人人循規蹈矩、沒有尊嚴但安穩地生活著。所以，素養低下的人群比較適合生活在專制政體之下。梁啟超對中國人素養的判斷較悲觀，認為中國人還沒有自治、自理的能力，也沒有民主憲政的迫切要求。如果中國驟然變成民主共和國，人們對民主共和制度都不了解，更談不上當家做主的能力，只怕會引起國家的混亂。革命者也承認中國人的政治能力的確不高，但認為革命可以提高國民素養，普及政治。不能說一個人

素養低，就剝奪他享受優良制度的權利，更不能消極地等待這個人素養慢慢提高。革命本身可以大大提升國民素養，推動大家對民主共和的認同。

章太炎就說：「人心之智慧，自競爭而後發生，今日之民智，不必恃他事以開之，而但恃革命以開之。」

立憲派又認為，革命的激烈形式和暴力行為，會對社會造成破壞。

中國社會承受不了大的破壞。一來，他們怕革命讓瀕臨絕境的百姓生活雪上加霜，擔心革命威脅新興工商業的發展，引起社會紊亂。二來，立憲派擔心中國革命為列強提供干涉的藉口，引起列強侵略，進一步喪權辱國甚至是國家滅亡。然而，在革命者眼中，革命不只是破壞，同時也是建設。革命打破的是舊枷鎖，帶來的是新秩序；百姓付出的是血汗和財產，得到的是全新的國家和寬鬆自由的空氣。為了美好的明天，必要的破壞成本是值得的。很多革命者著迷於革命中「鳳凰涅槃」的神奇和美麗。舊體制沒有值得留戀的東西了，打碎了有什麼值得可惜的呢？（而立憲派中許多人是新興的富裕階層和舊體制中的既得利益者，擔心革命的巨大破壞性。）章太炎就說：「公理之未明，即以革命明之；舊俗之俱在，即以革命去之。革命非天雄大黃之猛劑，而實補瀉兼備之良藥矣。」

雙方爭論的第三個問題是革命者鼓吹的革命到底是種族革命還是民主革命。清王朝是滿族人建立的王朝，多數革命者在宣傳革命的時候將推翻清朝統治等同於「排滿復漢」，宣稱要推翻滿族，光復漢室。梁啟超就批評這種排滿理論是狹隘的種族革命。他說，中國的問題是君主專制的政治問題，而不是種族問題。如果僅僅是推翻滿族王朝，那麼這個革命也是狹隘的，成果是可疑的。

種族革命和民主革命的問題，很複雜。一方面，壟斷政權的滿族和

專制保守的清王朝是融合在一起的，很難區分清楚。在普通百姓看來，二者就是一回事，而且占人口絕大多數的漢族人對滿族人的特權統治早已不滿。所以，以種族革命相號召，革命者就容易動員群眾，贏得支持。

種族革命的宣傳比民主革命的宣傳要簡單得多。比如章士釗說：「今日世襲君主者，滿人；占貴族之特權者，滿人；駐防各省以壓制奴隸者，滿人。夫革命之事，亦豈有外乎去世襲君主，排貴族特權，覆一切壓制之策者乎。是以排滿之見，實正為革命之潛勢力，而今日革命者所必不能不經之一途也。」革命宣傳中，排滿復漢和民主共和是合二為一的。

蔡元培在〈釋仇滿〉文中說：「然而滿人之名詞，則赫然揭於吾國，則亦政略上占有特權之一記號焉耳……近日紛紛仇滿之論，皆政略之爭，非種族之爭也……蓋世界之進化已及多數壓制少數之時期，風潮所趨，絕不使少數特權獨留於亞東之社會，此其於政略上所以有仇滿之論也。」

另一方面，誠如梁啟超所言，多數革命者在這個問題的理解上存在偏頗。三民主義是由三個部分組合而成的，可革命者最關注的、著力最多的只是其中的「民族主義」。比如，辛亥年前後湖北的報刊在揭露清政府的腐敗落後方面刊登了大量的文章，對三民主義的宣傳局限在民族主義的反清宣傳，幾乎沒有涉及民權、民生的內容。革命黨人推翻清王朝的迫切心情可以理解，但宣傳和思想上的局限性在清王朝推翻之後會馬上顯現出來。一來，如果革命僅僅是推翻一個一日的王朝，那和老式的改朝換代有什麼區別呢？二來，當民族獨立的任務宣告完成，國家進入民主改革和民生建設時期，人們的思想毫無準備，行動怎麼能跟上呢？三來，要知道，集中在反清民族主義大旗下的革命者不一定是贊同民主共和、建設均富民生的同道中人。這些問題在同盟會的宣傳動員工作上

沒有加以考慮，革命勝利後三民主義偏廢的後果就將顯現出來。

綜合種種問題，梁啟超力主最適合中國的是「開明專制」，實行君主立憲。立憲派盛讚光緒皇帝是數千年一遇的聖人：「皇上之聖德，亦為數千年之所未有，天生聖人以拯諸夏，凡我獲此慈父，無上幸運。」

他們捧出一個曠世明君來進行自上而下的憲政，以此對抗革命。針對立憲派捧出來的「聖主明君」，革命者攻擊所有的皇帝都是獨裁者，所謂的「開明專制」本身就是個相互矛盾的概念。至於在立憲派眼中十全十美的光緒皇帝，則是虛構的神話。不能因為光緒皇帝無權，沒做過什麼傷害百姓、愚昧保守的事情，就想當然地認為他是愛護百姓、開明豁達的好皇帝。章太炎就直斥光緒皇帝是「載湉小醜，未辨菽麥」。

平心靜氣地講，孫中山和梁啟超兩派各有道理。梁啟超一派缺乏革命熱情，而為革命熱情所左右的革命者們沒有認真深入地研究中國國情和民心。兩派爭論的客觀結果是，多數留學生血氣方剛，接受了孫中山的理論。因為孫中山的革命理論「提供了一個使中國能立足於世界最新型政府的行列的捷徑，不僅可以趕上西方，而且可以很快超過西方。他不像梁啟超那樣麻煩，要掌握中國的歷史，還要盡培訓公民知識的義務。

「他要的是大躍進。學生們喜歡同盟會」([美]費正清著：《偉大的中國革命》)。同時，梁啟超和立憲派在爭論中提出的一些遠見卓識也為革命的熱情所忽視。

這場爭論起源於海外，很快就被引入國內，並不局限在新式學生群體中。即便如此，革命與改良爭論所涉及的對象還僅僅是占中國人口極小比例的知識分子階層。「儘管革命黨人做了大量的宣傳工作，但是影響所及，基本上限於知識階層。下層民眾對於革命的理解，極易誤會為反清復明。同時，革命黨也難以跟會黨劃清界限……多數革命黨人其實自己也往往更在乎排滿，而對共和理想不甚了了，甚至有人在進行革命鼓

動時，居然操著跟會黨差不多的話語⋯⋯對於會黨自己和旁觀的老百姓來說，革命對他們更多的意味著一次成功的改朝換代，一次漢人取代滿人的朝代更迭。」（張鳴著：《民意與天意》，載於《辛亥革命與二十世紀的中國》）底層百姓對此聞所未聞，沒有受到思想的洗禮和組織動員。

　　他們還生活在日復一日的艱難之中，對前途沒有什麼設想。同時，這場爭論是粗線條的思想論證，並沒有深入到具體的國計民生內容。它所爭的是「要不要革命」的問題，至於「如何革命、如何改良」則沒有涉及。

　　比如孫中山「平均地權」的重要主張，就沒有得到宣傳推廣。革命勝利後，孫中山曾希望革命力量強盛的廣東革命政府予以實施。廣東省都督府向省議會提交了包含有平均地權政策的換契案，財政司長廖仲愷專門向省議會作說明，結果還是被省議會否決。中國的問題層層疊疊千絲萬縷，不是一兩次爭論能夠說清楚，更不是爭論本身可以解決的。

憲政的誘惑

立憲派和革命派思想爭論的時候，絕大多數立憲派相信君主立憲的道路在中國是可行的。為什麼他們這麼自信呢？因為清政府正在自上而下地推行「預備立憲」。

如果能和平地在中國實現憲政，那立憲派就會歡天喜地地迎來自己的春天，經濟發展有保障，政治權力能夠擴大。至於愛新覺羅皇室，權力受到憲法的制約，不能再像以前那樣為所欲為了，再向他們稱臣也無妨。從一九○三年起，立憲派就積極鼓吹君主立憲，要求早日召開國會。

之後的日俄戰爭，兩個君主國在東北大打出手，最終立憲的日本打敗了專制的沙俄。立憲派們抓住這個典型案例，說明君主立憲就是比君主專制厲害，中國「非立憲實不足以救之」。一時間「立憲之聲囂然遍天下」，不僅立憲派、開明官僚宣傳立憲，就連思想封閉態度保守的一般官員，對立憲的態度也開始鬆動。

一九○五年，清廷高調派大臣出洋考察外國憲政，作為國內立憲的參考。出發之前，慈禧太后特意召見了考察大臣端方，真誠地詢問：「如今新政都已經實行了幾年，你看還有什麼該辦，但還沒有辦的？」端方直言：「尚未立憲。」慈禧太后間：「立憲有什麼好處？」端方說：「立憲後，皇位置則可以世襲罔替。」慈禧太后讓他細細說來，端方遵命講了半個多小時。他的觀點代表了清朝官員對立憲的主流看法：用立憲來對抗革命。慈禧太后聽後，若有所思。

沒想到，端方等人剛上火車就遭遇革命志士吳樾的自殺性襲擊，入院治療。吳樾由此名垂千古，但當時國內主流輿論對這次暗殺事件評價不高。報刊評論大多認為朝廷大臣出洋考察是為立憲作預備，事關國家

和民族的前途命運，愛國者應鄭重其事以祝其行，所以對吳樾的暗殺行動一般都持譴責態度。不僅如此，立憲派們很擔心這次暗殺事件會影響到清廷考察憲政的行動，進而影響到憲政的實施，於是紛紛在報紙上撰文敦促清廷要不畏艱難，奮勇前行。民間對於出洋考察大臣挨炸一事也大都表示同情，他們紛紛發來慰問電，如上海復旦、南洋等三十二所學校就聯合發了慰問電。這說明，國內主流民意支持立憲，還不支持革命。

同樣，列強也希望中國立憲。和立憲派一樣，列強也要保護在華利益，不希望中國爆發革命，發生激烈的動盪。立憲了，很可能就穩定了。

最終，清朝五位大臣還是出洋考察憲政去了。五大臣正式起航後，《泰晤士報》發表了一篇題為〈中國人的中國〉的文章。作者滿懷熱情地評論道：「人民正奔走呼號要求改革，而改革是一定會到來的……今天的北京已經不是幾年前你所知道的北京了。」

憲政真的能在中國實現嗎，能夠阻止革命嗎？

清朝大臣考察憲政，主要是從日本和德國那裡吸取「經驗」。日本和德國都是君主掌握實權、民主程度不高的立憲國家。清朝大臣在日本、德國看到的是，實行憲政後，國會也好、憲法也好，君主都有解散和否決的權力，依然掌握最終的權力，皇權並沒有旁落。君主受到的約束只是要遵守憲法和公布的其他法律。法律一旦公布，上自皇帝下到庶民，都得遵守。專制君主雖然不似往常那樣可以奉天承運、恣意妄為，但法律同樣可以用來約束和控制百姓。清朝政府從德日兩國的憲政中領會了這兩點：保證皇權不旁落和用憲政來維持統治。專制帝王向後退一小步，遵守雙方約定的法律（在實踐中，法律其實主要還是帝王制定的），換取臣民新的支持。

清朝決心以德國和日本為立憲摹本，但在德日兩國的基礎上清朝皇權向後退的程度更小，民主程度更低。朝廷權貴們看到的主要還是憲政

對皇權的維護作用，忽視了皇權的自我限制。比如出洋考察憲政的載澤回國後上書，陳述立憲有三個好處：一是君主神聖不可侵犯，君位萬世不易，相位旦夕可遷，君主不負行政責任；二是外患漸輕，立憲是國際潮流，立憲後可以改善清廷的國際形象；三是內亂可平息，實行立憲後，革命黨人也無話可說，即使想作亂也無人跟從。據說，慈禧太后對載澤的摺子足足看了有三個時辰，默然不語。

一九〇六年九月一日，清廷正式頒布「預備仿行憲政」的諭旨。諭旨的實質內容是「大權統於朝廷，庶政公諸輿論」這句話。但畢竟意味著中國立憲的大幕打開了。

終於立憲了，立憲派十分興奮，在當年十二月成立預備立憲公會，推鄭孝胥為會長，張謇、湯壽潛為副會長。而梁啟超則在東京組成政聞社，鼓吹憲，與國內相呼應（後來政聞社回國發展，被清廷查封）。從一九〇七年開始，立憲派推動請願活動，要求「早開國會」。

清廷還是按部就班地緩慢推進，在一九〇八年八月頒布《欽定憲法大綱》。憲法既然是「欽定」的，其中自然大談特談「君上大權」。第一條就說「大清皇帝統治大清帝國，萬世一系，永永尊戴」。緊接著，第二條就說「君上神聖尊嚴，不可侵犯」。第三條則限制了國會的立法權：「欽定頒行法律及發交議案之權。凡法律雖經議院議決，而未奉詔命批准頒布者，不能見諸施行。」這就把法律依然等同於「詔命」，國會通過的不算法律，只有「奉詔命批准頒布」才算。憲法還規定皇帝有權黜涉百官、設職制祿、宣戰議和、解散議院、統帥海陸軍、總攬司法權等。除了設立一個權力非常有限的國會之外，中國的政治體制並沒有做根本的變動，人民的權利也沒有實質增加。同時，清廷宣布預備立憲以九年為限，公布《九年籌備清單》，詳細列舉了每一年中需要做的準備工作，比如核查人口、宣傳憲政、教化選民、各省在一年之內成立諮議局等等。

按照清廷的設想，要等九年以後，中國才能開國會、將憲法大綱完善為正式憲法。這時間是不是太長了？

欽定憲法頒布不久，光緒和慈禧逝世。載灃集團上臺後，很快在一九〇九年初重申要立憲，一個主要的舉措就是命令各省當年內成立諮議局。諮議局類似於議會，議員選舉產生，但通過的決議必須經過本省總督或巡撫「裁奪」，並無實權，也解決不了實際問題。選舉的結果是立憲派在各省諮議局中占據了領導地位。立憲派很重視諮議局，聚集在諮議局周圍，聯絡同志，批評現實。現實有許多不盡如人意的地方，但正朝著憲政方向發展。最大的問題是「預備期」太長了，立憲派要求「早開國會」，希望能把持日後的國會，糾正現在的種種問題。十一月，在江蘇諮議局議長張謇的發起下，直隸諮議局議長孫洪伊、四川諮議局議長蒲殿俊等人紛紛響應，十六省諮議局代表組成國會請願同志會。同志會的宗旨就是向朝廷請願，要求縮短立憲的「預備期」，儘早召開國會。為此，他們發起了三次請願活動。

一九〇九年底，孫洪伊領銜，率領請願代表到都察院呈遞請願書，請求在一年內召開國會。朝廷以「預備既未完全，國民智識程度又未畫一」為藉口，加以拒絕，堅持九年預備立憲期不變。第一次請願活動失敗了，國內立憲聲音卻就此高漲起來。立憲派的情緒非但沒有受到打擊，反而更積極地鼓吹立憲。梁啟超於一九一〇年二月在海外創辦了《國風報》，開始解釋國會、責任內閣和政黨的運作方式，對國民進行政治理論的普及工作。當時，革命聲音也開始高漲，同盟會在南方的起義屢敗屢起。為了和革命派搶時間，立憲派在喧囂之餘，決心發動更大規模的請願，用請願蓋過起義，用立憲阻止革命。

第二次請願在一九一〇年六月舉行，超過一百五十名代表入京請願。請願代表除了諮議局成員外，還有商會、教育會、華僑等代表，自

稱代表國內外三十萬多人。這表明國內外有一大批人不喜歡暴烈革命，傾向於和平的改良。第二次上書的言辭比上次激烈。清政府也比上次更不客氣，申斥代表「以為召開議會就能達到政治清明，古今中外都沒有這個道理」，堅持要九年後再召開國會，同時警告代表們「毋得再行瀆請」。

革命迫在眉睫，朝廷還不願意早日立憲，立憲派們急在心裡、喊在嘴上。第二次請願被拒絕後，隨即發生了日本吞併朝鮮的事件。朝鮮千百年來都是中國的藩屬，朝鮮滅亡不免讓中國人「唇亡齒寒」。再不立憲，恐怕國亡將至。革命黨人高喊革命救國，立憲派也不敢耽擱，隨即發動更大規模的請願。

清廷也不是無動於衷。為了所謂「預立議院基礎」，朝廷在一九一〇年十月三日召開了中央資政院。清廷遴選和各省諮議局選舉，各產生一百名議員，組成資政院，職權是議定國家收支預算、決算、稅法、公債、制定法規、彈劾大臣等。這是字面上的權力，為了限制資政院的實際權力，朝廷規定資政院討論和決定什麼事項都要奏請聖旨，皇帝同意後資政院才能行使職權。因此資政院貌似西方議會，實為清廷裝飾憲政的機關。朝廷想控制資政院，卻不料資政院一成立也站到了立憲派的一邊，要求早日召開正式國會。資政院給出的日期是一九一一年。

為了推動第三次請願能成功，許多省的諮議局議長都前往北京，到處活動。各省諮議局聯合會因此成立，推舉湖北諮議局議長湯化龍為會長，蒲殿俊為副會長，孫洪伊為執行長，聯合會得到了資政院和大多數地方督撫的支持。大家也不照例去都察院請願了，直接在十月七日聚集攝政王府門前呈遞請願書。請願代表團整隊出發時，奉天（今瀋陽）在京學生牛廣生、趙振清等十七人突然趕來。他們交給請願代表一封信，表示「國家瓜分在即，非速開國會不能挽救，今第三次請願勢不能再如

前之和平」。牛廣生和趙振清兩人要「拔刀剖腹，以明心跡」。請願代表苦苦勸住，兩人還是趁人不備，各從自己腿上和手臂上割肉一塊，塗抹於請願書上，並高呼「中國萬歲！」、「代表諸君萬歲！」隨後忍痛蹣跚而去。請願代表們也淚流滿面。場面讓人動容。

同時，外省各界紛紛聲援請願運動。天津、開封、保定、奉天、福州等地都有數以千計的百姓聚集官署門口，遞交請願書，要求地方督撫代奏。開封各界紳民三千餘人還召開請願大會，又到諮議局提出「此次請願如仍不得請，學則停課，商則罷市，工則休作，諮議局亦不許開會」。保定各學堂學生集體罷課，要求速開國會。群情激昂，地方督撫紛紛對請願活動表示同情。全國多數督撫都致電朝廷，奏請立即組織內閣，定明年開設國會。還有督撫要求盡快設立責任內閣。資政院開院，有議員發言：「現在國民之斷指、割臂、剜股者相繼，皆表示國民以死請願之決心。」全體與會者一致起立通過「速開國會」的議案。十月二十八日，資政院總裁溥倫把請速開國會的奏稿連同三個附件，一併上奏朝廷。

請願的形勢一片大好，看似人人支持。資政院通過速開國會議案後，有議員跳起來歡呼「大清帝國立憲政體萬歲！」。

面對這麼大的壓力，朝廷也不敢輕視，專門召開御前會議討論。請願代表要求第二年就召開國會，載灃集團不願意。他們還想用「預備期」來拖延時間，不願意早日承擔「大權旁落」的危險。但是，看樣子，再固執九年預備期會得罪大批請願民眾，會觸犯眾怒的。載灃權衡後，宣布縮短年限，將預備立憲期九年改為五年，提前到宣統五年（一九一三年）開設議院，一九一一年先成立內閣。載灃覺得這已經是莫大的讓步了，「應即為確定年限，一經宣布，萬不能再議更張」。如果有人再請願，「均足擾害治安，必即按法懲辦」。

　　載灃並且下令各省舉行歡慶活動，以表示對朝廷「五年立憲」決策的擁護；同時驅散各地請願代表。各地在官方的組織下，敲鑼打鼓，張燈結綵，「歡呼」提前立憲。十二月下旬，來京請願的東北代表被強行押送回籍。倡議聯合全國學界罷學的直隸代表溫世霖則被發配新疆，交地方官員嚴加管束。大批立憲派人員遭到了打壓。被捕入獄的湖南商會會長禹之謨，在獄中以血作書：「要知清政府下詔立憲，專制的凶暴卻有進無已。」朝廷是要用立憲來鞏固皇權，立憲派希望立憲來限制皇權，立場和目標都是南轅北轍的，結果自然好不了。

　　火辣辣的立憲激情，遭到一盆冷水襲來。朝廷答應的立憲，彷彿是懸在拉磨的驢頭前的紅蘿蔔，永遠是一個誘惑。而那沉重的磨盤就是萬世一系的清朝皇權。立憲派的心涼了一大截。

現在不革命，就沒有命了！

國內立憲道路緩慢艱難，清政府頑固保守依舊，內憂外辱紛紛，立憲派說話不像以前那麼硬氣了。在和革命派的爭論中，立憲派顯得理屈詞窮，對輿論的影響越來越小。在東京，梁啟超遭到了「圍剿」，窮於應付，自稱「多淚多辨」之人。

革命的聲音逐漸占據了壓倒性優勢。

人們傾聽和接受革命宣傳，不都是明瞭革命道理之後的信仰。很大程度是客觀形勢「逼」出了革命者。陳天華在《警世鐘》中說的話很有代表性：「要革命的，這時可以革了，過了這時沒有命了。」在他的另一本小冊子《猛回頭》中，陳天華痛陳：「十八省中愁雲黔黔，怨氣騰霄，賽過十八層地獄。怕只怕，做印度，廣土不保；怕只怕，做安南，中興無望。怕只怕，做波蘭，飄零異域；怕只怕，做猶太，沒有家鄉！」亡國的命運就在眼前，載灃等人找不到路，立憲的道路也走不通，就只剩下革命一條路了。革命帶有的破壞性和重建天地的快速可能性，為迷茫中的人們指出了一條光明的道路。孫中山總結的「畢其功於一役」的革命深深吸引著急於改變現狀的中國人，人們不能接受立憲、教育等曠日彌久的辦法。一九○二年五月，《蘇報》發表〈敬告守舊諸君〉公開倡言革命：「居今日而欲救吾同胞，舍革命外無他術，非革命不足以破壞，非破壞不足以建設，故革命實救中國之不二法門也。」

革命的對象自然是清朝政府。清政府無力解決種種問題，就讓一個新政府來替換它。同時，八國聯軍占領北京後，意識到列強沒有能力瓜分統治中國，選擇清政府作為代理人來保障列強在華利益。清政府為了維持統治，採取了「結萬國歡心」的媚外妥協政策。官員怕洋人，一心

維護洋人利益。陳天華於是痛斥清朝政府是「洋人朝廷」。清朝政府集結了「洋人」和「專制」兩重罪過，不推翻不行了。

革命風潮風起雲湧，一年勝過一年。多少人像陳天華一樣認為「革命者救世救人之聖藥也」，力主拿起武器進行暴力革命。陳天華在《猛回頭》、《警世鐘》裡，大聲疾呼「改條約，復政權，完全獨立；雪國恥，驅外族，復我冠裳」；高呼「萬眾直前，殺那洋鬼子，殺那投降洋鬼子的二毛子」，「推翻『洋人的朝廷』清政府」，「建立民主共和國」。形形色色的報紙和小冊子，昌言無忌、鼓吹革命。鄒容的《革命軍》直接號召人們推翻清朝，通篇激烈言辭，風行天下，達到了令人不敢置信的一百一十萬冊銷售額。馮自由說，天底下讀書識字之人，「幾乎人手一冊」；章太炎後來回憶，在印行幾版、清廷開始禁絕以後，其銷量不降反升，「遠道不能致者，或以白金十兩購之，置籠中，雜衣履糕餅以入，清關郵不能禁」……凡此種種，無不表明革命日漸深入人心，開始成為中國人尋求變革的主要選擇。

即便如此，陳天華還是覺得革命來得太慢，國民太無知和封閉了，毅然跳海自殺，希望能夠喚起國民的革命激情。一九〇六年的春天，陳天華的靈柩從日本運回國內。從上海到家鄉湖南，人們都為他舉行了隆重的祭奠，痛哭流涕地宣讀他的絕命辭。長沙各界不顧官方阻撓，決定公葬陳天華於岳麓山。葬儀舉行時，長沙全城各校師生紛紛參加，送葬隊伍達數萬人，綿延十餘里，淒淒哀歌。「適值夏日，學生皆著白色制服，自長沙城中望之，全山為之縞素。」清朝軍警站立一旁，亦為之感動，不加干涉。人心的向背，一目瞭然。

在此背景下，孫中山的反清起義雖然全部失敗，依然在海外漂泊不定，但他開始得到國內人民的深深同情，成了人們掛在心裡的名字。

鐵血年華
──革命志士的努力與犧牲

鐵血年華 —— 革命志士的努力與犧牲

一八九五年，因為廣州起義被清廷通緝又被香港當局驅逐出境的孫中山逃亡日本橫濱。日本報紙以〈支那革命黨首領孫逸仙抵日〉報導孫中山的到來。孫中山撫掌大叫：「好，好！自今以後，但言革命，勿言造反。」從此，「革命」二字引進中國語言，代替了「造反」和「起義」。名詞雖然換新的了，但其中流血犧牲乃至悲壯慘烈的內容並沒有換。革命，不是請客吃飯，也不是動動嘴皮子，而是要革命者做好犧牲的準備，做好殺人的準備。

同盟會成立後，孫中山和黃興在海外到處買槍，今天買三五支這個型號的槍支，明天買幾支其他型號的，東拼西湊，然後聚集兩百多支，每支槍所配子彈最多也不過兩百發。他倆帶著這麼點武器，就敢偷渡回國和清軍鏖戰。其中的大無畏精神令人嘆服。以自殺警醒國人的陳天華曾談及自己能為國做的無非兩件事，「其一作書報以警世，其二則遇可死之機會而死之」，只要能達到救國的目的，就願意以身相殉。革命烈士林覺民在廣州起義前留言：「此舉如果失敗，死人必然很多，定能感動同胞 —— 嗟乎，使吾同胞一旦盡奮而起，克復神州，重興祖國，則吾輩雖死而猶生也，有何遺憾！」這份捨生取義的信念和雖死猶生的榮譽，支撐著年輕的生命們慨然衝進槍林彈雨。

正是革命志士前赴後繼的努力和犧牲，最終迎來了勝利的曙光。

熱血青年汪精衛

北京什剎海的前海和後海之間的水道上，有一座南北向的單孔石拱橋，因形似銀錠而得名銀錠橋。每天，攝政王載灃從什剎海的醇親王府到紫禁城去上朝，都要經過這座銀錠橋。一九一〇年（宣統二年）三四月間，有幾位新式打扮的年輕人頻繁出現在銀錠橋周圍。好幾天深夜，橋下都響起叮叮噹噹的聲音。原來，這是幾個立志捨生取義的青年革命黨人，計劃在載灃路過時炸毀銀錠橋，暗殺攝政王。而為首者，就是汪精衛。

暗殺，是晚清革命黨人經常採用的手段。

革命黨人多是血氣方剛的年輕人。他們痛感國家貧弱不堪，憂心於國家滅亡的噩運，迫切地希望改變現狀。革命是他們的選擇，但一城一地的光復，年復一年的宣傳動員，並不能滿足他們的迫切要求。於是，很多年輕人傾向於更快捷的手段：暗殺。

用極端的方法來表達對黑暗現實的憤怒，往往是弱者的手段。國內黑暗了千百年，清朝的龐然大物不是一朝一夕能夠推翻的，往往讓人束手無策，看不到光明的前景。於是，有人寧願捨棄生命，也要給敵人造成眼前的、更大的殺傷。暗殺就應運而生了。最早約為一九〇二年冬，留日學生楊毓麟在《新湖南》撰文，聲稱「非隆隆炸彈，不足以驚其入夢之遊魂；非霍霍刀光，不足以刮其沁心之銅臭」。一九〇五年九月，年僅二十七歲的吳樾在出發刺殺出洋考察五大臣前寫下〈暗殺時代〉一文。在文中，他說：「體質為小我，精靈為大我……奴隸以生，何如不奴隸而死」；他說，願他死後，「化一我而為千萬我，前者僕後者起，不殺不休，不盡不止」。他並且認為：「今日之時代，非革命之時代，實暗殺

之時代也。」陳獨秀當年二十歲，與吳樾相爭刺殺五大臣。兩人竟然扭作一團、滿地打滾。精疲力竭後，吳樾問：「舍一生拼與艱難締造，孰為易？」陳獨秀回答：「自然是前者易後者難。」吳樾說：「然則，我為易，留其難以待君。」對於革命大業，暗殺是小事，建設是大事；暗殺是容易的、一時的，但是建設是長期的，艱難的。但是，青年革命者等不及了，寧願先殺身成仁，而將艱巨的建設事業留給同志們了。

國內因此爆炸聲隆隆。著名的暗殺事件有一九〇六年楊卓林謀刺兩江總督端方，一九〇七年徐錫麟刺殺安徽巡撫恩銘，一九一一年李燮和、陳方度謀刺廣州巡警道王秉恩。一九一一年廣州兩次發生暗殺事件，林冠慈等炸傷廣州提督李準，新任廣州將軍鳳山則剛踏上廣州碼頭就被李沛基炸死。而其中最著名的暗殺事件，莫過於一九一〇年汪精衛刺殺攝政王載灃了。

汪精衛，一八八三年出生，廣東三水人，原名汪兆銘，「精衛」是他的筆名。汪精衛畢業於日本政法大學，一九〇五年加入同盟會，一度主編過《民報》。之前，同盟會在兩廣發動的多次起義都失敗了，勇士流血犧牲，生者情緒日漸消沉。汪精衛悲憤欲絕。一九一〇年，他寫信給胡漢民說：「至於暗殺，不過犧牲三數同志之性命，何傷元氣之有？」透露出以死激勵革命的決心。

既然抱定必死之心，就要死得有價值，就要用自己的生命去換取仇敵首領的性命。汪精衛決定混入北京，刺殺清廷的皇親權貴們。他邀請同齡的黃復生和小自己三歲的喻培倫等同志一同前往北京從事暗殺。黃復生、喻培倫二人都是四川人，都贊同暗殺行動，而且都自學了炸藥學。黃復生曾經在配置炸藥時受過傷，喻培倫則鑽研出配置炸藥的「喻氏法」，被同志們稱為「炸藥大王」。他們當即接受了暗殺邀請。從汪精衛邀請的對象來看，他就想轟轟烈烈地在北京大幹一場，用爆炸的方法

不僅能多殺清朝權貴，而且能把事情鬧大了，做出「爆炸性」效果來。

至於個人生死，他也好，黃復生和喻培倫也好，都沒有過多的考慮。不然，他們大可以採取下毒、狙擊等容易隱蔽自己、事後方便逃脫的手段。行前，汪精衛寫信給胡漢民說：「此行無論事之成否，皆必無生還之望。」、「弟雖流血於菜市街頭，猶張目以望革命軍之入都門也。」

汪精衛等人慷慨來到北京，在琉璃廠開設「守真影相館」以為掩護，因為照相館的暗室最適合配置炸藥，照相館裡飄出化學藥品的味道也不會引人懷疑。他們還在東北園租賃一屋，作為集合約志的場地。

一行人最初的爆炸對象是慶親王奕劻，無奈奕劻深居簡出，沒有找到下手機會。接著，他們想刺殺出洋考察海陸軍歸國的載洵、載濤，計劃在火車站下手。沒想到火車站人多眼雜，載洵、載灃在重重護衛下快速離開，汪精衛等人又沒有找到機會。最後，眾人把目標鎖定在攝政王載灃身上。載灃符合暗殺對象的許多條件：具有重要的政治價值，日常活動很有規律，安全護衛存在漏洞 —— 每天要通過狹窄的銀錠橋。幾個年輕人很快制定了計畫：預埋炸藥在銀錠橋，汪精衛藏身於小橋附近的一條陰溝，等載灃過橋時用電線引爆炸彈，和載灃同歸於盡的計畫。

製造炸彈倒是頗費一番周折。喻培倫將炸藥從海外偷運進入北京，沒有組裝成型。為了增加威力，他們在騾馬市大街鴻泰永鐵鋪鑄造一個可盛四五十磅炸藥的「鐵西瓜」，再填入炸藥，組裝成了一個巨大的炸彈。接下去就是把炸彈安裝到銀錠橋下，配上引爆系統了。這項任務落在了黃復生、喻培倫的頭上。兩人本想用一個晚上完成安裝，沒想到銀錠橋全橋由大石塊砌成，難以找到理想的安放點。他倆只能鑿石頭，叮叮噹噹了一個晚上，還沒有把大傢伙給裝上，只能做持久準備，改天再來。

沒想到，就在這個環節上出了問題。四月二日夜，黃復生、喻培倫

繼續到銀錠橋下埋設炸彈，正揮汗猛幹著，突然發現橋上蹲著一個黑影注視著自己。原來，什剎海附近有個居民，當晚和妻子發生了糾紛，心情不好在岸邊遊蕩。靜靜的黑夜中，銀錠橋下傳來清脆的叮叮噹噹聲，那人好奇地過來，蹲在橋上觀看。他原以為是江洋大盜在埋贓物，想著見者有份，訛橋下人一筆錢財。慢慢地，他覺得不對勁了。這分明是在埋設炸彈嘛！黃復生、喻培倫發現了他，他也看到兩人，雙方都驚散而去。

那人趕緊跑去報告了官府。黃復生、喻培倫則丟下炸彈，跑到遠處藏起來觀看動靜。不一會兒，警察包圍銀錠橋前後，搜走了大炸彈。兩人這才跑去報告了汪精衛等同志。計畫失敗，怎麼辦？是逃離北京還是鋌而走險，再行暗殺？幾個年輕人驚魂稍定後，商定先在北京看看情況再決定去留。

第二天，銀錠橋下發現炸彈的新聞上了北京各家報紙。人們猜測這可能是清朝內部傾軋的結果，有的報導說炸彈中包炸藥的報紙是倫敦字樣，猜測是剛從歐洲歸國的載洵等人要謀殺親哥哥；也有報導說是慶親王奕劻幕後主使，要刺殺載灃。總之沒有人往革命黨人身上想。汪精衛等人懸著的心稍微放下了點。過了兩天，有報紙刊登新聞說銀錠橋爆炸未遂案的嫌疑人被抓住了。汪精衛等人大大鬆了口氣。幾個人決定再幹一場，繼續刺殺載灃。因為進口的炸藥用完了，喻培倫去日本重新購買彈藥。汪精衛與黃復生留在京城，圖謀再舉。

其實，這都是官府使用的障眼法。在麻痺汪精衛等人的同時，警察們正抓緊追查刺客。他們以遺留的大炸彈為線索，將龐大的炸彈外殼遍示京城鐵匠鋪，終於在鴻泰永鐵鋪查到了訂貨人。十六日，警察衝進「守真影相館」逮捕了汪精衛和黃復生。

審訊時，汪精衛、黃復生兩人爭相承擔責任，力圖為對方開脫。黃

復生奮筆直書：「此次之事，純予一人所為，精衛不過客於予處。」審問者說：「這一句要改。」黃復生說：「事實是這樣的，我怎可攀誣我的好朋友呢？」審問者說：「奇怪，汪精衛也說是他一個人幹的。」原來汪精衛早已將暗殺罪責完全攬在自己身上，為黃復生等人開脫。他稱：「又自以平日在東京交遊素廣，京師如憲政編查館等處，熟人頗多，不易避面，故聞黃君有映相館之設，即以三百元入股，至京居其處。黃君等皆不知精衛之目的所在，故相處月餘。後見精衛行止可異，頗有疑心，故映相館中有人辭去。」

利用寫供狀的機會，汪精衛洋洋灑灑，將「罪狀」寫成了鞭撻朝廷鼓吹革命的「檄文」。他說：「今號稱立憲，而其目的在於鞏固君主之大權，是其強權，較昔加厲，其終於為民族民權兩主義之敵。」、「立憲之不可望如此，以故革命諸人，以為欲達民主之目的，舍與政府死戰之外，實無他法。」在黑暗的牢房中，汪精衛彷彿又回到了當年的東京，回到了當日編輯《民報》的案桌前，激揚文字指點江山。

在獄中，汪精衛以決死的心，寫下了「慷慨歌燕市，從容作楚囚；引刀成一快，不負少年頭」一詩，迅速傳唱於革命黨人中。女革命黨人陳璧君參與了刺殺載灃的謀劃，已經離開了北京，聽到汪精衛入獄的消息，毅然返回北京，勇敢地和獄中的汪精衛結為夫妻，成就了一番佳話。

汪精衛的案情，依照大清律都夠得上滿門抄斬的標準了。載灃也想處死汪、黃，但是遭到了內部的反對。同盟會員程家檉正在肅親王，民政部尚書善耆府中任家庭教師，他對善耆說：「國家如殺汪、黃，則此後黨禍日夕相尋，非朝廷之福。」善耆對汪精衛很欣賞，從中勸說。根據溥儀的回憶：「汪精衛被捕之後，受到肅親王善耆的很好的招待。我父親在自己的年譜中說這是為了『以安反側之心』，其實並非如此。我有位親戚後來告訴過我，當時有個叫西田耕一的日本人，透過善耆那裡的日本

顧問關係告訴善，日本人是不同意殺掉汪精衛的。攝政王在幾方面壓力之下，沒有敢對汪精衛下手。」四月二十九日，清廷以汪黃二人「誤解朝廷政策」為理由，下令將汪黃永遠監禁。汪精衛能夠免死，實在出乎人們的預料。

身陷囹圄的汪精衛，在北京獄中發誓「張目以望革命軍之入都門」。

革命者的鐵骨柔情

　　時間整整過了一年。一九一一年（宣統三年）的春天，福州城內花兒競相開放。城中老街巷林家在日本慶應大學留學的兒子林覺民突然回到家中。嗣父林孝穎對兒子的不告而返非常驚異，一再追問原因。林覺民說：「學校放櫻花假，有幾位日本同學要去江浙一帶遊覽風光，臨時叫我陪去，所以來不及寫信通知。」雖然還有疑惑，一家人對林覺民的回國非常高興，尤其是懷有身孕的林妻陳意映更是喜上眉梢。廳堂中充滿了歡笑。

　　林覺民卻沒有時間享受家庭的溫暖，整天在外聯絡他人。沒有人知曉此時他內心的糾結與苦楚。陪伴著老父嬌妻幼子，奔走在熟悉的故鄉街巷，林覺民從事著的卻是極端危險、很可能要付出生命代價的事情：武裝起義。林覺民在日本加入了同盟會，此次是受同盟會日本東京學生支部委託，回故鄉聯絡福建義士赴廣州參加新的起義。

　　同盟會決定在廣州舉行大規模起義。之前，同盟會發動的歷次起義都失敗了。去年（一九一〇年）十一月，孫中山在馬來西亞檳榔嶼召集黃興、趙聲、胡漢民等人商議起義計畫。清朝編練的新軍傾向革命，是重要的能拉攏、爭取的對象。之前安慶馬隊、廣州新軍都爆發過起義，因各種原因失敗了。孫中山等人意識到僅僅依靠新軍的力量是不夠的，還需要革命黨人作為骨幹力量從中領導。於是，他們決定挑選五百名優秀的革命黨人為「選鋒隊」，潛入革命基礎良好的廣州首先發難，帶動新軍起義。

　　為此，孫中山等人指定了廣州起義的計畫，將「選鋒隊」兵分十路進攻兩廣總督署、廣東水師行臺、警察署、軍械局、炮營、電信局

等，然後打開廣州各城門迎接城外新軍入城，光復廣州。起義時間定為一九一一年四月十三日。攻占廣州後，同盟會計劃由黃興率領一支革命軍出湖南，攻湖北；趙聲率領一支革命軍出江西，攻南京。林覺民回福州，就是吸收志士加入「選鋒隊」。而他本人，早已決心為其中的一員。

一邊是國，一邊是家，林覺民幾次想將參加廣州起義的事情告訴陳意映，可又念及愛妻已懷孕八個月，對自己愛戀深沉，恐怕接受不了如此危險的計畫，幾次啟口卻又幾次將話吞回。三月十九日，林覺民戀戀不捨地告別家人，從馬尾港上船經香港赴廣州參加起義。臨行前，滿腹話語又無法傾訴的連覺民與前來送行的同志舉杯話別，豪飲狂歌。

與他同行的，還有幾十名和林覺民情況相似的革命志士。

華南和南洋各地的「選鋒隊」紛紛奔赴廣州。當他們在路上的時候，四月八日，革命黨人決定由趙聲擔任起義總指揮，黃興為副指揮。趙聲，江蘇丹徒（今鎮江）人，十七歲中秀才，之後接受清朝的軍校教育，並東渡日本考察。但他傾心革命，祕密加入同盟會。一九○七年後，趙聲在廣東新軍任職，先後擔任新軍管帶（營長）、標統（團長），並曾參加一九一○年的廣州新軍起義，失敗後脫險逃到香港。他是同盟會內突出的軍事人才，應孫中山之召與黃興等再次籌劃廣州起義。因為趙聲被廣州城內官吏所熟識，不便入城活動，所以留在香港負責指揮協調，由黃興去廣州做前期準備。

也就在當天（四月八日）發生了溫生才暗殺廣州將軍孚琦的事件，嚴重影響了起義計畫。

溫生才，廣東梅縣人，出生於貧苦家庭，少年時被騙到南洋各地做苦力，種過菸草、在錫礦做過工，一度曾回國投身行伍當兵。坎坷的人生和對西方制度的了解，讓溫生才接受了革命思想，並加入了同盟會。

一九一○年廣州新軍起義前，溫生才謀劃刺殺廣州將軍增祺，因無

炸藥而作罷。一九一一年三月下旬，溫生才潛回廣州，伺機謀刺廣州將軍孚琦。

四月八日這一天，廣州將軍孚琦應邀參觀法國人的遠東飛艇社，返回路上遭到溫生才行刺。溫生才手持快槍向孚琦連續射擊，孚琦太陽穴、腦門、頸項、身部各中一槍，當場斃命。溫生才逃離途中被巡警逮捕。溫生才被捕後，兩廣總督張鳴岐和廣東水師提督李準親自審訊。溫生才氣宇軒昂，鎮定自若地說：「擊孚琦者是我，主謀者也是我，何必多問！」張鳴岐問：「為什麼暗殺？」溫答：「不是暗殺，是明殺！」張問：「為什麼明殺？」溫答：「滿清無道，政治腐敗，民不聊生，都是此輩官吏所造成。只恨我川資不足，不然到京師，可成大事！」張說：「一將軍死，一將軍來，於事何濟？」溫答：「殺一儆百，吾願一償。」張說：「此處刑罰屬害，你難道不怕？」溫答：「何不拿來一試？」張鳴岐威逼利誘不果，李準便施用酷刑，用抬槓軋傷了溫生才的雙腳，溫生才都不屈服，終在十五日被押赴刑場。途中，溫生才神色自若，毫無怯色，對著人群高喊：「今日我代同胞報仇，各同胞務鬚髮奮做人方好！」既而又說：「許多事歸我一人擔任，快死快生，再來擊賊！」

孚琦被殺，清廷震驚，將張鳴岐提拔為兩廣總督兼署廣州將軍，加強對廣州的監管控制。廣州城內流傳：革命黨人在四月底前舉事。張鳴岐和李準二人不敢怠慢，在廣州實行全城戒嚴，派出大批警察、偵探，加強巡查，四處蒐羅革命黨人的蛛絲馬跡。一些革命機關和儲藏軍火的地點遭到破壞。考慮到新軍傾向革命，張鳴岐和李準將新軍槍機全部卸去，嚴加看管。廣州城中一片風聲鶴唳。鑑於清廷在廣州嚴密戒備，革命黨人處境惡化，加上從日本運來的一船武器和從美國、荷屬東印度匯來的款項誤期，黃興決定起義時間推遲到四月二十七日。

在日益加重白色恐怖中，革命黨人仍然陸續混入廣州。這些年輕

人，大多數不是廣東本地人，不懂粵語，而且許多人穿著西服或學生
裝，言行殊異，特別惹人注意。四月二十三日，黃興寫下「本日即赴陣
地，誓身先士卒，努力殺賊」的絕筆書，離開香港潛入廣州，統一指揮
越來越多的「選鋒隊」。

　　林覺民一行人也在此時到達香港。四月二十四日，林覺民夜宿香港
臨江樓。當天夜裡，林覺民在床上輾轉反側不能入眠。窗外，香江之水
緩緩流淌，倒映著一輪皎月。林覺民觸景生情，恍惚中彷彿回到了家鄉
福州的馬江，飄回了老街的家裡。那是一座不大不小的庭院，入門穿
廊，過前後廳，又三四折有小廳，廳旁的一個房間就是林覺民和妻子陳
意映的臥室。這對小夫妻在裡面雙宿雙棲。「初婚三四個月，適冬之望日
前後，窗外疏梅篩月影，依稀掩映」，他和愛妻「並肩攜手，低低切切，
何事不語，何情不訴」。陳意映對丈夫愛意深重，難捨難分。林覺民東
渡日本，她也永夜長開眼，日夜思念。林覺民回家，她多次提及要隨丈
夫遊學。林覺民都婉拒了，現在想想，夫妻二人在一起的時間真是太少
了。如今，妻子懷胎八月，讓林覺民如何割捨得下。

　　四五年前，林覺民曾對妻子說：「相比我死在你前面，我更希望你先
我而死。」陳意映聞言生氣，經林覺民一再解釋才消減怒意。林覺民的
本意是妻子嬌弱，擔心她經受不起喪夫之痛，林覺民當時就怕自己先她
而死，將悲傷與痛苦都留給妻子，於心不忍，所以寧願愛妻先死，讓自
己一個人承擔所有的悲苦。可惜，如今林覺民就要衝入刀光血影，在死
亡的懸崖邊徘徊，想必要先愛妻而死了。林覺民在心中默念：「愛妻，吾
真不能忘汝也！吾誠願與汝相守以死。」

　　給家人留言吧！林覺民起身，提筆寫遺書。首先，他給年老的嗣父
寫了一紙簡訊：「不孝兒覺民叩稟，父親大人，兒死矣，唯累大人吃苦，
弟妹缺衣食耳，然大有補於全國同胞也，大罪乞恕之。」父親辛勤持家，

支持自己留學深造，卻要承擔白髮人送黑髮人的痛苦，更要承擔今後家庭的困頓。林覺民想到此就心痛，但如果自己的死能夠「大有補於全國同胞」，便只能咬牙請求老父親諒解了。

對妻子，林覺民有太多的話要說，卻幾次「不能竟書而欲擱筆」，不知道如何下筆。他在筆端沾滿了愛意柔情，字斟句酌，怕妻子不能理解自己的苦衷，寫到最後「淚珠和筆墨齊下」，直到天色將明才停筆。

在這份寫在手巾上的千字長文中，林覺民深情地表白對妻子的愛，表達了捨家為國的決心乃是由愛而生。「吾至愛汝，即此愛汝一念，使吾勇於就死也。吾自遇汝以來，常願天下有情人都成眷屬；然遍地腥雲，滿街狼犬，稱心快意，幾家能彀？司馬青衫，吾不能學太上之忘情也。」

古人說「老吾老以及人之老，幼吾幼以及人之幼」，林覺民希望愛妻能夠理解「吾充吾愛汝之心，助天下人愛其所愛，所以敢先汝而死，不顧汝也。汝體吾此心，於啼淚之餘，亦以天下人為念，當亦樂犧牲吾身與汝身之福利，為天下人謀永福也，汝其勿悲！」他繼續寫道：「吾誠願與汝相守以死，第以今日事勢觀之，天災可以死，盜賊可以死，瓜分之日可以死，奸官汙吏虐民可以死，吾輩處今日之中國，國中無地無時不可以死！到那時使吾眼睜睜看汝死，或使汝眼睜睜看我死，吾能之乎！抑汝能之乎！即可不死，而離散不相見，徒使兩地眼成穿而骨化石，試問古今來幾曾見破鏡能重圓？則較死為尤苦也。將奈之何？今日吾與汝幸雙健，天下人之不當死而死，與不願離而離者，不可數計；鍾情如我輩者，能忍之乎？此吾所以敢率性就死不顧汝也。」

林覺民還內疚地說：「吾家後日當甚貧，貧無所苦，清靜過日而已。」和著淚水寫完遺書，林覺民不忍再讀，將兩封家書委託給友人，囑咐「如果你聽到我死訊，勞把信件轉到我家」。隨後，他毅然決然地趕赴廣州城。

來到廣州，林覺民看到了捨小家為國家的同志們，他們有三十四歲的同鄉，出身清朝高官家庭的日本大學畢業生林文；二十五歲的同鄉，曾在日本學習陸軍的方聲洞；在閩江口炮臺任職，毅然辭別病重的父親及妻子參加起義的馮超驤，當時三十一歲；二十六歲的體格魁梧，慷慨善鬥的會黨人士劉元棟；四川陸軍速成學校畢業，遊歷南北的清軍軍官饒國梁；福建連江縣丹陽鎮農民，三十歲的陳發炎和二十九歲的陳清疇；四十多歲出身廣東，少林寺教拳為生的李德山；二十三歲的日本早稻田大學學生陳與燊；年僅十七歲卻參加過之前鎮南關起義、欽廉上思之役的越南華僑游壽；廣東嘉應（今梅縣）人，十九歲的木材商子弟周增；三十歲的小學教師饒輔廷和南洋華僑，中學教師林修明；二十歲的華僑，耶穌會傳教士李炳輝，三十多歲的華僑陳文褒……大家真正是來自五湖四海，之前的人生軌跡相差巨大，在廣州，在這座春意正濃的五羊城中，大家的人生軌跡都彙集到了一點上：廣州起義！

四月二十五日，張鳴岐、李準調巡防營二營入城，加強戒備。參與起義指揮的陳炯明、胡毅生等人聞訊大驚，認為敵情變化，主張起義緩期。喻培倫、林文等人擔心起義拖得越久敗露的可能性越大，堅決反對延期起義。黃興再三思考，慎重決定採納陳炯明等人緩期的意見。他電告在香港的胡漢民：「省城疫發，兒女勿回家。」暗示還在香港集結待命的大批「選鋒隊」不要再到廣州來。同時，黃興命令已到廣州的「選鋒」分批撤回香港。部分革命黨人奉黃興的命令，開始返回香港。

眼看起義就要夭折，喻培倫、林文等人心急如焚。他們找到黃興，慷慨激昂地陳述：「花了海外華僑這麼多錢，南洋、日本、內地同志不遠千里而來，決心拚搏一番，但舉事一緩再緩，怎不令人灰心？萬一不能再舉，豈不成了騙局，堵塞了今後革命道路？巡警就要搜查戶口，人、槍怎麼辦？難道束手待擒？革命總是要冒險的，何況還有成功的希望！

即使失敗，也可以用我們的犧牲作宣傳，振奮人心。現在形勢緊急，有進無退，萬無緩期之理！請再三深思！」喻培倫主張按期起義，情緒激動地表示：「就是大家都走了，剩下我一個人，也要丟完炸彈再說，生死成敗，在所不計！」黃興雖然下令了暫時撤退的命令，他的內心也還在掙扎。本次起義傾注了革命黨人和海外華僑的巨大心血和期望，已經做了長期準備，耗費了眾多的人力物力，一旦取消全部努力付諸東流。

他感到沒有臉面去面對革命同志和節衣縮食資助起義的華僑們，內心非常痛苦。喻培倫、林文等人的勸說，說得黃興熱血沸騰。他決定不顧一切，爭取按期起義，並且表示：「餘人可邁步出五羊城，唯我克強一人必死於此矣。」林文馬上說：「大舉不成，盡可做一場大暗殺。克強既決志，吾人攏在一起同拚命耳。」

黃興等人重新部署起義，緊急召集開始撤退的城內同志。二十六日，李準從順德調巡防三營入城。這支部隊中的軍官，包括哨官溫帶雄在內的多數人熱心革命，其餘軍官持中立態度，只有極少數人反對革命。陳炯明等人聞訊，改變主意，向黃興表示可以在四月二十七日按期起義。黃興於是在小東營召集會議，決定新的起義計畫。因為起義人數大為減少，革命者由十路縮減為四路，於二十七日下午五時同時發動。黃興率領第一路進攻總督署，殺掉張鳴岐；姚雨平率領第二路進攻廣州小北門，接應傾向革命的新軍進城；胡毅生率領第三路守大南門；陳炯明率領第四路襲取巡警教練所，吸收該所兩百名學生參加起義行列。

會後，黃興立即給香港去電：「母病稍痊，須購通草來。」意思是讓香港的同志們如期前來參加起義。非常遺憾的是，這封重要電報直到二十六日夜間十點鐘才傳到香港。

在香港，趙聲之前聽說黃興要取消起義計畫，內心既反對又擔憂，本來計劃二十七日親自潛入廣州協調指揮，二十六日深夜接到黃興如期

起義的電報後，知道事情尚且可為，心中大喜。此時尚有三百多名「選鋒」滯留在香港，兩百多支槍和許多子彈還在香港待運廣州。而開往廣州的最後一班船早已啟航。香港的同志們要按時參加二十七日的起義，時間上很困難了。趙聲當機立斷，決定讓所有三百多名同志全副武裝，搭第二天（二十七日）早班船去廣州；如果能混入城中，就參加黃興等人的起義，如果在廣州碼頭即被發覺，就開槍攻擊，就勢發動起義。應該說，這不失為一個能夠響應黃興的冒險計畫。但是，胡漢民和譚人鳳等同志反對趙聲的這個計畫。他們認為三百多人攜帶武器，從香港趕赴廣州，危險太大，沿途隨時可能出差錯。他們提出了一個折中的計畫：第一，讓同志們分批潛入廣州，一部分人可乘早班船走，大部分人乘晚班船去廣州；第二，緊急電告黃興，要求將起義日期推遲到二十八日，爭取在二十八日發動有準備的、更大規模的起義。

為了做好協調，譚人鳳乘二十七日的早班船去廣州找黃興。趙聲、胡漢民帶領大部隊搭乘晚班船前往廣州。

黃花崗

一九一一年四月二十七日，陽光照在廣州城上，照在城內越華路小東營五號。

這裡是同盟會廣州起義的指揮部。下午四點左右，黃興在此召集同志們慷慨誓師。起義者們腳穿黑面的樹膠鞋，用白毛巾裹在臂上做記號。恰巧趕到指揮部的朱執信本來有其他任務，見狀當即決定加入起義隊伍。他身上穿了長衫，來不及脫掉，就把長衫的下截撕去，成了短衫，要和大家一同出發。

搭乘早班船的譚人鳳不顧已到花甲之年，馬不停蹄，在起義之前輾轉進入了指揮部。他見到黃興，轉告了香港方面的決定，遊說推遲起義的理由。黃興說了一句：「老先生，不要多事，來擾亂我軍心！」也許是受到群情激昂的革命熱情的感染，本是來遊說推遲起義的譚人鳳轉而贊同立即起義，並向黃興請戰，要加入起義。黃興見譚人風年事已高，不便參戰，勸他：「先生年紀已老，後方事還要人辦，這是決死隊，望你不必加入。」譚人鳳堅持：「難道你們敢死，我獨怕死嗎？」黃興只好掏了兩把手槍交與他。譚人鳳根本不懂槍，撫摸槍身的時候一不小心，把機頭打開了，手指頭一動，突然「砰」地響了一槍。屋裡人多，但幸好子彈穿向屋壁（一說射傷了一位同志）。黃興一把從譚人鳳手裡奪過了槍，連聲說：「譚鬍子不行，不要搗亂，誤了大事！」槍響後，大家嚇了一跳，害怕暴露了目標，把清軍吸引了過來。眾人屏氣凝神，緊張地聽著外面的動靜。幸虧當時街頭響聲很多很雜，把剛才的槍聲給沖淡了。

大家這才放鬆下來。

下午五時三十分，臂纏白布、腳著黑鞋的革命黨人打響了起義的槍

聲。黃興率領主力衝出小東營五號,殺向兩廣總督府。喻培倫肩挎盛滿炸彈的竹筐,左手持號筒,右手持手槍,衝在隊伍的最前面。這次起義基本上是黃興這一路一百三十多名「選鋒隊」在孤軍作戰。趙聲率領的香港同志還在趕來的路上;廣州城內的其他三路,因為陳炯明、胡毅生等消極等待,擅自決定停止起義。三路起義者無人領導,很多人沒有領到武器,未能參加戰鬥。少數人聽到黃興一路的槍聲後,不顧身單力薄,零零散散地衝出隱蔽所響應起義。一時間,廣州城內槍聲四起。

黃興這一路從小東營的指揮部到總督衙門的路並不長,不到五百公尺。傍晚的街頭,行人也不多。廣州人看到角落裡突然殺出一隊拿槍持彈的年輕人,紛紛躲避。黃興把隊伍分為前後兩隊,自己和喻培倫率領前隊人馬,迅速殺向督署。徐維揚率領後隊掩護。總督衙門正面有張鳴岐衛隊數十人守衛。林文和兩三個同志衝上前來,扔出炸彈一陣猛擊。衛兵們猝不及防,被炸死多人,倖存的人慌忙逃入衙內,依託門房、廊柱負隅頑抗。

黃興的前隊一時無法從正門攻人,和清兵展開了槍戰。督署門前地形空闊,沒有遮擋物,起義者躲在兩個大石獅子後面與敵人對射。付出了很大的傷亡後,黃興帶領十幾人從西邊側門強行攻入;前隊的其他人在喻培倫的率領下,把督署的圍牆炸了個大洞後,也衝入衙門內。不久,徐維揚率領的後隊人馬殺到了,與督署正面殘存的清兵遭遇,經過激烈的槍戰後也成功殺入總督衙門。只聽著總督衙門內殺聲雷震,子彈橫飛,硝煙瀰漫,「槍聲喧於急雨,彈煙濃於亂雲,喊吶崩天,血花濺地,此僵彼興,前僕後繼」。

兩廣總督張鳴岐不等起義者殺到,就已經翻窗爬牆,倉惶逃入水師行臺和李準回合。驚魂未定,張鳴岐即命李準調集部隊鎮壓起義。

黃興等人基本控制總督衙門後,遍尋不到張鳴岐。進攻的目標不見

了，又不知道其他各路同志的進展，怎麼辦？空空如也的總督衙門不宜久留，黃興迅速決定撤離。有人放了一把火。火光中，大家重新殺出衙門。沿途還有清兵射擊起義者，黃興雙手持槍和同志們一起奮勇擊退殘敵，成功地從正門衝了出來。

一行人衝到東轅門，遭遇了李準派過來的一支清軍。林文聽說有許多清軍官兵傾向革命，便上前高呼：「我等皆漢人，當同心戮力，共除異族，恢復漢疆，不用打！不用打！」話音未落，回應林文的是敵人的一陣子彈。林文擊彈倒地，當場犧牲。劉元棟、李炳輝等五人也相繼中彈。黃興右手中指的第一節和食指的第一節都被打斷，他忍痛用斷指反擊。雙方膠著僵持，起義隊伍如果和清兵糾纏下去，勢必遭遇各處清兵的合圍。黃興果斷命令大家脫離戰鬥，將所部分為三路分頭行動。其中喻培倫、徐維揚等兩路人分別去接應新軍響應起義或者進攻督練公所；黃興自率方聲洞、朱執信等出南大門，接應防營入城——在起義計畫中，起義軍的主力原本就是清朝新軍和巡防營。

廣州起義發展到現在，能否成功，主要希望就在傾向革命的清朝官兵的態度了。

起義爆發後，這些革命官兵心情激動。可惜的是，多數人的武器在起義前被清政府收繳了，還有許多人因為聯絡不上沒能參加起義。能夠響應起義的清軍寥寥無幾。

李準調入城內的巡防營哨官溫帶雄是同盟會員。事先，他與黃興約定在起義之日以保衛水師行臺為名，活捉李準，響應起義。雙方祕密商定，起義的清軍臂佩白手巾作為標記。二十七日起義槍聲打響時，溫帶雄和他的部隊正在吃晚飯。巧的是，水師提督李準傳令該哨前去保衛行臺。

溫帶雄迅即扣留傳命之人，宣布起義。他率全隊官兵，整裝衝向行

臺，準備捉拿李準。因為怕恐途中遇到清兵阻礙，溫帶雄和起義官兵們手臂上並未纏上白巾。更巧的是，這支起義的清軍在南大門遭遇了黃興、方聲洞、朱執信等人。雙方因為誤會，發生了鏖戰！

黃興這一路本是為了接應起義的巡防營的。結果，方聲洞看到一支沒有纏白毛巾的清軍隊伍衝了過來，誤以為是鎮壓起義的頑固官兵。他舉手就是一槍，恰恰擊斃了領導起義的溫帶雄。起義的巡防營官兵見首領被殺，紛紛反擊，擊斃了方聲洞。兩支革命隊伍越戰越激烈，在南大門一帶死戰。此情此景，令人至為痛惜。

黃興的隊伍與溫帶雄的隊伍在內訌中戰死多人。黃興的隊伍傷亡慘重，隊伍被沖散了，各自為戰。黃興獨自一人藏在附近的一家洋貨店裡，以門板作掩護，堅持槍戰。而起義的清軍官兵在溫帶雄死後，群龍無首，最後各自散去。

天色已晚。喻培倫、徐維揚等人的隊伍也與清軍展開巷戰，逐漸陷入困境。他們轉戰於廣州的大街小巷，對抗越來越多的清軍，寡不敵眾。

最後，喻培倫、徐滿凌、李德山、林盛初等人退入高陽里一家米店。起義者將米包壘成掩體，與清軍激戰一晝夜，擊退清軍數次進攻。血戰中，米店周圍留下了許多清軍的屍體，革命者韋統鈴、韋統淮、韋樹模等也不幸中彈犧牲。戰到最後，清軍不能近前，還是張鳴岐下令潑油燒街。

一時間火光沖天，濃煙滾滾。堅持在米店中的十幾位起義者或者死於烈火濃煙之中，或者在煙霧中突圍被擊斃，或者在突圍中被抓。犧牲者中，廣西來的韋樹模、韋統鈴、韋統淮、韋榮初四人為族兄弟，都是太平軍後代。米店戰鬥停歇，代表了本次廣州起義以失敗告終。

喻培倫參加了米店的激戰。他殺得性起，掛著一筐的炸彈，隻身衝向敵陣，一邊高喊殺賊，一邊拋擲炸彈，嚇得清軍慌亂躲避。在烈焰的

映襯下，喻培倫「容色威猛，若能吃生人者」。最終他因負傷被俘遇害。就義前，喻培倫還慷慨高呼：「學說是殺不了的，革命尤其殺不了！」年僅二十五歲。

徐維揚在危急中，讓受傷的徐佩旒等六人潛伏回鄉里養傷，自己繼續殺敵，最終殺出重圍，成功逃出了廣州城。奉徐維揚命令扶傷回鄉休養的六人，分別是廣東花縣農民三十歲的徐佩旒、三十歲的徐廉輝、二十九歲的徐應安、二十四歲的徐昭良、二十歲的徐保生和二十八歲的越南華僑徐松根。

他們沿著粵漢鐵路慢慢行走，走到江村高塘火車站附近鐵路橋時，忽遇敵兵。當時，六名革命者彈盡人傷，無法迎戰，不幸全部被捕，送到水師行臺後英勇就義。

許多起義者知道廣州巡警教練所有同志，所以在失敗後跑到教練所去尋求避難。所長夏壽華見狀，急中生智，將教練所的學生制服都取來，向起義者們說：「你們這些學生，還不快些穿好軍服出去巡邏？」起義者們聽了，立即領悟，趕緊改換裝束，扮作巡警學生出巡，分別脫離了危險。

包括林覺民在內的四十三名起義者被捕。混戰中，林覺民被一顆子彈打中腰部，撲倒在地。他扶牆掙扎著起來，舉槍還擊，最後因傷癱倒在牆根而被俘。被俘後，林覺民滴水粒米不進。

在總督衙門的審訊中，林覺民不會說廣東話，用英語回答問題。他慷慨陳詞歷數清廷的腐敗、宣揚民主自由思想。主審的李準為林所折服，准許去掉林覺民的鐐銬並給他座位坐下，準備好紙墨，讓他書寫供狀。

林覺民提起筆來，想到起義失敗，胸中充滿憤激之情，竟至捶胸頓足。

　　一度，林覺民想吐痰，李準竟然親捧痰盂過去。在「供狀」中，林覺民奉勸清朝官吏洗心革面，獻身為國，革除暴政，建立共和。張鳴岐親自閱讀了林覺民的「供狀」，嘆道：「惜哉！此人面貌如玉，肝腸如鐵，心地如雪，真奇男子也！」一個幕僚哈腰低語：「確是國家精華，大帥是否要成全他？」張鳴岐正襟危坐，說道：「這種人留給革命黨，豈不是為虎添翼？」於是，張鳴岐下令處決林覺民等「頑冥不化分子」。

　　幾天後，林覺民坦然邁進刑場，從容就義，年僅二十四歲。

　　不久的一個清晨，福州林家的門縫裡被人塞進來林覺民的遺信。陳意映在那一條方巾上看到：「意映卿卿如晤：吾今以此書與汝永別矣！

　　吾作此書時，尚為世中一人；汝看此書時，吾已成為陰間一鬼。……吾至愛汝！……吾居九泉之下，遙聞汝哭聲，當哭相和也。吾平日不信有鬼，今則又望其真有。今人又言心電感應有道，吾亦望其言是實，則吾之死，吾靈尚依依旁汝也，汝不必以無侶悲！」一個月之後，陳意映早產，兩年後抑鬱而亡。

　　起義失敗後，負傷的黃興在珠江河畔輾轉。他想呼喚渡船去南岸，因為語言不通未能如願，又忘記了附近革命黨機關的門牌號碼，僅記得是假托胡姓人家娶親的。茫茫夜幕中，他摸索到一戶門上有紅色對聯的喜慶人家，冒險叩門而入。可惜革命同志不在，僕婦不讓他進入，黃興請求了好一會才放他進去。駐守這處機關的是女同盟會員徐宗漢。徐宗漢，生於上海，在檳榔嶼加入同盟會，到廣東組織廣州同盟會分會。她參與了廣州起義的籌劃，帶領親友將槍械彈藥祕密運進廣州分發給同志們。徐宗漢回來後，趕緊對黃興做了包紮，並在第二天護送他出城。

　　第二天，在廣州城門口，喬裝打扮的黃興遇見了率領三百多名同志風塵僕僕趕來的趙聲。昨日，同志們的鮮血染紅了廣州街巷，一切都已不可挽回。黃興和趙聲唯有抱頭痛哭。

第三天晚上，黃興在徐宗漢親自護送下，乘輪船潛回香港就醫。黃興有一根手指將斷未斷，十分痛苦，需要動手術。徐宗漢以黃興妻子的名義簽字，又在醫院悉心照料黃興。黃興出院後，兩人結為夫妻。

起義的失敗對趙聲打擊尤其巨大。趙聲悲痛過分而病倒，仍然扶病趕赴順德，謀劃再次起義。革命黨事先聯絡了廣州周邊的會黨相助，廣州城內大亂時，周邊會黨也聞風聚集。但是李準迅速調集兵力，加以驅散。趙聲再次起義的計畫失敗，擎槍自殺，幸虧被同志阻止。此後，趙聲鬱鬱寡歡，回到香港，大病一場。五月初，趙聲腹痛不止，經診斷是盲腸炎，非割不治，手術時發現趙聲腸有腐爛，血黑。術後，趙聲口吐紫血，堅持到五月十七日午後，迴光返照。他勉勵身邊的革命同志堅持到底，並吟誦「出師未捷身先死，長使英雄淚滿襟」之句，淚隨聲下。

同志們受他感染，悲傷流涕，沒想到趙聲突然張目喊道：「吾負死難諸友矣！雪恥唯君等。」說完，他閉眼流淚不已，此後不能再說話了。十八日下午一時，趙聲逝世，年僅三十二歲。

四月二十七日的起義，隨黃興出發的有一百三十多人，此外從各處自發出來參加戰鬥的隊伍有數股之多，又有反正的清朝官兵，具體人數無法統計。生還者寥寥可數。犧牲的革命者屍體，多數橫陳街巷，沒人收斂。

五月一日，兩廣總督衙門通知地方各善堂出面收拾各處起義者屍體，共收集七十二具烈士屍體集中於諮議局門前曠地。但是，就義的革命志士絕對不止七十二人。

怎麼安葬這些屍體呢？廣州所屬的南海、番禺兩地縣令商議，葬於臭岡。城內沒有暴露的同盟會員潘達微聞訊後，心急如焚。因為臭岡是掩埋死囚屍骨的地方，讓革命志士與作奸犯科的盜匪惡棍地下共處，汙了革命的名聲，有負志士的犧牲。潘達微冒著生命危險，多次哭訴於廣仁善堂，動之以情，曉之以理：「諸義士為國捐軀，純為國民謀幸福，彼

此均為國民一分子，如此藁葬，心實難安。」善堂董事們受到感動，向衙門通融，得到允許將起義者屍骨葬於紅花岡。潘達微又以「紅花」不雅為由，改名為「黃花崗」，取黃花晚節之義。由此，本次廣州起義又被稱為「黃花崗起義」，犧牲者有了專門的名字：黃花崗烈士。

二十七日下午勸阻起義的譚人鳳在起義前被護送到安全處隱藏了起來。

幾個小時後，與他站在同一屋簷下的那些年輕的生命，紛紛隕落。這些志士都是同盟會的骨幹、菁英，本是未來中國的棟梁之材。譚人鳳痛哭流涕：「是役也，死者七十二人，無一怯懦士。事雖未成，而其激揚慷慨之義聲、驚天動地之壯舉，固已碎裂官僚之膽，震醒國民之魂。」孫中山先生在〈黃花崗烈士事略序〉中如此評述本次起義：「吾黨精華，付之一炬，其損失可謂大矣。然是役也，碧血橫飛，浩氣四塞，草木為之含悲，風雲因而變色。全國久蟄之心，乃大興奮，怒憤所積，如怒濤排壑，不可遏抑。不半載而武昌之大革命以成，則斯役之價值，直可驚天地，泣鬼神，與武昌革命之役並壽。」

盼來的竟然是皇族內閣

　　革命如潮水般洶湧，清廷不能無動於衷了。官府的主要對策仍然是用緩慢的「預備立憲」來對抗革命，如今所做的就是加快立憲的步伐。

　　載灃等人以為如此就能阻擋革命浪潮。

　　即便到了這個時候，清廷所釋放的「憲政誠意」還是異常有限。廣州起義發生的第二個月（一九一一年五月八日），清政府宣布裁撤原先的權力核心軍機處，建立責任內閣 —— 這是開明官僚和立憲派們之前疾呼力爭的。

　　因為沒有國會，所以這個責任內閣不可能是選舉產生的，而是由朝廷指定的。內閣設總理一人，協理二人，分為十部，每部設大臣一名。

　　一共十三名大臣組成了責任內閣。具體名單如下：總理大臣是慶親王奕劻（宗室），協理大臣（副總理）分別是那桐（滿族）和徐世昌（漢族），外務大臣梁敦彥（漢族），民政大臣肅親王善耆（宗室），度支大臣載澤（宗室），學務大臣唐景崇（漢族），陸軍大臣蔭昌（滿族），海軍大臣載洵（宗室），司法大臣紹昌（宗室），農工商大臣溥倫（宗室），郵傳大臣盛宣懷（漢族），理藩大臣壽耆（宗室）。

　　載灃集團本想透過責任內閣來顯示朝廷對憲政的「理解」和立憲的「誠意」，卻從這份名單裡暴露了他們的專制慾望和對憲政的侮辱，達到了相反的效果。

　　首先，內閣掌握在清朝皇室成員手中，從根本上違背了憲政的本意。

　　責任內閣設立的目的就是限制皇權，皇室設立內閣就是對皇權的自我限制。因此，「皇室成員」不進入內閣是一個不成文的規矩，或者說是常識。人們分析新內閣的十三名大臣，卻發現滿族占了九名，漢族只有

四名。而九名滿族大臣中又有七人是皇室成員。皇室成員在內閣中占據數量上的絕對優勢，總理大臣又是慶親王奕劻，實際上整個內閣都由皇室成員把持著。人們很自然將這個內閣譏為「皇族內閣」。

其次，內閣成員幾乎都是老官僚，是之前執政團隊的延續。

總理奕劻之前就是領班軍機大臣，如今平穩「過渡」為新內閣的總理。他頭腦中有多少新思想，對憲政有多少理解，非常可疑。其他人，如溥倫、載洵等，也不是支持民主、推動憲政的人物。蔭昌則完全是載灃用來控制軍隊的人選。我們再來看來其他大臣的情況：

那桐，一八五六年生，滿洲鑲黃旗人，葉赫那拉氏。他舉人出身，沿著傳統官僚的成長道路一步步得到提升，之前也是軍機大臣，如今「過渡」到新內閣中來。如果說他和其他傳統官僚有什麼不同的地方，那就是他參與了辛丑條約的談判，之後負責過外務部，對外交事務有所了解。對外部世界和民主共和，他也就停留在了解的程度，要他贊同民主共和，那是萬萬不可能的事情。

徐世昌，一八五五年生，天津人。徐世昌被認為是袁世凱勢力的重要成員，是開明官僚。徐袁二人在青年時代就相識，並結拜為兄弟。按年紀算，徐世昌是袁世凱的大哥。之後，徐世昌雖然考中了進士做了翰林，但在中下級官僚的位置上蹉跎了十多年。袁世凱在小站編練新軍時，徐世昌主動加入，成為新軍中僅次於袁世凱的二號人物，由此奠定了日後發達的基礎。徐袁二人思想相近，在清末新政中徐世昌也多有表現，不過在仕途上二人拉開了一定的距離。徐世昌在八國聯軍侵華期間，積極追隨慈禧太后逃亡，得到後者的賞識，開始平步青雲。所以袁世凱後來被免，徐世昌受到的影響不大。這次，徐世昌能在內閣中排名第三，一來可能需要借重他豐富的行政經驗和對新政的理解，二來可能是用徐世昌來堵住漢族人、袁世凱勢力參與和開明官僚的嘴（徐世昌符合

這三項條件）。總之，徐世昌是個政治點綴。

其餘三個漢族大臣中，名列各部之首的外務部大臣梁敦彥是廣東順德人，一八五六年出生。他的祖父和父親曾在香港、南洋闖蕩，家庭風氣開放，梁敦彥從小就學會了英語，並身為清政府首批留美幼童的其中一人，在美國接受了教育。回國後，梁敦彥選擇在舊體制中做官，一步步升遷。他從事的主要是洋務活動，屬於典型的技術官僚。從他日後參與張勳復辟來看，梁敦彥應該算不上是擁護民主共和的人物。

學務大臣唐景崇是同治年間的進士，從翰林編修做起，歷任侍郎、御使和多地的學政，一九一〇年「學有所用」升為學部尚書，此次進入內閣做學務大臣也是平穩「過渡」。唐景崇生平喜歡讀書，喜歡治史，加上老邁，怎麼看都是個傳統得不能再傳統的老官僚。

排名靠後的郵傳大臣盛宣懷則值得著重關注一下。

盛宣懷，一八四四年出生於江蘇常州，他是中國近代民族工業和洋務運動的開拓者與奠基人。盛宣懷不擅長科舉考試（只考中過秀才），優越的家境卻讓他有機會從事參與社會事務。一八七〇年，盛宣懷被李鴻章招入幕府，得到後者的賞識。從此，盛宣懷跟從李鴻章舉辦洋務活動，創辦了一系列採礦、交通、金融事業。同時，他自己也從事商業活動，是與胡雪巖齊名的「紅頂商人」。因為既當裁判員又做運動員，盛宣懷的商業活動非常成功，資產豐裕。豐富的政治和實業經歷，讓盛宣懷諳熟帝國體制，對國情有深入的了解。和李鴻章一樣，盛宣懷思想開明，支持改革，但反對激進的革命。戊戌變法前後，他對維新改革是支持的，但反對康有為的急躁和貪功。李鴻章死後，其勢力很大程度上被袁世凱所繼承，而精神衣缽很大程度上為盛宣懷所繼承。

盛宣懷長期游離在官和民之間，亦官亦民又非官非民。他控制著許多企業和社會事業，既向清政府謀求政治支持圖謀發展又以此為籌碼向

清政府要求個人地位，陷入了政治體制的漩渦。這是他最大的缺點，也是「紅頂商人」的悲哀。李鴻章死後，盛宣懷鬱鬱不得志了多年。載灃集團上臺後，盛宣懷賄賂載澤六十萬兩白銀，謀得郵傳部尚書一職。據說載澤知道盛宣懷善於理財，將貪腐所得的百萬銀子委託他理財生利。

盛宣懷大讚自己控制的萍冶礦局的好處，慫恿載澤入股。載澤就用家當換來一紙股份。清朝滅亡後，排滿風氣濃厚，盛宣懷將載澤的股份占為己有，載澤也不敢吱聲。話說回來，拋卻道德和政治糾葛，單從能力和經歷上來說，盛宣懷是郵傳大臣的合適人選。

「皇室內閣」中除了徐世昌、盛宣懷二人略有亮色之外，基本上是一個保守沉悶的團隊，對朝廷忠誠有餘，卻無民主風範和強國富民的能力。清廷一不小心泄漏了假立憲、真專制的面目，責任內閣「名為內閣，實則軍機；名為立憲，實則專制」。一般的人都能從中看出蹊蹺了，對政府的「誠意」感到失望，更不用說立憲派了。立憲派的憲政幻想隨著責任內閣的公布而破滅。一九一一年六月十一日和七月五日，各省諮議局聯合會兩次上書請都察院代奏，要求撤銷皇族內閣，均被拒絕。湖北諮議局議長湯化龍和湖南諮議局議長譚延闓發布《宣告全國書》，指出立憲的「希望絕矣」。和平的憲政道路在中國走不通了，因為朝廷不讓走，那麼立憲派只能轉向它的對立面，「內閣甫成立，而推翻之動機已伏矣」。

這樣的內閣成立後，會有什麼舉措呢？

內閣成立後的第一個舉措就是盛宣懷提出的，立即引起了軒然大波。

盛宣懷高齡當官，還有心作為。他對發展經濟有自己的一套想法，迫切想付諸實施。在思想上，盛宣懷這一代知識分子成長於王朝體制的強力控制之下，對國家的力量抱有一種近乎迷信的敬畏、信任和依靠。

在中國漫長的歷史中，國家力量極其強大，民營事業沒有獨立的空

間，難免讓知識分子過分看重國家的作用。在實踐中，盛宣懷舉辦的眾多事業依附於政治權力，其盈虧發展和官府的支持或打壓密切相關。兩相作用，盛宣懷信奉「權力經濟」，認為經濟的發展離不開政治權力的推動，認為國有經濟比民辦經濟優越。因此，盛宣懷就任郵傳大臣後，力主推動郵政和交通事業的國有化。他的第一個目標就是全國各地久拖不決的商辦鐵路建設事業，第一項政策就是「鐵路國有」政策。

這項政策的出發點是好的，也是針砭時弊有感而發。鐵路是近代工商業的命脈，收益豐厚，加上中國已有的鐵路幹線為列強所控制，無論是從經濟角度還是愛國角度，中國人在二十世紀初年就力主自辦鐵路。

一九〇三年七月，四川總督錫良上奏清廷，請求「自設川漢鐵路公司」。這一建議得到上至朝廷下到各省紳商的一致支持，民間自籌資金的鐵路商辦運動一時進入高潮。幾年熱情過後，中國民辦鐵路的事業進展緩慢，弊端重重。首先是缺乏資金。鐵路建設需要大量資金，而各地從來沒有籌集到足夠的資金。比如川漢鐵路興辦以來僅籌集到全路所需款數的十分之一，照此速度還須九十到一百年的時間方能完成川漢鐵路（四川在一九四九年前仍無鐵路）。其次是管理混亂，嚴重拖累了鐵路建設。比如川漢鐵路公司經營財目混亂，存在嚴重的貪汙浪費。籌集到的一千六百萬元路款，被層層貪汙挪用。據說四川鐵路公司駐上海提調、四川人施典章在上海投機買橡皮股票虧空，挪移鐵路款項四百萬，因此首先奏請將川漢鐵路收歸國有。而宜昌、成都兩地的四川鐵路公司人員，也造成數百萬的虧空。結果川漢鐵路只造成不足五十里的路基而已。其他商辦鐵路也不容樂觀：「數年以來，粵則收股及半，造路無多」；「湘、鄂則開局多年，徒資坐耗。」如此發展下去，中國的鐵路事業就耽誤了。原本支持商辦鐵路的人們，也開始反省民營鐵路是否可行了。很多人轉而支持國家控制鐵路事業。

　　有民意基礎，有主管大臣盛宣懷的推動，又有主管財政的載澤的支持，再和攝政王載灃小範圍商議後，「鐵路國有」政策就在內閣成立的第二天（五月九日）以上諭的形式（《鐵路幹線收歸國有諭》）直接發布了 ── 沒有通知中央資政院的議員們，各省諮議局更是不知情。盛宣懷與度支部被要求「悉心籌劃，迅速請旨辦理」。

槍聲在四川響起

「鐵路國有」上諭頒發以後，得到了許多省分的支持。不過這些省分都是民間資本匱乏、無力修路的邊遠省分，比如雲南、廣西、貴州等。他們大喊「國有化」的好處，但在鐵路建設事業上基本是「打醬油」的角色。而商辦鐵路已經起步的省分，比如湖北、四川、湖南、廣東等省則比較牴觸。他們反對朝廷將鐵路收歸國有的理由是，「國有化」是朝廷「與民爭利」。

不過局勢仍然在盛宣懷的掌控之下。他縱橫商場多年，見慣了風浪。商辦事業的爭論，核心圍繞一個「利」字，只要處理好的利益關係，反對聲音會慢慢平息下去的。所以，盛宣懷按照自己的思路，加快推進下去。一方面，郵傳部著手制定國有化的細則，核心內容就是如何補償各地百姓已經付出的修路資金；另外一方面，考慮到朝廷並沒有錢來修路，盛宣懷開始接觸外國銀行團，籌措對外借款，企圖用外國資金建設國有鐵路。

在借款方面，盛宣懷進展順利。當時西方列強資金充裕，各國手裡都有閒錢，急需尋找到投資項目，願意借錢給中國的人很多。上諭頒發僅僅十日後，清政府便與英、法、德、美四國銀行簽署了借款合約。

就合約本身而言，盛宣懷不愧是談判高手，為中國爭取到了相當優越的借款條件：借款年利息為五厘，貸款期限為四十年，和之前的外債合約相比算是低利率了；之前列強借款給中國往往附加政治條件，要以中國鐵路管理權或鐵路所有權作抵押，這次盛宣懷說服列強同意以百貨雜類與鹽厘捐為抵押品，風險很低。此外，合約明確說明，日後鐵路所有權和管理權歸中方所有，鐵路建設過程中優先使用中國工業產品與原

材料（比如合約專門說明鐵軌要從漢陽鐵廠購買），中方督辦大臣有權指揮外國工程師等等。因此，盛宣懷推動的這份借款合約，算不上是「賣國條約」。

但是，郵傳部制定的鐵路國有化細則，捅了大婁子，導致了整個國有化政策全盤崩潰。

郵傳部、度支部制定的收路細則，規定湖南、湖北的路款照本發還。因為這兩省湊集的鐵路款基本保持完好，有錢發還給股東們。但是廣東、四川兩省的鐵路款已經出現巨額虧空，比如四川在一九○三年成立了鐵路公司，尚未修一寸鐵路，幾年下來卻已支出近千萬兩，帳目堆積如山，無法算清。朝廷沒有錢填補這筆虧空，就是有錢，盛宣懷也不願意掏錢。他態度強硬地表示，地方鐵路公司的虧空屬於自身經營管理不善造成的損失，不能由國家來填補。當然，盛宣懷也不是一點情面都不講，承諾這些可以以「入股」的形式轉化為國有鐵路公司的股票。因此，廣東路款只發還六成，其餘四成轉化為日後建成的國有鐵路的股票；而四川則只退還帳目上尚存的七百萬兩，其餘都變為了股份。

收路細則公布後，原先反感國有化的湖北、湖南百姓對補償條件基本滿意，情緒逐漸平緩下來。廣東人因為只能收回六成資本，意見仍然很大。不過，因為掏錢參與商辦鐵路的股東很多是海外華人華僑，他們在海外發泄不滿，對國內影響不大。只是到了四川，朝廷的細則致使群情洶洶，激起了眾怒。怎麼會這樣呢？

其他省分商辦鐵路的股東是士紳官商，四川的鐵路公司的股東則是全省千百萬普通百姓。之前為了籌資修路，四川省採取抽租的方式，在老百姓繳納的正稅之外再收取專門的鐵路費用，比如農民交租時按照「值百抽三」的比例繳納築路費。這和增稅無異，擾民十分嚴重。結果造成百姓被迫深受修築鐵路之苦，同時使得四川百餘州縣的大小紳商、城

鄉百姓都和鐵路利益息息相關。四川人的要求是「川省人民辦路用款，應照數撥還現銀」，希望早點領回自己的血汗錢。收路細則公布後，人們發現連一半的錢都拿不回來，頓感失望。大家紛紛反對這個細則。加上的確有一部分人想利用民間力量修築鐵路，反對朝廷與民爭利，再加上「鐵路國有」政策是繞過資政院和諮議局發布的，四川很多人進而反對起「鐵路國有化」的政策來。

朝廷為了推動鐵路國有，工作態度粗暴，且不注意和四川地方的溝通，進一步激化了矛盾。這是崇尚絕對權力的人的通病：閉塞自大，一意孤行，一條道走到黑。收路細則公布後，四川諮議局和代理四川總督王人文幾番親自上奏或代奏官民呈文，言明「群情激切」，「請暫緩接收川路」，都遭到清廷嚴厲申飭。王人文，當時五十七歲，雲南大理白族人，光緒年間進士，在貴州、廣東、陝西等地做官二十餘年，當時剛剛接印一個月。他是個務實的官員，為朝廷和百姓雙方考慮，希望朝廷暫緩在四川推進鐵路國有化政策。六月一日，盛宣懷和渝漢鐵路督辦端方發給王人文電報，指示處理四川鐵路款項的辦法。電報稱將虧空款項一律填給股票，如果四川方面一定要索還，朝廷只有再借外債了。王人文清楚，公布這樣的電報，無異於在四川社會火上澆油，大膽地將電文祕而不宣。盛宣懷、端方不但不理解王人文的苦心，還對王人文不滿，在七日直接致電川漢鐵路宜昌分公司，令其向成都索閱款項處理電文。王人文不得不將電文公布於眾。

六月十三日，朝廷與四國銀行簽訂的借款合約文本傳到成都。已經有了不滿情緒的人們更是抓住「借外債修路」這一點不放，認為朝廷不僅是在與民爭利，而且是在開歷史倒車。原本民間築路就是有鑑於借外債喪權辱國的教訓才興起的，如今怎麼能重蹈覆轍呢？情緒激動的人們，對合約內容缺乏理性的解讀。激進派開始在報紙上批判盛宣懷「賣

路」、「賣國」。很多人公開表示「借此喪失國權之款，不在路歸國有，而在名則國有，實為外人所有」。局勢開始脫離冷靜的軌道，超乎王人文等人的控制之外了。十七日，成都岳府街上人流如織，川漢鐵路公司的第七次股東大會正在此舉行。大會開幕後，激憤人士相繼登壇演講，痛陳時事，臺上臺下一起聲淚俱下。演講人羅綸說：「我們四川的父老伯叔！我們四川人的生命財產 —— 拿給盛宣懷給我們賣了！賣給外國人去了！」說了簡單幾句，他便嚎啕大哭起來，全場也跟著大哭，哭聲持續了二十三分鐘。突然，羅綸揮拳猛一砸桌子，對著人們大聲吼道：「我們要誓死反對！我們要組織一個臨時的機關，一致反抗，反抗到底！商人罷市！工人罷工！學生罷課！農人抗納租稅！」臺下同呼：「贊成！」、「成立保路同志會！」隨即，會議推舉四川諮議局議長蒲殿俊為保路同志會會長，羅綸為副會長。保路同志會要求將鐵路資金如數發還四川人。

王人文身為總督，採取支持百姓的態度。他先是上奏朝廷，痛斥盛宣懷主導的借款合約賣國喪權，又將羅綸等兩千四百餘人簽注批駁鐵路借款合約的原件代為上奏，同時王人文還自請處分。朝廷遭遇如此重大的群體性事件，仍然沒注意和四川方面溝通，也不採取措施化解矛盾，相反再次申飭王人文。王人文的歷次上奏，都遭到了訓斥。

保路風潮在四川州縣蔓延，開始出現罷市、罷課。成都各街道、學校、省城外各州縣也都紛紛成立保路同志會。發展到秋天，保路同志會各級組織已遍布全川。組織成員變得複雜，除了要求還錢的出資人外，還有四川各地的哥老會組織、反清復明的綠林好漢。各地的同盟會會員也以保路為掩護，紛紛滲透進入同志會。此時，保路運動儼然成為由士紳帶頭，混雜了大批革命黨人、幫會成員的反對政府行動。後者大量湧入保路同志會，紛紛籌劃建立武裝，準備和政府做強硬的對抗。保路同志會一時間膨脹到十萬人。

官府擔心保路同志會的反政府和武裝傾向，可又不知道如何防範。

在清軍部隊中，有軍官命令隊列中反對朝廷的保路同志會成員出列，以便加以驅逐。結果所有士兵都站了出來，只剩下軍官成了光桿司令，尷尬地站著。最後，長官不得不取消命令。而不辨下情的朝廷，還一直在催促四川推進「鐵路國有化」政策。

八月二十四日，保路同志會召開緊急會議，決定罷市抗議。第二天，成都全市進入罷市狀態。有人描寫當天成都的景象說：「成都本是一個摩肩接踵，繁華熱鬧的大都市，至此立刻變成靜悄悄冷清清的現象。百業停頓，交易全無。悅來戲院，可園的鑼鼓聲，各茶館的清唱聲，鼓樓街做衣鋪的叫賣聲，一概沒有了。連半邊街、走馬街織絲綢的機聲，打金銀首飾店的打錘聲，向來是整天不停的，這時也聽不見了。還有些棚子、攤子，都把東西收起來了，東大街的夜市也沒人趕了。」各街供奉光緒牌位，旁邊則用大字寫著光緒皇帝之前頒布的上諭中的一段話「川路仍歸商辦」，以表示對政府現行政策的抗議。有些老百姓，頭上頂著寫有光緒神位的條子走在街上，還有些人在街道中心搭起了席棚亭子，裡面供著光緒皇帝的神位，弄得大小官員不能騎馬、乘轎，經過此地都必須下馬、落轎，繞亭而行。形勢進一步失去控制。

朝廷的應對措施非常「糗」，下令罷免尚能為四川官民接受的王人文，急調駐藏大臣兼川滇邊務大臣趙爾豐署理四川總督。趙爾豐之前長期在川西和西藏一代處理藏務，作風強悍。他接手四川的棘手局勢後，也在九月初接連電奏朝廷，說明四川情況，認為目前只能暫時順從民意，建議朝廷收回成命，否則禍起眼前，「非兵力所能壓制」。此時，保路同志會提出了各項自保條件，包括製造槍炮、訓練軍隊，有脫離清政府的傾向。清廷據此認為四川官民倡言自保，意在獨立，罪無可赦，駁斥了趙爾豐的意見。趙爾豐和朝廷保持一致，態度轉向強硬。

　　九月七日，趙爾豐誘捕蒲殿俊、羅綸以及保路同志會和川路股東會的負責人共九人，企圖以此壓制抗議浪潮。消息傳開，成都數萬群眾前往總督衙門請願，要求放人。許多人手捧光緒神位，一排排地跪在督衙的門前，替被捕的人求情。有人乘機鬧事，在成都市區放火。趙爾豐張貼告示，要求眾人：「即速開市，守分營生，如若聚眾人署，格殺勿論。」群眾不聽。趙爾豐竟下令軍警向手無寸鐵的群眾開槍，當場打死三十二人。其中年紀最大的七十三歲，最小的才十五歲。同時，巡防營馬隊在大街上驅趕群眾，被踐踏受傷者更多。營務處有人下令用大砲轟擊群眾。成都知府于宗潼見狀大哭，用身體擋住炮口，這才沒有釀成更大的傷亡。這便是駭人聽聞的「成都血案」。

　　這些死難者被官府誣為「亂黨」，但家屬暗中都領到了「恤銀」，表明官府在此事上也很糾結。

　　成都局勢驟然緊張起來。萬分緊急時刻，同盟會員發揮了關鍵作用。

　　黃復生的同學，同盟會員曹篤奉命逃出城外去通知各地同志。怎麼通知，才能讓同志們盡快知曉呢？他跑到城南農事試驗場，與同盟會員朱國琛鋸木板數十塊，上寫「趙爾豐先捕蒲羅，後剿四川，各地同志速起自衛」，然後將木板塗上桐油，投入江中。這些木板漂至川南、川東各地，被人稱為「水電報」，迅速將成都血案告訴了各地同志。各地保路同志軍紛紛揭竿而起，向成都聚集。

　　數日之內，保路同志軍發展到二十多萬人，從九月八日起圍攻成都十幾天。由於缺乏統一的組織指揮、武器裝備落後，同志軍沒能攻下成都，之後分散進入地方各州縣。清廷鑑於四川出現全民起義的景象，在九月二十日調端方率領湖北新軍三十一、三十二兩標日夜兼程入川平亂。端方也算是清朝內部比較開明和務實的官僚，不願意用血流滿地的方法解決爭端，所以軍隊只開到湖北宜昌，他就按兵不動，等候消息。

無奈，朝廷發來聖旨嚴迫他早日進軍，端方只得進軍至重慶。外來的軍隊讓四川人更加反叛，百姓們堅壁清野，給清軍的行動造成了極大困難。端方軍隊進入四川後，找不到接應，籌措不到充裕的軍需，甚至端方都只能住在豬窩草棚裡。

在重慶，端方的部隊得到消息：川東榮縣等處獨立了！朝廷命令端方所部立刻去鎮壓川東獨立各縣。

榮縣是川東的一個小縣，清朝沒有駐軍，統治較薄弱，而革命黨人的勢力相較更為強大。之前，官府所依賴的民團武裝都被同盟會爭取了過去，變為了革命武裝。保路運動發生後，川東組織保路軍圍攻成都。從東京同盟會總部趕回來的榮縣本地人吳玉章就留在家鄉組織接應。他召集各方人士商議，通過了按租捐款的辦法，為同志軍解決了糧餉問題，又加緊訓練各鄉民團，還開了一個軍事訓練班，使得革命勢力進一步壯大。川東保路同志軍進攻成都失敗，轉回榮縣、威遠、仁壽一帶。榮縣知縣和土豪劣紳都嚇得逃跑了。同盟會員認為本地革命勢頭良好，就由吳玉章在九月二十五日宣布榮縣獨立，脫離清朝建立政府。之後，仁壽、井研、威遠等縣也相繼宣布獨立。自盤古開天地以來，這還是第一次發生地方州縣與中央朝廷脫離關係、建立民主政府的情況。清廷受到很大的衝擊，命令端方加速鎮壓。

不過，端方的鎮壓行動沒有展開，人們的視線就轉移出了四川，被更大的事件吸引走了。

十月十日，武昌爆發起義了！

十月圍城
── 一九一一年十月十號前後發生了什麼

　　武昌起義是由湖北新軍發動的。編練新軍是晚清新政的重要內容。清廷原計劃在全國編練新軍三十六鎮，但各地進度相差懸殊。

　　其中最成功的是袁世凱在直隸編練的北洋新軍，緊隨其後的是張之洞在兩江總督任上編練的南洋新軍，其他各省新軍相去甚遠，有的省分毫無新軍可言。部分南洋新軍後來調往山東，歸入袁世凱的北洋新軍。其餘南洋新軍隨張之洞調任湖廣總督而移駐湖北，發展成為了湖北新軍。

　　新軍的編制從上到下依次為鎮、協、標、營、隊、排、棚，依次相當於師、旅、團、營、連、排、班，長官分別叫統制、協統、標統、管帶、隊長、排長和棚目。北洋新軍一共有六個鎮，相當於後來的六個師；湖北新軍只有一個鎮和一個混成協，番號分別是第八鎮和第二十一混成協，駐紮在武昌。此外武昌還有若干輔助部隊和軍校。張之洞創建這支部隊的時候，是抱著報國之心的，徵兵時多挑選具有一定的教育程度、具有愛國創新思想的青年入伍。湖北新軍官兵們思想活躍，氣氛相對寬鬆，摻雜進來了不少革命黨人。而袁世凱創建北洋新軍，一心把它變為私家軍。除了少數軍官，北洋新軍都挑選身強體壯、憨厚木訥、只知服從的農家子弟入伍，不利革命思想滲透。所以，湖北新軍在大變革時期傾向革命，北洋新軍退化為袁世凱的私家軍。總之，這兩支被清廷寄予厚望的新軍都沒有像預料的那樣忠君報國，而是先後把槍口對準了朝廷，成了清王朝的送葬者。

　　早在一九〇四年，孫中山在「中國問題的真解決」一文中預測：「中國正處在一場偉大的民族運動的前夕，清王朝的統治正在迅速地走向死亡……只要星星之火，就能在政治上造成燎原之勢。」繼承了革命黨人前仆後繼的奮鬥，經歷了廣州起義和保路運動的準備醞釀，一九一一年十月十日，孫中山預測的星之火，終於由湖北新軍在武昌點燃了！

倉促的首義

　　武昌的革命基礎良好。隨著整個地區開埠和近代事業的發展，新興社會力量對清王朝日益失望，倒向革命陣營。一九〇六年初，一批年輕人在美國基督教中華聖公會所設的日知會閱報室批評現狀，謀劃推翻朝廷，演變為了日知會組織。日知會原本計劃響應同盟會發動的萍瀏醴起義。事泄，湖廣總督張之洞逮捕日知會成員，釀成轟動全國的「日知會謀反案」。日知會被取締後，會員化整為零，分化組合成為更多的革命組織。

　　一九〇七年，一批湖北、湖南籍的年輕同盟會員在東京組織共進會。

　　發起人有劉公、孫武、居正、焦達峰等人。他們都是二三十歲的年輕人，都有類似的經歷。比如劉公，當時二十六歲，湖北襄陽人，家境富裕。他在日本求學期間，資助了陳天華的《警世鐘》、《猛回頭》等革命刊物的出版印刷，參與同盟會的創立，對革命事業慷慨解囊。為了籌措革命經費，劉公曾經騙家裡說要買官上任，拿到銀兩後全部充作共進會經費。孫武，二十七歲，湖北夏口人，接受過軍校教育，是前日知會會員，後到日本學習軍事，還真槍實彈地參加過起義。這些人成立共進會後，目標非常明確：在長江中游武裝起義！

　　第二年，孫武和湖南的焦達峰分別返回國內，於一九〇九年在武漢和長沙成立了共進會湖北分會和湖南分會，積極準備武裝力量。孫武把新軍士兵當作主要爭取的對象，認為只有運動軍隊，把清軍一隊一隊、一營一營、一標一標地爭取過來，才能以固有的組織和現成的武力，執行有力的武裝行動。這一行動方針被稱為「抬營主義」。共進會在各部隊中確定骨幹，各營隊都設立了召集人，有條不紊地發展同志。

新兵入伍，總有老兵用投軍報國相互激勵，刺激新兵的愛國心。過後，老兵再挑選其中的可靠分子，陳述朝廷腐朽、國家危亡的事實，激發新兵的救國意識。最後，老兵才宣傳革命道理。如此水到渠成，一批批新兵傾向革命，被吸收為革命黨人。

當時在湖北新軍中發展成員的還有一個革命團體，這便是文學社。

文學社和文學基本不搭界（《丫），原名群治學社，後來改為振武學社，又再次改為文學社。改名的原因是革命活動屢被發現，為掩人耳目而取了個毫無政治色彩的名字。

文學社的骨幹蔣翊武、劉復基等人，也是二三十歲的年輕人。比如蔣翊武，一八八四年生，湖南澧州（今澧縣）人，讀書後有了革命思想，不事科舉，曾因參加長沙起義被學校開除。劉復基，一八八三年生，湖南武陵（常德）人，留學日本期間加入同盟會，歸國後積極從事革命宣傳。

兩人曾連繫兩湖的會黨參加革命，又都為了在新軍中發展同志而親自加入新軍。蔣翊武於一九〇九年入新軍四十一標當兵，劉復基在一九一〇年投湖北新軍第二十一混成協當兵。他倆是文學社的老骨幹，到一九一一年，蔣翊武是社長，主持文學社事務，劉復基是評議部長。為了集中精力做好社務工作，劉復基從軍隊請長假，當起了文學社的職業革命家 —— 這也可見當時湖北新軍的寬鬆氣氛。文學社除了蔣翊武和劉復基外，文書部長詹大悲是另一個骨幹。詹大悲一八八七年生，湖北省蘄春縣人，長期從事報紙出版，倡言革命。文學社的機關報《大江報》就由他主編。一九一一年七月二十六日《大江報》發表〈大亂者救中國之妙藥也〉一文，號召激烈改革，遭湖北官府查禁，詹大悲因此被捕關押，是為「大江報案」。

文學社也大力在新軍中發展成員，默默地耕耘了好多年，到

一九一一年回過頭來看看，他們在新軍中發展了三千多人。這個數據比共進會要多出一倍。湖北新軍總額約為一萬五千人，而其中將近三分之一官兵都是身在曹營心在漢的革命者。

共進會和文學社在新軍中發展同志，並沒有相互拆臺，而是走上了合作道路，共謀大事。一九一一年四川保路運動爆發後，湖北的革命形勢既有利也有弊。有利的一方面是反清輿論高漲，為革命做了準備，同時清廷的注意力都被四川局勢吸引住了。不利的一方面的是湖北新軍的兩個標被調到四川鎮壓保路運動，有不少革命同志被調走了。革命力量遭到削弱。共進會和文學社決定起義，利用有利的一面，同時搶在清廷繼續抽調湖北新軍前起事。九月二十四日，共進會和文學社在武昌胭脂巷十一號召開聯合大會，商議起義方案。和廣州起義一樣，大家也將起義時間定在十月六日，也就是農曆中秋節那天，屆時武昌的新軍和長沙的焦達峰同時發動起義。大會確定了軍事領導小組，推舉三十歲的劉公（共進會）為總理，二十七歲的蔣翊武（文學社）為軍事總指揮，三十一歲的孫武（共進會）為軍務部長，決定由三人共同指揮起義。

確定起義計畫後，革命同志們和同情革命的人們都很興奮。這就導致了一個老問題：泄密。很快，「八月十五殺韃子」的消息在武漢三鎮不脛而走。當地一份小報甚至公開報導革命黨要在中秋節起事。

消息傳開後，清朝官府十分驚恐，趕緊布置應對。

武昌是湖廣總督駐地和湖北的省會，清朝統治力量很強。時任湖廣總督是四十七歲的瑞澂，他也算是晚清的一個能吏，並非庸碌泛泛之輩。

瑞澂，滿洲正黃旗人，鴉片戰爭時期主持外交的大臣琦善之孫。他走的是做實事、逐步升遷的道路，從刑部筆帖式一起步，八國聯軍侵華期間堅守在北京，之後在上海道臺和江蘇布政使的任上推動新政，處理洋務，沒有功勞也有苦勞。後世對瑞澂有許多不好的描述，比如說他是

靠關係發達起來的，其實瑞澂在當時的名聲還不錯，做了不少實事，而且能夠出淤泥而不染，在腐敗成風的官場上做到不貪不占，很難得。但是，瑞澂性格優柔寡斷。可能是信佛的關係，他行事風格溫柔乏力，遇到重大決策常常猶豫不決。這對手握湖南、湖北兩省軍政大權，需要在亂世處理種種突發事件的湖廣總督來說，不是個好性格。

可能是考慮到瑞澂的柔弱性格，清廷讓性格強硬、五十一歲的老將張彪和他「搭團隊」，擔任湖北提督。張彪的崛起算得上是一個奇蹟。他是山西榆次的農民，幼年喪父，少年喪母，家境赤貧，以推車運煤賺錢餬口，後來到太原當兵扛槍吃糧。張之洞擔任山西巡撫時，發現張彪身體健壯、踏實可靠，提拔為隨身侍衛，還將貼身丫鬟嫁給他（張彪因此被戲稱為「丫姑爺」）。張之洞對張彪一再擢拔，後來又帶到湖北。張彪參與創辦湖北新軍，除了是湖北提督外還兼任第八鎮統制，並統領湖北巡防營。

以上就是革命和清朝雙方的對陣主角：劉公、蔣翊武、孫武、劉復基對瑞澂、張彪。

話說瑞澂、張彪聽說革命黨將在中秋起義後，判斷出起義的主力就是新軍，認為新軍不可靠。於是，瑞澂以調防為名，將新軍分調各處，企圖打亂新軍內部的革命組織，破壞起義計畫。蔣翊武所在的軍隊就被從武昌調防了岳州，起義指揮系統因此受到破壞，由孫武接替指揮。瑞澂還不放心，專門召集文官知縣以上、武官隊長以上參加的防務會議，做出幾項決策：首先是中秋節期間軍隊實行戒嚴，士兵不得外出，軍官從排長到標統，必須每日在營地歇宿、不得擅離。營房裡經常緊急集合，按冊點名。軍官不在營者，就地撤職，並永停差委；士兵不在營者，嚴加懲處，上級軍官也連帶受罰。其次，收繳軍隊武器，各營槍炮的機鈕要卸下，連同子彈一起送繳軍械局。第三，在武漢三鎮的旅館、

學社進行篩網式盤查，遇到形跡可疑的人可以當場捉拿。如此嚴密的防範措施給革命黨造成了措手不及的打擊。

湖北革命黨人手忙腳亂的時候，九月二十八日焦達峰發來電報，說明湖南方面準備不足，請求延緩十日起義。武昌的孫武等人也需要時間重新部署，同意將起義推遲十日，也就是十月十六日再發動。

中秋節一天天臨近了，十月二日和三日兩天，瑞澂連續召開大範圍的文武官員的會議，商議對策。會議主題是瑞澂提出的：「黨人將在中秋起事，應該如何防範部署？」已有的應對措施很嚴密了，大小官員都在查漏補缺。有人提出武昌城內的楚望臺軍械庫最為緊要，如果失守，革命黨人將獲得槍炮子彈，後果不堪設想。楚望臺軍械庫是清朝第二大儲存武器的基地。裡面藏有在德國、日本購買的槍支兩萬五千多支，漢陽兵工廠自造的新槍數萬支，子彈數萬箱，以及野炮、山炮、要塞炮上百門。同時，楚望臺還是武昌城內的制高點，軍事價值顯而易見。

瑞澂問：「何部守衛楚望臺？」

守衛楚望臺的是第八鎮工程八營。當時工程八營管帶出缺，由隊長阮榮發代理管帶。阮榮發也參加了會議，這時候站出來報告說：「職部守備楚望臺。據卑職了解，工程八營中黨人眾多；楚望臺能否守得住，卑職沒有把握。」

督練公所總辦鐵忠提議說：「三十一標第一營都是八旗士兵，可以依靠，讓他們換守楚望臺軍械所可保萬無一失。」

混成二十一協的協統黎元洪聞言反對說：「我們漢族人素來輕信謠言，在如今的敏感時刻用滿族人的軍隊換防漢族人的軍隊，可能會在軍民當中挑起種族誤會。本來漢族人和滿族人就有種族矛盾，如果再被革命黨人從中蠱惑煽動，後果不堪設想。」黎元洪說工程八營的官兵多數是武昌、黃陂子弟，父母家人都在附近，應該可靠。他建議讓該營繼續

鎮守楚望臺，同時派前任管帶李克果帶幾個軍官去加強監視。

黎元洪的分析得到了張彪的認可。工程八營隸屬張彪的第八鎮，他當然不願意承認屬下多是革命黨人，以免授人把柄。因此，會議採納了黎元洪的建議，對楚望臺的守備不加更換和補充，只是加派李克果前去監視而已。

十月六日中秋節到了。在這個歷朝歷代造反者鍾情的起義日子裡，武昌城籠罩在一片緊張的氣氛中，不過還是安靜地過去了，沒有發生什麼變故。但是在暗地裡，革命和清朝雙方都開足馬力進行布置，猶如兩匹烈馬相向飛馳，眼看就要迎頭撞上了。到底會誰勝誰負呢？

十月九日下午，漢口俄國租界寶善里十四號的起義籌備處，革命同志們正忙碌地做著起義準備工作。劉公與孫武先點驗了黨員名冊，之後孫武在房間裡配置起炸藥來，其他有人印製革命鈔票，有人整理起義文告。一時左右，劉公的胞弟、十六歲的劉同進來了。劉同看其他人都在忙碌著，插不上手，就東看看西看看，他對孫武正在配置的炸藥感到好奇，就停頓在他身邊觀看。劉同有個很不好的毛病，小小年紀學會了抽菸。只見他一邊抽菸，一邊漫不經心地把燃燒著的煙灰一彈，落入了炸藥中。頓時，房間裡濃煙騰起，四處翻滾。孫武的臉部、眼睛和右手被燒傷。同志李作棟趕緊用長衫矇住孫武的頭，扶著他從後門跑出去，前往法國租界的同仁醫院救治。其他人急忙摸索著去找那個裝著革命黨人名冊、起義文件的櫃子，企圖打開櫃子取走重要資料。無奈屋內火勢兇猛，煙霧太大，大家找不到櫃子鑰匙，只有空手而逃。

房屋起火，濃煙沖天，很快聚攏來一圈圈圍觀的群眾，也引來了沙俄巡捕隊。起義籌備處暴露了！

當天下午，共進會員鄧玉麟也在寶善里十四號機關中。鄧玉麟原是新軍士兵，一九〇八年由孫武介紹，祕密加入共進會。一九一一年，為

了專門負責通訊聯絡工作，鄧玉麟在武昌新軍營地附近黃土坡開設同興酒樓作為革命活動的聯絡站，做起了職業革命家。爆炸前幾分鐘，他正好外出購物。等他回到機關，看到房子冒著濃煙，發現門前圍滿了巡捕和旁觀者，知道出大亂子了。鄧玉麟趕緊往周圍的巷弄裡跑，路上巧遇了劉公、劉同和李作棟等人。李作棟此時安置好了孫武，告訴鄧玉麟孫武在同仁醫院救治，很想和你談一下。鄧玉麟趕緊向同仁醫院跑去。

劉公家就在附近的寶善里一號，他想到家中還有文件和名冊，趕緊讓弟弟劉同回家處理。不幸的是，沙俄巡捕已經根據從寶善里機關搜出的名冊查到了劉公的家，劉公的妻子李淑卿、弟弟劉同等人被巡捕抓走。劉公得知弟弟被捕後，知道事情不妙。他清楚年幼的弟弟幼稚又軟弱，恐怕熬刑不住，會供出知道的革命黨和起義的情況。如果那樣，武漢三鎮的革命黨人和多處祕密機關就危險了。更可怕的是，剛才遇到鄧玉麟的時候，劉同也在場，聽到孫武在同仁醫院。

劉公不敢再想，當即派人通知孫武從同仁醫院轉移，又通知其他機關的同志撤離。他自己則隱蔽到漢口漢興里的一位友人家中隱藏起來。

話說鄧玉麟到同仁醫院找到孫武。孫武分析後，認為起義計畫和革命黨人名單都已經泄露了，清廷勢必按照名冊搜捕同志。情勢萬分危急，怎麼辦？孫武覺得只有馬上發動起義才可以「死裡求生」。他建議提前起義。鄧玉麟非常贊同。孫武就讓他馬上過江，通知在武昌小朝街八十五號的軍事指揮部的蔣翊武（潛回武昌指揮起義）、劉復基等人，立即發動起義。

與此同時，劉同果然捱不住酷刑，把他所知道的幾處共進會、文學社的機關和活動地點，和盤供出。

鄧玉麟急匆匆渡江，從漢口奔至武昌小朝街八十五號。蔣翊武、劉復基、彭楚藩幾個人在場。他向眾人通報了危局，轉達了孫武馬上起義的意見。

蔣翊武覺得準備不足，有些猶豫。劉復基見狀，憤然而起，拔出手槍對著蔣翊武說：「你為總司令，事勢這樣危迫，在生死存亡關頭，卻裹足不前，難道你是個怕死的懦夫？」

蔣翊武也拍案而起，勃然作色說：「你們真的以為我怕死嗎？怕死者不革命，革命者不畏死，縱然是頭顱落地，也要擲地有聲。」就這樣，指揮部一致同意提前起義。蔣翊武簽署了起義命令，決定提前到當夜（十月九日）十二點，以南湖炮隊中的革命黨人鳴炮為號，各軍同志一齊起義。

下午已經過去了大半時間了，時間緊迫，必須馬上通知各處的同志。蔣翊武派人分頭傳遞消息。駐在城內的各標各營，包括守衛楚望臺的工程八營、陸軍測繪學堂的同志們都在晚上十點前接到了通知。大家臨陣以待，緊張地等待著城外的炮聲響起。

如何讓城外的同志得到通知，難度很大。至關緊要的是讓南湖的炮隊知道消息，因為他們的炮聲是起義的信號。信號發不出來，其他的準備都是白費。鄧玉麟、徐萬年和艾良臣三個人被派去通知南湖炮隊。他們每人各拿著一個炸彈準備不測。當時，武昌官府已經得到消息，實行戒嚴了。鄧玉麟三人到了城門口，發現官兵對出入的百姓搜查很嚴，很難混出城外。三人只得把身上攜帶的炸彈扔掉，空手出城（一說三人發現城牆上守衛不嚴，越牆而出）。當他們最後到達南湖炮隊時，已經是深夜時分。鄧、徐、艾三個人翻牆而入，差點被在營內值勤的衛兵開槍打死。幸虧衛兵就是革命同志，幫助三人進入了炮營。在夜幕掩護下，三人和炮隊的同志聚集到馬棚，通知了起義計畫。可惜，起義計畫此時已經流產了——因為大家在馬棚商議時，時間已經過了十二點！

是繼續開炮，冒險起義呢？還是按兵不動，拖延起義呢？本身就是南湖炮隊營代表的徐萬年感到很為難。他認為，馬上起義，時間太倉

促，且兵營內的同志們均已熟睡，臨時摸黑舉事，混亂中成功的可能性極微。炮隊的同志們都認為應該拖延起義。鄧玉麟只好暫時待在炮隊不動，等第二天天亮重新回到武昌小朝街總部，找蔣翊武等人仔細商議，重新議定起義時間。

這一夜，鄧玉麟和炮隊的同志們緊張得一夜闔不上眼。他們得不到城內同志的消息，更不清楚自己的決定會不會對同志們造成傷害。同樣，城內的多數同志也徹夜未眠。這一夜，多少人在數著星星，輾轉難眠；多少人在豎著耳朵，等待計畫中的炮聲；又有多少人反覆地謀劃著炮聲響後的每個細節。但是炮聲沒有響。

起義沒有爆發，官府的逮捕行動卻在有條不紊地進行著。

沙俄巡捕房將在寶善里搜到的一切都轉交給了清政府，其中就包括革命黨人的名冊。清政府知道了共進會和文學社的組織、成員和機關。

深夜，小朝街八十五號。蔣翊武、劉復基等人在漆黑的屋裡焦急地等待著起義發生。門外忽然響起拍門聲。蔣翊武、劉復基迅速起身，摸黑到二樓，向窗外望去，看到許多荷槍實彈的軍警正在包圍房屋。蔣翊武等人紛紛持槍、找炸彈。軍警們見無人開門，猛然砸開大門，直朝屋內撲來。劉復基衝到樓梯中間，掏出一顆炸彈扔向衝進屋來的清軍。遺憾的是，這顆炸彈竟然沒裝上栓釘，沒有爆炸。軍警們慌亂了一陣後，衝上樓梯抓住了劉復基。蔣翊武等人趁亂，立即退回二樓。他們關死房門後，從窗戶攀至屋頂，跳入鄰居院內，各自散去逃走。

軍警在周邊街巷設置了盤查。幸好蔣翊武剛從岳州潛回武昌不久，穿著身破舊的棉袍，看上去很像個鄉下人。軍警把他攔住後，他結結巴巴，解釋說自己是來看熱鬧。軍警看他那傻乎乎的樣子，不疑有詐，抬手給他一棍，一腳猛踢他屁股，讓他快滾。

一同從小朝街逃出的彭楚藩在途中軍警逮捕。

十月圍城——一九一一年十月十號前後發生了什麼

　　彭楚藩原名彭譚藩、彭家棟，一八八七年生，湖北武昌人，早年參加新軍並加入了日知會。日知會遭到破壞後，他更名彭楚藩入憲兵學校，畢業後充任憲兵，祕密從事革命活動，竟然升任軍官（一說是排長、一說是棚目）。他憑藉憲兵的有利身分，擔任起義的交通聯絡工作，當晚留宿在小朝街，沒能像蔣翊武那樣幸運逃脫。

　　除了劉復基、彭楚藩二人外，稍早被捕的還有楊洪勝。楊洪勝，一八七五年生，湖北谷城人，是個參加文學社僅半年的普通士兵。他為了革命，請了長假，開了一家雜貨店做掩護，整日忙於通訊聯絡。起義指揮機關決定當晚起義後，楊洪勝就是送信人之一，是他把起義計畫通知到了楚望臺的工程第八營和駐紮在壩角的輜重營。然後，他又替各處同志運送彈藥。不幸的是，楊洪勝替工程營同志運送子彈的時候，為反動軍官察覺，遭到追捕。在逃脫過程中，楊洪勝向追兵扔出一枚炸彈。畢竟是土製炸彈，品質不過關，楊洪勝本人反被彈片擊中腿部，撲倒在地而被捕。

　　瑞澂聽說抓住了三個革命黨的重要分子，立刻在總督衙門對三人進行公審。

　　首先被押上來的是穿著憲兵排長軍服的彭楚藩。在座的鐵忠一看，心慌起來。因為憲兵營管帶果清阿是他的妹夫，他擔心憲兵排長造反連累自己的妹夫，有意為彭楚藩開脫。鐵忠馬上搶先發問：「一幫草包，怎麼把憲兵營的人也拿了來！你們肯定是抓錯人了。」鐵忠說話間眼睛緊盯著彭楚藩，示意彭楚藩按照自己的意思回答。在這種情況下，只要彭楚藩隨聲附和，說是軍警抓錯人，很可能就能活命，甚至馬上得到釋放。但是彭楚藩正色回答：「他們沒抓錯，我正是革命黨人！」鐵忠聞言臉色大變，隨即又說：「你既然是憲兵營排長，竟然受革命黨指使，犯上作亂。速速招來！」他還想為彭楚藩開脫。只要彭楚藩承認是他人指

使，並供出一兩條情報來，就能大大減輕罪責，還有「立功」的機會。

彭楚藩卻高聲抗言：「我加入革命黨，完全自願！滿人賣國，奴我漢人，我們就是要推翻滿洲政府。要殺要剮，隨你們便！」鐵忠逼問：「黨羽多少，各在何處？」彭楚藩回答：「凡天下黃帝子孫，皆與我同黨！我現入革命黨，個人生死早已置之度外，大丈夫死耳，早殺為盼！」一席話說得鐵忠啞口無言。聽審的瑞澂、張彪等人看到這場鬧劇，大怒。瑞澂提筆寫道：「彭楚藩謀逆大罪，梟首示眾！」彭楚藩慨然走上刑場，英勇就義，年僅二十四歲。

第二個被押上來的是文學社的重要領導人劉復基。劉復基外表文弱，看似是一介書生，說起話來底氣十足，慷慨激昂地痛批清廷，呼籲革命。瑞澂下令大刑伺候。棍棒交下，劉復基被折磨得鮮血橫流、四肢全部骨折，但他仍舊罵不止口，最後被押赴刑場。就義前，劉復基用生平最後的力氣，高呼：「中國萬歲！共和萬歲！革命萬歲！」年僅二十八歲。

最後被押上來的是楊洪勝。他是三個人中年紀最大的，沒有受過什麼教育，長得憨厚木訥。瑞澂等人就想從他這裡打開缺口，說他為知識分子蠱惑，如果將革命情況如實招供，可以無罪開釋。不想，楊洪勝坦然回答：「我自願加入革命黨，立志推翻清朝，並未受他人蠱惑。」最後，楊洪勝也被押赴刑場，終年三十六歲。此時已經是十月十日的凌晨了，層層陰霾中已經能見到絲絲魚肚白了。

彭、劉、楊三人同時壯烈犧牲，被尊稱為「首義三烈士」。就在他們血灑刑場的時候，在張彪等人建議下，瑞澂派人把已經被打得半死的劉同拉出轅門砍了頭。這個十六歲少年的生命，在搖擺著呼嘯而來的歷史車輪下被碾得粉碎。

這時候，瑞澂優柔寡斷的性格顯現無遺。敵我陣營都知道查獲的革

命黨人名冊就在瑞澂的手上，如何處置大家都很關注。名冊上幾乎都是新軍官兵的名字，如果按圖索驥一網打盡，很多軍營將會為之一空。瑞澂身邊就有人聲稱這份名冊是偽造的，是革命黨人使的「反間計」，建議總督大人當眾將名冊付之一炬，宣布對名冊上的官兵既往不咎；也有人建議可以對大多數人寬大處理，但不能放過名冊上的首要分子，還可以按照名冊上的地址破獲革命機關。應該說，這兩種意見都不失為是務實可行的方法。可惜瑞澂在這個問題上遲遲不做決策，不說抓人，也不說不抓人，讓人摸不著頭腦。革命黨人都知道名冊被抄，自己的身分即將暴露，萬分關注總督衙門的反應。瑞澂的猶豫，反而助長了革命黨人 —— 主要是新軍官兵們的焦慮、恐懼和反抗情緒。這股情緒正在軍營中迅速蔓延……

第一槍

十月九日的漫長黑夜終於過去了，十日的曙光投射在武漢三鎮上空。

官府對武昌的嚴密盤查依然沒有鬆動。清晨，武昌各個城門緊閉，大街小巷隨處可見搜查的軍警。上午，又有幾個革命黨人的據點在拉網式的搜查中被軍警查獲，三十多名革命黨人陸續被捕。中午，瑞澂召集軍警長官開會。他還是守著名冊沒有動靜，只是下令對新軍進行更加嚴苛的監控。規定新軍各營長官要對士兵親自監視，吃住在軍營中；選派可靠的士兵把守營門，武裝巡查各棚；不需士兵邁出營門一步，甚至大小便都讓士兵在棚內「自便」，用痰盂盛之。

工程八營的代理管帶阮榮發根據上級指示，在各隊中挑選親信士兵二十名，發給子彈，守衛兵棚入口，規定其他士兵都不得擅動武器，待在棚內睡覺，不得出入，不得高聲說話。

該營部分官兵駐紮在城內紫陽橋南。其中的革命士兵們已經知道了劉復基等領導人遇害、瑞澂掌握了起義名冊的消息後，人心惶惶，白天又得知革命黨人相繼被抓，大家更是心急如焚。工程八營的起義召集人是該營的一位棚目，叫做熊秉坤。熊秉坤和大家一樣心急如焚。

熊秉坤，一八八五年生，湖北江夏人，少時家貧，做過學徒和搬運工，後來進入新軍，一直在工程八營當兵。他傾心革命，先後加入過日知會和共進會，在工程八營發展了兩百多名同志。按照預先的起義部署，熊秉坤應該在一天前就帶領同志，攻陷楚望臺軍械所。千呼萬喚的起義信號始終沒有出現，相反一千人等被困死在軍營中，動彈不得。熊秉坤覺得這麼下去，大家只能坐以待斃，死路一條。與其等死，不如拚死一搏。

十月圍城 ── 一九一一年十月十號前後發生了什麼

　　熊秉坤祕密召集幾個同志碰頭，決定當晚（十月十日）九點鐘獨自起義，以槍聲為號，希望能贏得其他部隊同志的響應，亂中取勝。把起義決定傳達下去後，大家整裝待發，緊張地等待夜幕降臨。熊秉坤藉故到各隊查看了一下，遇到革命同志，大家就以目光交流，相互勉勵。

　　傍晚，武昌的天空陰霾聚集，黑夜逐漸籠罩大地。七點過後，工程營二排排長陶啟勝帶著兩名護兵，到各個軍棚查探情況。他走到三棚，發現士兵金兆龍穿著黃軍服筆直地坐著，左臂上繫著一條白布，手中緊握步槍，十分可疑。陶啟勝仔細一看，金兆龍的步槍中子彈上了膛！

　　陶啟勝心中暗叫不好，驚問：「金兆龍，你想幹什麼？」

　　「以備不測。」金兆龍冷冷地回答。

　　陶啟勝大聲喝道：「我看你是想造反！」一邊喝問，一邊他就向金兆龍撲過去，要奪下步槍。金兆龍和陶啟勝扭打了起來。他死死護住步槍，疾呼：「眾同志再不動手更待何時！」

　　呼聲驚動了隔壁的同志。五棚的革命士兵程定國（又名程正瀛）聽到金兆龍的喊聲，連忙持槍跑到三棚來。他一看情形就明白了，也沒多想，舉起步槍對著陶啟勝就扣動了扳機。「嘭！」的一聲響，陶啟勝腰部中彈，鬆開金兆龍，跟跟蹌蹌地跑出屋去。

　　程定國無意識的這一槍，是武昌起義的第一聲槍響，也是中國兩千多年帝制崩潰的第一槍。這第一槍的榮譽起因於金兆龍的提前暴露，收功於程定國的拔刀相助。可是後人多把第一槍的榮譽歸在熊秉坤的頭上。

　　原因是一九一三年「二次革命」失敗後，程正瀛墮落為軍閥爪牙，被昔日的同志沉江；金兆龍則淪為軍閥偵探，北伐戰爭後抑鬱而死。二人「發難之功，不復為人道及」。而熊秉坤始終站在革命陣營，為人信服。可見歷史褒貶人物的作用多麼巨大。

　　話說熊秉坤聽到突發的槍響後，急忙攜槍，以最快的速度趕到二排

三棚。他當機立斷，宣布立刻發動起義。同志們紛紛響應，衝出營房。

營房是兩層樓，二三排住在二樓，起義士兵們迅速向樓下衝去。一些士兵抑制不住內心的激動，鳴槍示威。一時間，槍聲四起，流彈橫飛。

代理管帶阮榮發正在一樓，聽到二樓槍響，和右隊隊官黃坤榮、司務長（一說排長）張文濤一齊持槍前來彈壓。阮榮發看到有個人影扭著腰，從二樓奔跑下樓梯，向自己跑過來。他認定這是一個帶頭造反分子，沒有多想，抬手對著人影就是一槍，正中來人的前胸。不料，中槍倒地的不是別人，而是剛才帶傷而逃的陶啟勝。（陶啟勝並未當即死去，隨後被起義士兵通知家人領回家去，第二天死在家中。他可算是武昌起義中第一個被打倒的敵人。）

樓上的起義士兵見狀，嚷道：「各位長官，跟我們一塊革命罷，同去同去！」阮榮發等人頑固到底，大聲喝阻起義士兵，還要衝上樓梯去追究為首分子的罪責。熊秉坤與章盛愷、程風林、程定國、金兆龍等人與他們在樓上樓下對峙，展開槍戰。其間，章盛愷負傷，程風林傷重而死。程定國槍法很準，一連打死黃坤榮與張文濤二人。起義士兵呂中秋打中阮榮發。阮榮發負傷逃跑，一邊跑一邊向前隊放槍，打死一名起義士兵。隨即，阮榮發被起義士兵徐步斌打死。此時，工程營的其他軍官，已經作鳥獸散了。

控制住營房後，熊秉坤吹響警笛，召集士兵集合，正式宣布起義。

聽到外面零零星星的槍聲，熊秉坤不能確定自己的冒險有沒有得到同志們的響應。不過考慮到起義後缺乏彈藥，熊秉坤很快就率領同志們冒險奔往楚望臺軍械所。夜，漆黑漆黑的。一隊起義士兵快速行進在街道上，不知道在前方楚望臺有什麼在等待著他們？

楚望臺上，派來監視的前任管帶李克果聽到發難槍聲時，非常緊張。他召集軍械所的官兵訓話，命令他們：「如果有徒手的『匪人』來，

你們應該開槍抵抗；如果有持槍的『軍隊』來，你們人少，要避一避，再看情形。」士兵馬榮是革命黨人，乘機向李克果說：「我們都沒有子彈，怎麼能抵抗『匪人』？」李克果覺得有道理，叫人搬出兩箱子彈，分發給士兵。革命士兵們得到子彈，馬上朝天鳴槍。馬榮興奮地喊：「起義了，起義了！」李克果大驚失色，和其他監視軍官抱頭而逃。這時，熊秉坤帶人逼近軍械所。所裡的滿族士兵負隅頑抗，不讓熊秉坤等人靠近。馬榮等人衝著滿族士兵放了一排槍，後者就逃散一空了。馬榮打開營門，和熊秉坤的起義隊伍勝利會師。楚望臺軍械所，這座湖北新軍最大的軍火庫落入起義者手中。

工程八營槍響時，二十九標駐地離工程營最近。二十九標的起義代表蔡濟民聽到槍聲大作，迅速向天鳴槍響應，高呼：「起義了，起義了，大家快出來！」蔡濟民，一八八六年生，湖北黃陂人，參加新軍十年，任二十九標司務長、排長等職。他先後加入日知會、共進會、文學社，竭力促成共進會、文學社聯合。蔡濟民參與了起義謀劃，是計畫中的領導機構成員之一，也是直接參加武昌起義的兩位核心領導成員之一（另一人是吳醒漢）。他判斷出工程八營率先起義後，迅速帶領二十九標三百多名革命士兵衝出營房，冒著小雨向楚望臺奔去。他們沿途擊斃了阻擋的若干旗兵，迅速到達楚望臺。

臨近陸軍測繪學堂的學生，聽到工程八營的槍聲，推開攔阻的教官，撕爛窗簾和被單，在臂上捆紮白布條為標記，全體衝出教室，奔向楚望臺。此外，加上從其他部隊衝出來的部分士兵，很快楚望臺就聚集了四百多名起義者。大家緊張有序地打開軍火庫，分發武器彈藥武裝自己，並在楚望臺附近布置防禦。

起義同志還在陸陸續續趕來，越來越多的人或站或坐在雨中，等待下一步的行動。有人在爭搶軍火，有人在爭吵意見，場面出現了混亂。

因為是倉促的起義，大家並沒有成熟的行動計畫。當務之急是成立一個臨時指揮機關，把大家組織起來繼續戰鬥。最先發難的熊秉坤軍階太低，難以服眾，也不懂指揮。當日在楚望臺當值的工程八營左隊隊長、二十九歲的吳兆麟並沒有隨李克果逃走，選擇留了下來。他是在場軍階最高的人。吳醒漢等人就拉他出來，要他擔當指揮。

吳兆麟，一八八二年出生在湖北鄂城的農家，十六歲即到武昌工程營當兵，後來考入隨營將校講習所、工程專門學校、湖北參謀學堂進修，並參加了清朝組織的新軍歷次演習。一九〇九年，吳兆麟以最優等生畢業於參謀學堂，回工程八營任左隊隊官。他既有較高的軍事素養，有一定指揮能力，又曾參加日知會，同情革命，是可以接受的指揮人選。

熊秉坤和其他人都同意推舉吳兆麟充當臨時指揮。吳兆麟並非革命積極分子，起初並不太願意擔當指揮。他對眾人說：「滿清無道，我也素有起義之心。不過，軍隊有申明紀律，起事時更不能漫無紀律，一盤散沙，也不能大開殺戮。如果大家能做到紀律嚴明，不妄殺戮，我就同意擔當指揮。」周圍的起義者紛紛允諾，表示服從吳兆麟的指揮。吳兆麟這才同意。

吳兆麟得到起義群體的推舉後，臨危受命，很快進入了角色。他和蔡濟民、熊秉坤組成了臨時領導機構，負起整個隊伍的指揮責任。因為情況未明，吳兆麟一邊命令加強楚望臺周邊的警戒，一邊派人與城內外其他部隊的同志連繫。起義有了正常的指揮，散亂的起義者們頓時凝聚了起來。

花開兩頭，各表一枝。在城內工程八營打響第一槍之前，武昌城外的壙角就已經燃起了熊熊大火。

話說十日上午，城內革命機關被破獲，革命黨人被捕遇害的消息傳到了壙角輜重隊。該隊的起義召集人李鵬升在一片緝拿風聲中，也是心

急如焚,覺得與其坐以待斃不如獨自起義,和清政府拚個魚死網破。

他和同志們祕密商議,決定當晚十點獨自起義,以縱火為號。

晚上六點,革命士兵都在棚內持槍以待,一切準備就緒。駐紮壙角的清軍突然召開隊以上軍官開會。營房監管頓時鬆懈下來。李鵬升覺得機會難得,立即通知大家提前起義。起義士兵們迅速衝出營房,到軍裝房搶得子彈一箱,又點燃馬房裡的草堆。接著,李鵬升帶敢死隊撞開鄰近炮隊的營門,衝入排長室內縱火。城外的起義就此爆發。

如果嚴格按照時間先後來計算,城外壙角的起義要早於城內工程八營起義一個小時,是真正的首義。但壙角的起義影響很小,也沒有及時擴散到城內來,因此只能算是武昌起義的支流而已。

李鵬升發動輜重隊起義後,帶領一百多人向武昌城進發,希望與城內同志聯合,繼續推動昨天的起義計畫(他還不知道城內工程營同一時間的起義計畫)。他們先衝到武聖門,發現大門緊閉,再轉向大東門,大門也是緊閉;他們只好折向同湘門,到達後發現城門大開,裡面空無一人,一行人反而不敢入門,生怕有詐。最後,李鵬升帶人到達相國寺,聽到城內槍聲大作,知道城內同志已經行動起來的,大家興奮起來。巧的是,他們在相國寺遇到了起義後入城的南湖炮隊。雙方彼此歡呼,一起由中和門(今起義門)入城,到達楚望臺與起義的大隊人馬會合。

輜重隊發難,帶動城外各處部隊起義。七點,壙角工程隊見到火光,革命士兵也縱火燃燒營房響應。輜重營、工程隊、馬隊和炮隊的起義士兵驅趕軍官,湧進城來。入城的南湖炮隊迅速在楚望臺、鳳凰山、蛇山等高地布置炮陣,構築了起義軍牢固的砲兵陣地。砲兵和炮臺倒向革命一方,使得起義軍占有了火力優勢。各處軍官聞訊,開始大規模地棄職離營,或就近找地方躲藏起來,或連夜溜出武昌城去。晚上八點半後,各路人馬陸續到達楚望臺。起義的新軍官兵超過了四千人,與之對

抗的只輜重八營、憲兵營、總督府衛隊、巡防營和第三十標第一營（主要由八旗子弟組成）的約兩千名清兵。至此，起義軍占據了絕對優勢。

　　清朝文武官吏多數或躲或走，只有少數人集中到總督衙門商議應對，或就地組織抵抗。

　　只要攻占總督衙門，就能獲得起義全勝。吳兆麟等人很快制定了以湖廣總督府為攻擊目標的計畫，將隊伍分頭進攻，徹底推翻清朝在湖北的政權組織。起義官兵們領命，分頭散落進夜幕中。最後的戰鬥就要開始了！

光復武漢

晚上十一點，武昌上空下起微雨。北風漸起，裹挾著細雨，和黑暗一起拍打著武昌城。

起義人馬向總督衙門發動了第一輪進攻。中和門和蛇山上的炮隊向總督衙門開炮，星星點點的炮火時而照亮一方天空。多路起義官兵在炮火支持下，向總督衙門方向進發。沿途有藏在黑暗處的清軍用機關槍掃射阻撓，起義官兵在巷戰中艱難推進。

戰鬥進行了約一個小時，槍聲有所減弱。偵察兵向吳兆麟報告說，各路隊伍因為天黑不能展開，砲兵也不能找到準確目標。各路隊伍中除了蔡濟民帶領的隊伍剪斷了武昌全程的電線外，其餘各路隊伍均無進展。

天太黑，怎麼辦？吳兆麟決定採用火攻。正好附近有一家雜貨店，士兵們向店主買了數十罐煤油，兵分三組，每組三到五人，提著油罐一路放火。半個小時後，烈焰沖天，火借風勢迅速蔓延，越燒越旺，總督衙門周圍頓時變成了一片火海。炮隊有了目標，集中火力開炮。一會兒，總督府的官署、鐘樓、簽押房和花廳都被擊中。

湖廣總督瑞澂早從夢中驚醒，忐忑地等待著局勢的變化。他急切需要知道各處的情況，得知電話被切斷後，焦急萬狀。他判斷起義軍開始接管城市，失去了抵抗的勇氣。想到劉復基三人血淋淋的腦袋，瑞澂知道自己一旦落入起義軍手中凶多吉少，對自己的身家性命憂慮萬分。當起義軍的砲彈落到總督衙門內，看到窗外的炮火，聽著越來越近的喊殺聲，瑞澂惶恐到了極點。他決定開溜，現在不跑就怕沒有機會了。瑞澂不敢由總督府大門出去——怕與衝鋒的起義官兵狹路相逢。可是總督衙門又沒有後門。原來，清朝的列祖列宗早就擔心後輩出現瑞澂這樣貪生

怕死的封疆大吏，為了阻止不肖後輩棄城而逃，規定各地督撫衙門只能有正門，不許開後門。瑞澂性命要緊，管不了那麼多了，下令士兵將衙門後邊的圍牆打穿。打出了一個低矮的門洞後，瑞澂帶著衛兵一個排，叫上家眷，從洞裡爬出來，落荒而逃。他出了文昌門，登上「楚豫號」兵船。聚集在總督衙門裡的鐵忠等一群官吏，見一把手瑞澂帶頭爬洞而逃，也相繼帶人從這個洞口爬出去，跟在瑞澂一千人的後面，登上了楚豫號。

瑞澂臨陣脫逃，瓦解了還在頑抗的清軍的軍心，鼓舞了衝鋒向前的起義者的士氣。它算是宏大歷史事件中的一個偶然插曲，卻對全局產生了重要作用。當時武昌城內，有將近一萬名新軍官兵（約占總數的三分之二）並沒有參加起義，還在觀望猶豫中。「此時的瑞澂，如果能鎮定一點，親自率軍抵抗，群龍無首的暴動者能否成功，實在是未定之數。

哪怕他學葉名琛，來個『不死，不降，不走』，結局也許會有點不一樣，至少，統制張彪的抵抗，會更賣力一點。起義的親歷者革命黨人新軍士兵曹亞伯說，『瑞澂若不走，督府之教練隊必不退，而未響應之各部隊既無宗旨，又成觀望，必與革命軍為敵。』起義成敗還真難說。可是，這邊起義者的槍一響，他就挖開督府的院牆開溜，溜到江中楚豫號軍艦上，擺開一個隨時準備逃之夭夭的架勢，一下子，人心就散了。」（張鳴：《瑞澂之走》）

總督衙門的戰鬥還在繼續。熊秉坤率領的起義軍在衙門正面遭到清軍困獸般的頑抗，戰鬥十分激烈。為了突破敵人的頑抗，熊秉坤挑選了四十名精悍的士兵組成敢死隊，進行火攻。隊員王世龍手提煤油、木柴冒死躍上鐘鼓樓放火。清軍紛紛把槍口對準王世龍，王世龍被密集的火力擊中，不幸壯烈犧牲。然而鐘鼓樓還是著火了，火勢大作，映襯著敢死隊員們視死如歸的氣魄。他們冒著槍林彈雨，奮勇殺敵。清軍被敢死

隊員們大無畏的氣勢所震懾，放棄東轅門，敗退到西轅門去。起義軍乘勢呼喊著追到西轅門。不料，總督衙門大堂之中的清兵，突然用機關槍向外猛烈掃射，起義軍又被瘋狂的火力給攔截住了。這時候，只見敢死隊員紀鴻鈞提著一桶煤油，穿梭在密集的子彈中，成功躍入總署門房。

清兵見狀，集中火力向他掃射。紀鴻鈞英勇獻身，死前縱火成功。門房升騰起熊熊的烈焰，很快蔓延到總督衙門的大堂。頑抗的清軍慌忙逃散。起義官兵吶喊著，衝入總督衙門，清除殘敵。

瑞澂出逃，張彪開始並不知道。他還在城內望山門至保安門一線組織清軍抵抗起義。如今看到總督衙門陷入一片火海，喊殺聲隱約可見，知道大勢已去。凌晨時分，起義部隊完全占領了總督衙門，喊殺聲漸漸低沉下去。張彪又得知瑞澂臨陣脫逃，抵抗的意志一下子喪失得精光。

他收拾金銀細軟準備逃往漢口租界尋求保護。這時，輜重營管帶跑來報告：「我營沒有一個革命黨，統制請先到輜重營再行商議。」張彪就帶著部分殘軍，來到輜重營會合，之後不敢在城內久留，退走漢口劉家廟。

他在劉家廟蒐羅殘軍敗將，等候朝廷的增援。第八鎮的日本顧問寺西秀武，在戰亂中找到張彪，建議他帶領現有兵力潛到武昌大東門，偽裝投降，騙入諮議局，消滅革命黨的指揮中心。如果這次冒險成功了，再請示皇上並自請處分，到時候朝廷必能將功抵過。失敗了，不過一死而已。張彪權衡後，覺得此舉風險太大，不敢採納，只是修築工事，消極防守。凌晨兩點，新軍第八鎮司令部被起義部隊占領。

總督衙門被攻占後，起義部隊的主要目標就是藩署。藩署是湖北布政使衙門和銀庫所在地。之前夜裡，一股起義軍曾進攻此處。湖北布政使連甲率領若干衛兵與武裝消防隊，在藩署南樓作困獸之鬥。起義軍的第一波進攻沒有得手。天明後，蔡濟民帶人來助攻。起義軍勢力大增，

對藩署發動猛烈進攻。鳳凰山炮臺也對藩署發炮。很快，連甲的衛兵及武裝消防隊作鳥獸散，藩署入於革命軍的掌握。布政使連甲逃跑，趕緊找地方躲藏起來。藩署易手之時，三十標第一營左隊隊官、滿人崇光率領本部兵馬闖入藩庫，企圖劫取現銀。結果，該隊被守庫的起義官兵擊潰。守庫士兵恪守紀律，面對滿地的銀兩、銀圓、紙幣，沒有私掠分文。

經過清查，湖北省存款約四千萬元。這個數目是從張之洞到瑞澂歷任督撫累積的結果，在各省中遙遙領先。這筆巨款為日後湖北革命政府擴充軍隊、穩定市場，開展各項活動提供了充足的財政支持。

起義軍占領這幾個主要目標後，開始對其他軍政機關和沒有參加起義的部隊發動進攻。

起義如火如荼時，混成協四十一標始終平靜如水，沒有舉動。原來起義發生時，第二十一混成協協統黎元洪就在四十一標，強力阻止官兵起義。

四十七歲的黎元洪是湖北新軍的第二號人物，非常敬業，吃住都在軍營中。

他在四十一標軍營中得知起義消息後，馬上召集本協將校集合開會。會上，黎元洪做出了兩項決策：第一，關閉所有還能控制的部隊的營門，收繳武器，禁止人員出入；第二，部隊遇到革命黨人進攻則還擊，革命黨人退去則不追擊，按兵不動，待天明再做計議。晚十一時半，工程八營士兵周榮棠翻牆跳入大營，高喊革命已經成功，號召四十一標官兵一起去攻打總督衙門。黎元洪氣急敗壞，抽出佩刀，當場將高聲呼喊的周榮棠殺死。午夜時分，遠近炮火印紅了武昌的黑夜，越來越近的喊殺聲讓四十一標官兵心驚膽顫，很快四十一標營地接連落下重炮。起義部隊對該標發動了進攻！黎元洪知道勝負已定，長嘆一聲，下令打開軍營大門，允許軍官帶領士兵逃生。命令一出，早已喪失鬥志

或者傾心革命的官兵們都魚貫而出，前者一哄而散，或者歡呼著去尋找同志。黎元洪夾雜在亂軍中，灰頭土臉地逃出營房。他不敢回家，就躲人參謀劉文吉家中。

當晚，總督府、藩署、官錢局、郵電局、各個城門、各類學校都被起義軍占領。各部沒有參與戰鬥的士兵，也都自動倒戈。中和門外陸軍中學堂約千名學生，全體荷槍入城，與倒戈的清軍一起到楚望臺集合，聽候改編。這些部隊，長官都逃跑了，都由棚目帶隊，秩序良好。大約一萬五千人的湖北新軍，除少數部隊因對清廷愚忠而在起義中被消滅外，整排、整班都集體地轉變為了革命軍。

十一日早晨，當武昌百姓迎著晨曦，小心翼翼地走出家門的時候，驚喜地發現換了一個天地。清朝軍警和官吏，都無影無蹤了，取而代之的是左臂纏著白布的士兵，守衛城門、機關，巡視大街小巷。

由於勝利出乎意外，武昌城內的百姓準備不及，有的用被單為旗，有的用白布當旗，歡慶勝利。原先，起義軍計劃以共進會的會旗——十八星旗作為軍旗和勝利後的標識。寶善里機關被巡捕查抄時，預備著的十八星旗被抄走了。只有李作棟在混亂中，扯出一面十八星旗帶在身上。他把這面旗幟由漢口帶到南湖，參加了前一晚的南湖炮隊起義，後來又進城作戰。十一日清晨，他將這面旗幟交了出來，讓它高高飄揚在黃鶴樓警鐘樓樓頂。此後，十八星旗始終飄揚在黃鶴樓頂上。

值得一提的是，十一日後武昌城內還有對清朝愚忠的頑固清軍。新軍第三十標第一營，主要由八旗子弟組成，對革命抱敵視態度。管帶郜翔宸於革命軍起義以後，開始的時候堅閉營門，後來遭到了起義部隊的炮擊。郜翔宸率領全營滿族士兵出擊起義軍的蛇山砲兵陣地。楚望臺指揮部派遣進城的李鵬升部隊增援蛇山陣地，將這一營頑固清軍擊退。郜翔宸部隊在敗退途中遇到吳醒漢等四五十名起義士兵。他誤以為吳醒漢

等人是觀望的部隊，竟然強迫吳醒漢等人「歸隊」，脅迫他們來到第一營的營房。吳醒漢等人將計就計，抓緊時間在敵營養精蓄銳。休息到天明，大家精神恢復，一鼓作氣，對旗兵大聲喊打。郜翔宸部隊不是對手，紛紛奪門而逃。下午一點鐘，郜翔宸糾集部分殘餘，竟然偷襲諮議局（當時已經是臨時政府所在地）。起義軍因為軍隊不夠，臨時安排測繪學堂的學生們守衛諮議局。這些學生兵戰鬥力弱，被郜翔宸等人攻散。正在諮議局內吃午飯的蔡濟民等起義領導人，不得不爬到諮議局後面的山上躲避。所幸郜翔宸這支殘軍，很快被聞訊趕來的起義軍殺退。郜翔宸等人狼狽逃出小東門，竄至東湖一帶，最後被民間鄉團擊潰。此後，武昌城內再無成建制的頑抗清軍了。

武漢三鎮中，漢陽、漢口與武昌隔江相望，由第二十一混成協四十二標駐守。十月十一日，高級軍官聽說武昌失陷後，棄職而逃。下午，駐漢陽的四十二標一營的革命黨人，得知武昌起義獲勝的消息後，決定於當晚八時三十分舉義。起義按時舉行，左隊隊官宋錫全卻想上前制止，一名士兵將白布突然纏在他的左臂上，瞪著他說：「不要糊塗。」宋錫全就這麼參加了起義。起義者未遭任何抵抗，迅速占領了兵工廠等目標，並拖炮到龜山布防。漢陽兵工廠是當時中國最大的兵工廠，能夠生產完備的新式武器，策略地位極其重要。十二日清晨，瑞澂派載有步兵的軍艦一艘，從劉家廟直駛龜山，企圖奪占兵工廠，結果被龜山上的砲兵發炮擊中，被迫縮回江中。

武昌起義的消息十一日早晨就傳到了漢口。文學社骨幹詹大悲的朋友看到漢口江邊有外國人拿望遠鏡向武昌方向觀看，就向一個日本人詢問。日本人說昨夜省城已經被革命軍占領。這名朋友乾脆大膽地闖入漢口監獄，將正在服刑的詹大悲拉了出來，其他在押的罪犯尾隨而出。

看守瞠目結舌，不敢阻攔。十二日上午，駐漢口的第二營中的革命

黨人，在第一營派人策應下，亦率眾起義，並擬奪占劉家廟車站。該營在進軍途中，得知清軍河南援軍已經抵達漢口郊外。起義軍擔心寡不敵眾，退回大智門一帶防守。詹大悲在漢口組織了軍政分府，擔任主任。

武漢三鎮完全光復。這是革命黨人自一八九五年第一次廣州起義以來占領的第一個重要城市，推倒了第一張西洋骨牌。

泥菩薩黎元洪

　　起義軍占領武漢三鎮後，迫切需要建立一個與清政府對抗的政權，不然他們不是叛軍就是歷史上的流寇。

　　同盟會對起義成功後的政權設置有一套規定，計劃在光復地區建立軍政府，以都督為最高領導。按同盟會所訂《軍政府與各國民軍之條件》第一條：「各處國民軍，每軍立一都督，以起義之首領任之。」這也是慣常的法。武昌起義的實際領導人是吳兆麟，按照慣例應該由他出任勝利後的湖北都督。但吳兆麟堅決拒絕當都督。一方面，他年輕資歷淺，沒有絲毫行政方面的經驗；另外一方面，他自知在文學社、共進會也好，在同盟會也好，自己不是活躍分子，之前在革命陣營中默默無聞，如今不適合擔任革命領袖。參與起義的文學社和共進會成員也不願意推舉吳兆麟當都督。

　　十一日午後，各處起義士兵控制局面後，紛紛湧向湖北省諮議局，要求盡快建立新政權。為什麼他們都湧向諮議局呢？這是一個耐人尋味的現象。儘管諮議局是清朝政府批准設立的，但畢竟是經過一定範圍的選舉產生的，其成員是本鄉本土有威望有能力的士紳。之前，諮議局裡面的立憲派們批評現實，推動立憲改革，多多少少為老百姓說了話。因此，在廣大士兵心目中，諮議局和清朝政府是有區別的，議員們是可以信賴的。起義成功後，諮議局的議員們紛紛趕到這裡，和起義各部軍官聯合商議未來去向──這就讓在起義中沒有絲毫功勞的立憲派們參與了政權。

　　起義骨幹和議員們推舉諮議局議長湯化龍主持商討會議。大家都有讓湯化龍出任湖北都督的意向。湯化龍是著名的立憲分子，之前和革命

黨人沒有瓜葛，趕緊表白說：「革命事業，鄙人素表贊同。」但他馬上表示：「兄弟非軍人，不知用兵。關於軍事，請諸位籌劃，兄弟無不盡力幫忙。」就這樣，他婉拒出任都督。湯化龍一席話，說得立憲派議員們紛紛點頭。他們對既得利益更看重，對革命勝利的前景還沒有把握，所以不願意出面領導與清廷對抗。這就是立憲派在革命前期的立場。

既然湯化龍不願意出頭，吳兆麟以起義總指揮的身分提議：「首義後軍民兩政實繁，兄弟擬請在座諸位同志先生公舉黎元洪統領為湖北都督，湯化龍先生為湖北民政總長。兩公系湖北人望，如出來主持大計，號召天下，則各省必易響應。」吳兆麟身為舊軍官，而非熱心革命黨人，心目中的政權領袖不是立憲派就是原來的高官將領。他的意見在當時發揮了重要作用。

按照吳兆麟的提議，起義後的政權軍民兩政分治，將行政權力讓給湯化龍。這裡面可能有起義官兵不熟悉地方政務、缺乏相應人才的現實考慮，更有用權力妥協爭取立憲派支持新政權的目的。而推舉黎元洪的原因，吳兆麟說了兩點：一是湖北人，二是聲望高，容易獲得各省響應。還有一個原因是黎元洪身為在清朝官場有重大影響的高官和新軍名將，容易被新軍官兵和立憲派所接受，也容易爭取拉攏尚在觀望中的前清官僚。

果然，吳兆麟的提議得到了與會代表的贊同。會場響起了熱烈的掌聲。

當天下午，馬榮在大街上發現了黎元洪的一個傭人，攔住盤問得知了黎元洪的藏身之處，隨即帶領一隊士兵前往劉文吉家，用槍把黎元洪逼了出來。其中具體的情形如何，眾說紛紜。後世盛傳黎元洪是躲在床下被起義官兵揪出來的，宣揚黎元洪的保守、恐慌和懦弱。「床下說」最早見於反黎報紙《震旦日報》一九一二年春攻擊黎元洪的社評，並沒有

切實的證據。最有可能的情況是這樣的：

當時黎元洪躲在劉家的臥室裡，見士兵們荷槍實彈湧進房間，以為是來殺自己的，顫巍巍地問道：「各位弟兄，黎某自問不曾虧待過大家，為何要取我性命？」沒想到，士兵們七嘴八舌道：「協統勿驚，我等是來迎接您出去領導革命的。」這一回答讓黎元洪更害怕了。他又搖頭來又擺手，連連說道：「不行，不行，造反是要殺頭的，莫害我，莫害我。」說著，他竭力和士兵們拉開距離，一會躲到蚊帳後面，一會繞著大床和士兵們玩躲貓貓遊戲。最後，馬榮急了，拉響槍栓，威脅黎元洪：「你再不跟我們走，我就開槍了！」黎元洪這才極不情願地隨著眾人，前往湖北省諮議局。

黎元洪到底何許人也？他為什麼會得到起義官兵和立憲派的一致認可，又為何會有如此的戲劇反應？

黎元洪，一八六四年出生於漢陽中等偏下人家。父親黎朝相投軍累功升至把總一職，老實本分，沒有多少收入。他常年行軍在外，家裡生活非常困難。黎元洪小時被父親接到駐所直隸北塘讀了幾年私塾，但是黎元洪讀書取仕的心思早沒了，卻立下了從軍的志向。一八八三年，黎元洪考進天津水師學堂，開始軍旅生涯。入學不滿月，父親黎朝相病故，黎家斷了經濟來源。黎元洪身為長子，上有母親小有弟弟妹妹，毅然挑起了全家生活的重擔。他的收入，只有每月四兩銀子的學校補貼而已。用這四兩銀子，黎元洪養活了全家。在學校裡，他生活儉樸，埋頭讀書；每次回家探親，他都徒步走完從天津學校到北塘家裡的百里路程。當時水師內部的風氣極差，賭博、吸毒、嫖妓成風，黎元洪潔身自好，獲得了上下一致讚賞。

一八九四年，黎元洪已升為五品官，任南洋水師「廣甲」號的二管輪。

　　黃海海戰中，廣甲號管帶吳敬榮率艦臨陣脫逃，結果慌不擇路而擱淺。日軍尾隨而來，吳敬榮獨自逃生，餘下的官兵決定鑿船自沉。船沉後，官兵們落海逃命。黎元洪不會游泳，卻在與大海拚搏三個多小時後，安全漂到岸邊獲救。廣甲號只有四名官兵獲救，黎元洪就是其中一個。

　　黃海海戰後，黎元洪赴南京投奔兩江總督張之洞，先是受委監修南京城外的幕府山炮臺，後出任南京炮臺總教習。張之洞調任湖廣總督時，帶著一部分南洋新軍和黎元洪等人同去湖北。對這部分力量進行擴編後，張之洞組建了新軍第八鎮和暫編第二十一混成協。黎元洪是第二十一混成協協統，是僅次於第八鎮統制張彪的湖北新軍第二把手。張彪對近代軍事知之甚少，很多事務需要仰仗黎元洪的意見。此外，黎元洪兼任新軍兵工廠、鋼藥廠提調、講武堂會辦、湖北棉麻四局會辦，並兼管湖北水師，可算是能者多勞，一肩多任。

　　黎元洪在湖北新軍中因為品行卓越，贏得了很高的聲望。他關心官兵生活，從不剋扣糧餉，堅持足額如期發放；專門建立被服廠保證軍服供應——南北新軍演習時，湖北新軍軍容勝過北洋新軍；鼓勵士兵學習文化知識，對學有所成的官兵著意提拔；從不虐待士兵，對犯錯士兵都交給執法官審訊定罪。讓官兵感動的是，二品頂戴的黎元洪和官兵同甘共苦，堅持吃住在軍營中，和官兵一起作息，就連過年也不回家，而是讓家人到軍營中團聚。

　　黎元洪所轄的第二十一混成協，曾查出士兵楊王鵬、李抱良、廖湘雲等人組織文學社的前身振武學社。黎元洪也只是將涉案的革命士兵開除軍籍，禮送出營而已。至於為革命官兵說情、保釋等事情，黎元洪更是沒少做，甚至對新軍士兵剪辮的行為都聽之任之。所以，在革命黨人看來，黎元洪即便不是同志也是可以團結的對象。革命黨人回憶：「當

時黨人唯以滿人為革命對象。漢人中即屬官僚或不革命者，概不敵視。」黎元洪「同屬漢族，終必表同情於革命」。

領導武昌起義的文學社和共進會領導人，年紀都很輕，缺乏聲望，推舉誰當領袖都不能服眾。這也為黎元洪的「異軍突起」創造了客觀條件。起義前半個月，革命黨人醞釀勝利後的都督人選。蔣翊武、孫武、劉公三人在職位上爭執不下。而居正提議邀請黃興、宋教仁來武昌領導革命，希望以外部的強大人選制止內部分歧。更多的人希望推舉湖北籍的有聲望的人物出任都督，首選人物是時任北洋軍統制、湖北人吳祿貞。吳祿貞是革命黨人，在日本留學期間加入了同盟會，又是日知會的靈魂人物之一，在湖北革命黨人中聲望很高。可惜他遠在北京任職，不可能回武昌領導起義做都督。

這樣，同樣聲望卓著的湖北同鄉黎元洪就成了二號候選人。早在起義前的一九一一年四月，文學社和共進會在洪山寶通寺開會，就討論過推舉黎元洪的可能。他們認為：「黨人知識，不是不如黎元洪，但不夠號召天下，誠恐清廷加以叛兵或土匪罪名，各省不明真相，響應困難，且黎平日待兵較厚，愛惜當兵文人，又屬鄂籍將領，只要推翻滿清，革命成功，似無不可。」會上，革命黨人劉九穗認為：「所以要把黎元洪拉出來，其利有三：一、黎乃當時名將，用他可以懾伏清廷，號召天下，增加革命軍的聲威；二、黎乃鄂軍將領，素得士心，可以號召部屬附和革命；三、黎素來愛護當兵文人，而這些文人全是革命黨人，容易和他合作。所以拉黎出來，革命必易成功。」與會黨人沒有異議，但希望推舉黎元洪為臨時都督，等吳祿貞在北方率部起義南下後，再推舉吳祿貞為正式都督。雖然有過提議，但是革命黨人沒有做出推舉黎元洪的正式決定。他只是備選之一。

可是在十一日，情況就不同了。在場的吳兆麟、湯化龍等人不願意

擔任都督，之前設定的領導人劉公、蔣翊武二人不知道躲在什麼地方，孫武還在醫院中治療，而同盟會領導人並不知道武昌天翻地覆的變化，黎元洪就從一個備選成為了唯一現實的、可能的都督人選。

當天下午，黎元洪被逼無奈來到諮議局。革命官兵和立憲派立即宣布黎元洪為湖北軍政府都督，主持大計。黎元洪馬上跳了起來，甩著長長的辮子說：「茲事體大，務須謹慎，我實在不能勝任，請各位另請高明吧。」

現場譁然，蔡濟民當即痛哭：「昨夜多少同志犧牲，方有今日之光復，若因無人主持而功敗垂成，何以面對死去諸同志？若黎協統再不答應，我便自殺以謝烈士！」革命黨人朱樹烈更加激奮，抽刀剁下一根手指，用血淋淋的斷指指著黎元洪說：「你要再說一個『不』字，我就和你拚命。」黎元洪閉目不答。革命官兵也不管他同意與否，著手組織政權，寫好安民文告送到黎元洪面前要他簽署。黎元洪連連擺手說：「莫害我！莫害我！」革命黨人李翊東見狀，提筆在布告上寫了個「黎」字，張貼了出去。

按照東京同盟會預擬的文稿，布告寫著「中華民國軍政府鄂軍都督黎」，這是用「中華民國」字樣發出的第一張布告。

黎元洪名義上出任都督，影響不小。「午後則見武昌城內外遍貼湖北都督黎元洪布告，往觀者途為之塞，歡聲雷動。至有艱於步履之白髮老翁請人扶持，擁至布告前，必欲親睹為快，人心為之大定。旅漢外籍人士聞之，亦為震動，皆曰『想不到黎協統也是革命黨。』」

這下，黎元洪算是上了「賊船」，名字上了布告，身子被軟禁在軍政府。憤然斷指的朱樹烈佩刀持槍，日夜監守著黎元洪。黎元洪閉目養神、面無表情、呆坐無語，既不說可也不說否，根本就不處理政務。都督不做事，蔡濟民提議成立謀略處，代行都督職權。蔡濟民出任謀略處

負責人。十一日晚，在謀略處主持的會議上，革命黨人討論了有關國家建制和政權代表的問題。與會者認為，起義是全國性的行動，必須依靠同盟會的規定辦事。同盟會規定，起義成功的地方，立刻建立中華民國軍政府某省都督府。會議決議新政權稱為中華民國，政體改為五族共和，規定國旗為九角十八星，改為黃帝紀元。都督府就設在原來的諮議局。

最初數日，上自政制建立，下至茶水油燈，都督府事無大小都由蔡濟民管理，任何人都找他，以致他面容憔悴，聲嘶力竭，說話不能出聲，只能佐以手勢。

蔣翊武十日凌晨逃出武昌，在郊區找了個地方躲藏了起來，聽到武昌起義成功了，匆忙趕回。他趕到諮議局，看到木然的黎元洪和憔悴的蔡濟民，失聲痛哭：「都督如此情形，將奈之何？」革命黨人張振武脾氣火爆，看到如此尷尬場面，對吳兆麟說：「如今雖占武昌，然清廷大吏潛逃一空，未殺一人以壯聲威，未免太過寬容，不如將黎元洪斬首示眾，以壯聲威，使一應舊臣皆為膽落。」他的意見很有代表性，當時年輕氣盛的起義官兵們對不合作的黎元洪很不滿意，希望以吳兆麟等人取代黎元洪。吳兆麟堅絕不同意，認為黎元洪就是一言不發，一事不做，對大局也有利無弊。還有一種意見是讓革命後迅速趕到武昌的黃興取代黎元洪。但以李翊東為首的一派人堅決反對說：「黎都督為我們所推舉，出爾反爾，如何取信於人。何況賴黎都督的威望，人心始定，今日無故免之，人心必亂。」

在湖北方言中，「黎」和「泥」發音相近。黎元洪呆坐中軍帳，不發一言，加上他身寬體胖，起義官兵們就諷刺他是「黎菩薩」，因為諧音的關係很快傳為「泥菩薩」。黎元洪的這個綽號傳播得很廣，非常符合他當時的狀態：自認為與革命黨人不合，又因為被迫做了都督成了朝廷的要

犯，兩頭得罪，可不是「泥菩薩過江，自身難保」？

但是黎元洪畢竟領軍當官多年，是有能力的人物。原本，他以為官兵起義，也就是瞎鬧，幾天就會被朝廷鎮壓下去。可隨著日子的推移，起義官兵在武漢三鎮的腳跟越站越牢，各地都有響應之聲。黎元洪的心不能不鬆動起來。他當都督的第三天（十三日）晨，躲藏在長江水面上的湖廣總督瑞澂率楚豫等三艘軍艦和革命軍進行炮戰。黎元洪兼管過湖北水師，對朝廷軍艦的戰鬥力還是有信心的。不料，炮戰的結果是黎元洪看重的清朝水師被倉促組成的革命軍打敗，三艦中有兩艦受傷。老上級瑞澂自此逃離戰場。黎元洪又一次受到了刺激」。

當天，部分起義官兵對黎元洪的消極態度不滿，革命黨人甘績熙持槍奔向黎元洪，揚言：「我就是不殺他，也得逼他表個態。」許多人跟著他一起來到黎元洪處。黎元洪見此，以之為轉變的臺階，對甘績熙等人說：「年輕人，你何必如此激烈！我在這裡待了四天，並未做什麼對不起你們的事情呵！」革命黨人陳磊說：「都督沒有對不起我們，但是您的辮子還拖在腦後。您既然是民軍的都督，就該剪掉辮子，做個表率，以示決心。」黎元洪立刻回答：「之前，你們要剪髮，我悉聽尊便。現在，我還在乎一條辮子？」圍觀者聞言歡呼雀躍，馬上找來工具，幫黎元洪將辮子剪去。辮子落地，黎元洪與眾人相視而笑。晚上，黎元洪正式主持出席軍政府的軍事會議，宣布：「自此以後，我即為軍政府之一人，不計成敗利鈍，與諸君共生死！」他開始真正行使都督權力。

有關黎元洪剪辮子的說法，還有許多細節。比如說黎元洪辮子落地後，蔡濟民特地放了鞭炮慶賀。又有說法是辮子沒有了以後，黎元洪索性剃了個光頭。望著黎元洪光禿禿的腦袋，蔡濟民忍不住伸手摸了一下，笑著說：「都督這腦袋，真似羅漢一般。」黎元洪自己也笑了：「我看像彌勒佛。」又有說法認為，黎元洪「泥菩薩」的綽號就是從這裡

得來的。

剪辮後，革命黨人就放心地將湖北的軍政大權交給了黎元洪這個前清將領。十月十六日，武昌起義後第一個來到武昌的同盟會重要領導人譚人鳳，組織隆重儀式，授旗授劍給黎元洪，慷慨誓師，「一時歡聲雷動，革命軍自黎公以至士兵，上下一心，自此始也」。

黎元洪以前清將領身分統帥革命軍，對前清陣營造成了不少震動，減少了革命阻力。武昌起義時，很多新軍軍官都躲了起來。軍政府初建，面臨很大的軍官缺額。「自黎出之風一播，城內隱匿之軍官皆來。」湖北各地官紳，接到黎元洪以都督名義發布的電文，紛紛附和起義。「各縣士紳俱出而負地方治安之責。所以全省帖然，內顧無憂，軍政府得專心致力於戰事矣。」黎元洪還利用在前清的人脈關係策反前清將領。他給張彪寫了封勸降信，被張彪當場拒絕。起義後，清軍派海軍提督薩鎮冰率軍艦逆長江而上，協助陸軍鎮壓起義軍。薩鎮冰是黎元洪在水師時的老師，在學校時很欣賞黎元洪。他的現代化海軍大砲對武昌城極具威脅性，革命軍沒有炮臺可以與之抗衡。黎元洪就寫信給老師：「老師向來知道元洪為人一貫謹慎，這次起事實是人心所向。元洪再三考慮，才接受此職。希望老師愛惜百姓，也希望老師眼光看得遠一些，與革命軍合作。」薩鎮冰為之動容，下令海軍向岸上空地開炮，不久即率軍艦退出戰鬥，順江而下。

清朝陸軍大臣蔭昌奉命率北洋軍南下鎮壓，順道去洹上村拜訪了「病休中」的袁世凱。蔭昌樂觀地表示：「武昌不過是烏合之眾，無人主持，此去不難撲滅。」袁世凱正色道：「亂軍以黎元洪為都督，何謂無人？」

北方清軍源源不斷地南下，武漢上空戰爭烏雲密布。此後，這塊狹窄的地區是南北方之間、革命和清廷之間的主戰場。

武漢起義軍面臨空前的壓力。湖北新軍在實力上本來就比北洋新軍弱。起義中，湖北新軍原來的中上層軍官幾乎逃避一空，下級軍官中參加起義的也不多，且事後大多擔任了領導職務。起義成功後，軍政府的軍官和士兵都極度短缺，為了打贏即將到來的決戰，軍政府決定大規模招兵。招兵消息一經傳出，城鄉百姓踴躍應徵，四方志士也前來投效。

除了個人應招的外，不少人是集體前來投軍。比如大冶礦工一千多人、漢口布幫夥計等，成批加入新軍。青年學生的革命熱情尤其高昂，紛紛報名參軍。還有外省，甚至海外華僑聽到武漢捷報，不遠萬里前來投軍。

很多人不甘心被編入普通部隊，奮勇要求組織敢死隊。這一時期，武漢湧現了多支敢死隊。

不到五天時間，湖北軍政府就招納了三萬新兵，編為五個協。革命軍人數雖多，但軍事素質實在令人擔憂。參軍者多數是城鄉貧民，因為戰事迫在眉睫，政府沒有時間訓練他們，多數人連開槍都不會。軍政府就在每協中加入一營老兵，打散編制到各部，帶領新軍邊戰邊學。

這些熱情高漲的年輕人，滿心興奮地迎接著決戰的到來！

地動山搖
——各省獨立與清廷政治巨變

　　一九一一年的十月，浙江烏鎮少年沈德鴻在嘉興中學讀書。嘉興中學的革命黨人很多。校長方青箱是革命黨，教員大部分也是革命黨，就連教古書的四個國文老師中也有三個是革命黨。學生中剪辮的很多。校長方青箱也剪了辮子，不過因為他常要去見官府，不得不裝上一條假辮垂在腦後。

　　中旬的一天，嘉興中學一個四年級學生偶然到東門火車站買東西，帶回來爆炸性的消息「武昌被革命黨占領了」，立刻轟動了嘉興中學。

　　那天晚上，沈德鴻和幾位教員、同學一起在宿舍閒談，大家圍著那個同學問「武昌起義」的下文，他的回答沒有什麼出奇的地方，但是臨走的時候指著包括沈德鴻在內的幾個沒有剪辮子的同學說：「這幾根辮子，今年不要再過年了。」

　　第二天下午，嘉興中學的部分學生請假出去，到東門車站去買上海方面的報紙。等上海開來的火車到站後，學生們就上車和旅客商量，買他們手中的報紙。遇到也有從車上下來的旅客，幾個學生馬上圍上去搶著購買報紙。一度時間，上海來的車少了，上海報紙也越來越難以買到，沈德鴻和學校裡光頭的體育教員也去車站買上海報紙，結果一無所獲。

　　那個自稱腦後有「反骨」的體育教員很掃興，拉著沈德鴻到車站附近的一家小酒店喝酒。「他打起臺州腔，說了不少話，可是我大都不甚了了，只分明記得有一句：『這次，革命黨總不會打敗仗了吧？』他說這話時，神情是那麼正經。」緊接著，嘉興中學的空氣日益緊張起來，開始領不到辦學經費了。「提前放假」的呼聲開始在學生中流傳，不久學校真的提前放假了：因為上海光復了。離校回家的早晨，沈德鴻聽說杭州也光復了。等到了故鄉烏鎮，他又發現：烏鎮也光復了。烏鎮原本有駐防同知，是個旗人。烏鎮商會籌集了一筆款子送給這位同知，他也就悄悄

走了。商會隨即組織了商團，維持地方治安，防備土匪，商團的裝備就是那位同知溜走時原封不動留下的。

　　幾天時間裡，沈德鴻生活的浙江北部地區都換了旗幟。不只是浙江北部，神州大地都處在劇烈動盪之中，大半個中國換了旗幟。絕大多數人像沈德鴻一樣，沒有感受到政權顛覆時的血雨腥風，平靜地感受著身邊的劇變。在中國神聖了幾千年的朝廷和皇上，被人們迅速拋棄，大家歡呼著迎來了共和國。

第一波獨立浪潮

武昌首義的槍聲，猶如一聲春雷，震醒了已經開始萌動的沉睡大地。它又彷彿是一陣大浪，撲向早已千瘡百孔的清朝大船。各地迅速響應，而各級官府土崩瓦解。

武昌起義發生後十二天，湖南、陝西兩省首先響應，宣布獨立；在十月當月宣布獨立的還有江西、山西、雲南、貴州和安徽。這些省分，新軍中革命勢力強大，清朝官員既不敢依靠新軍，對新軍防範過嚴又激起兵變，往往應對失措。最後，新軍吶喊起義，朝廷命官一般是聽到槍聲或作鳥獸散或急忙轉變立場，「咸與維新」了。

最先響應湖北起義的是湖南新軍。

湖南與湖北緊密相連，共進會在兩省做了大量準備工作。長沙的焦達峰之前就和劉公、孫武等人約定如湖北首先起義，則湖南即日響應；湖南首先起義，則湖北即日響應。湖南共進會在新軍中的爭取工作也卓有成效。湖南新軍只編為一個混成協，駐紮在長沙近郊。其中的下級軍官大多是有一些文化知識的農民子弟，經革命黨人陳作新等宣傳鼓動多數接受了革命思想，就等在十月十六日與湖北新軍一起如約起義了。

遺憾的是，焦達峰等人並沒有在第一時間得到湖北方面提前起義的消息。相反，湖南巡撫余誠格在十日當天就接到了「武昌新軍造反」的警報。余誠格心中暗暗叫苦。當務之急是防止武昌的戰火燒到湖南，但余誠格是個光桿司令，在湖南並沒有嫡系部隊。新軍是不能依靠了，他勉勉強強能夠依靠的只有從一日軍改編過來的巡防營。余誠格對付新軍的方法，比瑞澂要大刀闊斧得多：把所有新軍調離長沙，同時調各府縣的巡防營來長沙布防。這一招稱得上是釜底抽薪。

　　正當新軍調動之際，湖南革命黨人得到了武昌首義的消息。焦達峰、陳作新等立即召集新軍代表開會，決議十八日由城外新軍炮隊營舉火為號，發動起義。十八日，城外的炮隊舉火了，但因為城內余誠格防範甚嚴，其他各營未能發動。起義夭折了。焦達峰等人決定二十四日再次發難。

　　二十日，情況突變，新軍中有革命黨人被捕叛變，供出了湖南起義計畫。余誠格聞訊後，立即嚴令駐長沙新軍在二十二日一律開赴湘南株洲，不得逗留。革命黨人遂決定在二十二日提前起義。

　　十月二十二日晨，長沙城外一陣哨響，新軍官兵迅速集合，打開軍械庫，取出槍械彈藥，齊刷刷地衝向城去。守城軍警平靜地放下武器，打開城門，任由起義軍長驅直入。官兵們還沒衝到巡撫衙門，便遠遠看到院內豎了根大旗杆，旗杆上飄著個大白旗，上面寫著「大漢」兩個大字。

　　原來，余城格就大勢已去，趕緊寫了一面白旗豎起來，表明態度，緩和與起義軍的關係，然後趁起義軍不備逃出城去，乘輪船逃到上海。如此兵不血刃的革命，順利得連起義官兵們都不敢相信。起義怎麼能連一槍一彈都不放呢？於是，有人在巡撫衙門內空放了三槍，算是宣告長沙光復。

　　起義勝利的當天傍晚，各界代表集中湖南諮議局開會。立憲派此時紛紛附和革命，議長、著名立憲黨人譚延闓從立憲派的立場出發，提出「文明革命」的主張，說：「文明革命與草寇異，當與巨家世族、軍界官長同心努力而後可。」他希望盡量不對既有秩序造成破壞，同時企圖和平奪取地方政權。諮議局議員、士紳主張推舉譚延闓為都督。革命黨人和新軍代表堅決反對，最後公舉焦達峰為都督，陳作新為副都督。

　　此後，湖南各州縣人民聞風響應，相繼宣告光復。焦達峰等革命黨

人在革命勝利後，暴露出了政治上的幼稚。他們埋頭組織軍隊增援武昌，將革命骨幹擴編組成湘軍獨立第一協，由王隆中統率於十月二十八日出發援鄂。新軍中的革命分子幾乎全部隨軍出發，革命力量空虛，只能調外地軍隊來接防。立憲派和自私軍官，乘機發動了政變：

立憲派不甘心被排除在政權之外，十月二十三日革命政權剛剛成立就迫使焦達峰同意成立參議院，由譚延闓擔任議長，參議員大多數是原諮議局議員。參議院掌握決策權，將都督限制為參議院的執行者。立憲派還挑撥焦達峰和新軍的關係，誣衊焦達峰為「會匪」、「土匪頭子」。

二十六日，同盟會中部總會負責人譚人鳳來到湖南後，看到都督大權旁落，策動焦達峰取消參議院，由都督府總攬全權。三十一日，在全省各界代表大會上，焦達峰宣布取消參議院決定，譚延闓被迫辭職，怏怏退席。

也就在這一天，長沙城內發動了擠兌風潮。副都督陳作新單騎前往處理，在半路上被伏兵亂刀砍死。原來，這是從外地調來接替長沙防務的某營管帶梅馨策劃的陰謀。梅馨是個削減腦袋也要往上爬的自私分子，接防後要求焦達峰提升他為旅長，遭到拒絕就懷恨在心。立憲派乘機挑撥煽動。三十一日，梅馨指使一些流氓、亂軍製造了騷亂，伏兵殺死陳作新後，再指使變兵借索餉為由衝進軍政府。當時，焦達峰還埋首組織第二批增援武昌的軍隊。部下勸他暫時躲避，以防不測，焦達峰憤然說道：

「不用躲避！我參加革命，凡是附和革命者，我都寬容以待。我後悔當初沒有聽從譚人鳳之言，根除亂軍和偽裝革命的小人，今天才遭到這些人暗算。我堅信革命必將成功，小人反覆，自有天譴。」說完，他挺身走出大堂，立即被兩旁射來的子彈擊中。焦達峰受傷後倒在前坪照牆石獅子下，被變兵用刺刀戮死，年僅二十五歲。

　　當晚，梅馨迎接剛剛辭去參議院議長的譚延闓出任都督。譚延闓假惺惺推辭一番後，接印治事。立憲派掌握了湖南政權，獲得保守分子的一片支持。湖北的立憲同志湯化龍發賀電給譚延闓說：「聞公出，欣喜無量。」而在武漢前線的焦達峰、陳作新部下數千人得報後氣勢洶洶，揚言要返回湖南復仇。考慮到革命的當務之急是鞏固武漢前線，革命黨人被迫接受與譚延闓妥協，默認了政變的結果。譚延闓很快鞏固了自己的地位。

　　就在湖南新軍起義的同一天，西安的新軍也舉行了起義。

　　西安的情況和武昌、長沙類似，新軍基本傾向革命，護理陝西巡撫錢能訓知道新軍不可靠，又沒有軍隊可以依靠。他能做的，就是準備將新軍全部調出西安，分散到各地去。不料消息走漏，革命黨先行一步，鳴槍起義，很快占領了西安城的主要部分。錢能訓開槍自殺，結果沒有死成，只是受傷而已，起義軍也沒要他的命，只是將他逐出陝西而已。

　　西安的特殊之處在於，清朝在此派駐了八旗軍隊。清朝入關後，在重要城市留駐了八旗子弟，設置將軍統帥八旗軍隊。這些旗人，往往聚居，形成「城中之城」，稱為「旗城」或者「旗營」。那些將軍，則根據地名不同稱為某某將軍。比如統帥西安八旗軍隊的就叫西安將軍。辛亥革命前後，革命黨人過分宣傳種族革命，社會上興起排滿反滿氣氛，起義官兵也有一些錯殺、濫殺滿族人的情況。這就導致滿族人敵視、抵制革命，他們儘管早已不習鞍馬，在起義發生時還是拿起武器與起義軍對抗。這一點在武昌起義的時候就顯露出來的，在各處與起義軍頑抗的多數是八旗子弟。而在有八旗軍隊聚居、有將軍統帥的地區，滿族人的抵抗就有組織，也有力得多了。

　　時任西安將軍文瑞，是朝廷的世襲男爵，從皇帝身邊做頭等侍衛起家。他一方面對清朝死忠，一方面為了西安八旗子弟的身家性命著想，

在新軍起義後賣力地組織抵抗。西安城內煙火四起，新軍節節推進時，文瑞率領八旗兵迎戰新軍。交戰幾個小時後，八旗軍不利，文瑞身旁的親兵都被擊斃多名，只好退守旗城頑抗。起義軍兩面進攻，戰鬥到第二天，旗兵傷亡慘重，彈藥將盡，漸漸不支。中午，旗城被攻破，文瑞還組織旗兵巷戰。最後，八旗子弟死二千多人，部下見敗局已定，勸文瑞逃跑。文瑞則說：「吾為統兵大員，有職守不能戡亂，重負君恩，唯有死耳！」他口授遺疏，然後從容整理衣冠，投井自殺，成為地方大員中為清朝殉節的第一人。

指揮西安起義的是新軍管帶張鳳翽和張益謙，兩人都是日本士官學校畢業生，都加入了同盟會。西安光復以後，張鳳翽和張益謙被推為正副統領。

陝西新軍起義的第二天，即十月二十三日，江西九江宣告獨立。

江西新軍也只有一個混成協，下轄兩個標，一個標駐紮在南昌，一個標駐紮在長江重鎮九江，並且有炮臺等配合。九江新軍中革命力量強大，距離武昌又近，先爆發了起義，趕走知府，公推標統馬毓寶為都督。馬毓寶其實是個舊軍官，並不贊同革命，可也沒做過什麼錯事，就被缺乏強有力領導人的起義官兵們推舉為都督了。不久，九江籍同盟會員、曾擔任雲南陸軍小學堂總辦的李烈鈞回到故鄉，被起義官兵推舉為參謀長，實際負責指揮。李烈鈞立即下令嚴密控制炮臺，封鎖長江江面，斷絕湖北清軍的水路供應。長江航運截斷，使清廷大為震動，更使逗留在長江中游的清朝海軍供應斷絕，陷入困境。艦隊指揮薩鎮冰本已率領十一艘軍艦、兩艘魚雷艇脫離武漢戰場，順水駛往上海。如今見人心傾向革命，他便以身體不佳為理由，離開艦隊。各艦管帶推舉「海籌」號管帶黃鍾瑛為司令，宣布起義。

九江新軍起義後，派出部隊直取南昌。沒等他們抵達，南昌新軍爆

發了起義。十月三十一日晚，城外革命士兵縋城而入，城內新軍各學堂的學生群起響應，驅逐守城士兵，打開城門。起義軍很快地占領了衙門，清朝官吏聞風而跑。只是清朝的江西巡撫馮汝騤沒有逃脫，仍留在巡撫衙門中。這又是一場兵不血刃的光復。

馮汝騤的心態很糾結。他一方面看到清朝失去人心，不願意與起義士兵為難。當駐在袁州、萍鄉一帶的軍官密電馮汝騤，報告軍心不穩，請求指示的時候，馮汝騤覆電說：「官心已不可靠，民心復不可恃，萍鄉不能遙制，望體貼兵心民心辦理。」萍鄉官兵看到電文，興奮異常，立即全體剃去髮辮，宣布獨立。另一方面，馮汝騤又想報答朝廷的「恩遇」，不願意參加革命。江西獨立後，各派勢力要推舉馮汝騤為都督。

他堅辭不就，離開南昌向北而去。馮汝騤走到九江，被民軍扣留，軟禁在客棧。馮汝騤害怕起來，服毒自殺了。

辛亥革命期間，革命黨人在各地缺乏強有力的領袖人物，光復後難以推出能為社會接受的革命都督。江西尤其如此。人們先是推舉幾位新軍教官為都督，後來又從九江請馬毓寶來做都督，都不能控制局面，在任很短。省內不乏有人想借革命之際，擴充勢力，謀取榮華富貴，使得江西省內混亂一時。最後還是臨時政府成立後，李烈鈞由中央任命為江西都督，才穩定了政局。

再回到北方，陝西革命後，鄰接的山西革命黨人也躍躍欲試。

山西巡撫陸鍾琦在武昌起義爆發前剛剛到任，上任的第一件事情就是預防太原新軍起義。可惜他還沒想出防範措施，新軍就在十月二十九日發難，迅速攻占了巡撫衙門。巡撫陸鍾琦全家當時都在衙門中。陸鍾琦，順天宛平人，進士出身，做過攝政王載灃的老師，有孝子之稱。兒子陸光熙，也是進士出身，也是孝子，曾有割股療親之舉。不同的是，陸光熙曾留學日本，傾向革命。據說他來山西，勸說父親反正。父子倆

還沒交流出結果來，起義官兵就蜂擁而入了。陸鍾琦責問道：「我剛來一月，有何壞處，爾等竟出此舉？」起義者不回答就開槍，殺死來太原僅二十三天的陸鍾琦和一名僕人。陸光熙怒斥：「你們這是做什麼？」結果也被起義者開槍打死。最後，陸鍾琦的妻子唐氏和多名僕人被殺，十三歲孫子也被刺傷。可見革命畢竟是流血暴力事件，爆發之時稍有約束不當或情緒過激之處便會奪人性命。陸鍾琦因此成為第一位殉節的漢族督撫，加上闔門遇難，迅速被清廷樹立為「正面典型」，說他「滿門忠烈」。陸鍾琦獲諡「文烈」，陸光熙獲諡「文節」，唐氏得到旌表。保守勢力常常舉他的例子來說明革命的破壞作用。

當晚，除了巡撫陸鍾琦外，沒有革命的新軍協統譚振德也被當場擊斃，太原宣告光復。隨後，山西各界代表在諮議局開會，公推新軍標統、同盟會員閻錫山為山西都督。閻錫山就此開始了對山西三十多年的統治。

山西起義的第二天，十月三十日，雲南新軍也起義了。

雲南新軍的革命基礎非常好，協統蔡鍔等都是革命黨人，新軍各個學堂暗地教的都是反清革命的道理。在北方革命浪潮的推動下，雲南革命黨人焉有不起義的道理？雲貴總督李經羲憂心忡忡，依靠新軍也不是，防範新軍也不是，只能停止發給士兵子彈。這一招一點用都沒有，當兵的誰手裡沒有偷偷藏幾顆子彈啊？三十日，新軍在蔡鍔的指揮下，整齊劃一地參加起義。講武堂學生們打開城門，迎接起義軍入昆明。騎兵團、炮團，都倒戈，加入起義隊伍，向總督衙門衝去。總督衛隊見到起義軍後，自動繳械投降，李經羲成了俘虜，被送離雲南。整個行動相對平和，只在爭奪五華山和軍械庫發生了戰鬥。拒絕革命的第十九鎮統制鍾麟同被擊斃。十一月一日，雲南軍政府成立，蔡鍔被推舉為都督。

昆明以外各地的巡防軍相繼被肅清，雲南全省不久宣告光復。

　　與雲南緊密連繫的貴州，革命力量薄弱。在雲南光復的刺激下，貴州革命黨人也謀劃起義。立憲派勢力也四處活動，希望清朝巡撫沈瑜慶宣布獨立，企圖在貴州建立立憲派的政權。沈瑜慶拒絕獨立。十一月三日，一群十八九歲的新軍士兵、學員自發起義，打進貴陽城來。沈瑜慶控制不了局面，乾脆撒手不管，宣布下臺。立憲派、革命派宣布貴州獨立，但相互之間爭吵不休，加上派系林立，很快爆發了內訌，影響社會穩定。最後，雲南方面派唐繼堯率滇軍進入貴州，控制了局面。唐繼堯當上了貴州都督。

　　在十月底十一月初的這段時間裡，安徽的獨立一波三折，最為複雜。

　　安徽當時的省會在安慶，新軍中革命力量也很強大，收到武昌起義的消息後歡欣鼓舞，商議呼應。巡撫朱家寶驚恐萬狀，召集文武官員開會，磋商防範革命黨起義的辦法。最大的問題還是老問題：新軍不可靠，舊軍又依靠不了，怎麼辦？好在安慶離南京近，南京駐紮有清軍重兵，朱家寶便急電兩江總督張人駿，調駐紮在浦口的江防營來安慶。同時，朱家寶又提前發餉，希望穩定新軍軍心。

　　安徽新軍缺乏一個有力的領導者，各部在起義指揮上協調不一，遲遲發動不起來。十月三十一日，新軍某排單獨發難，襲擊安慶城失敗。不過，省內各州縣民軍風起雲湧，壽州、合肥、蕪湖陸續宣布獨立，朱家寶的命令已經不能出安慶城門。在此情況下，立憲派就想出來攝取政權。各社會團體十一月七日在諮議局開會，決定次日由諮議局自行宣布獨立。朱家寶見勢不妙，覺得與其讓別人被動宣布獨立，不如自己宣布獨立，爭取主動。於是，他在第二天（十一月八日）搶先宣布安徽獨立，自己任命自己為安徽都督。朱家寶是袁世凱一手提拔起來的，是袁黨人物。起初，他拒絕獨立，揚言：「家寶食清之祿，死清之事，城存與存，城亡與亡，諸君勿復多言。」據說袁世凱密電朱家寶「宜順應時勢，

靜候變化，不可膠執書生成見，貽誤大局」，朱家寶頓時領會袁世凱的意思，幡然改變，借獨立來謀取將來發展。

　　革命黨人激烈反對朱家寶此舉，根本不承認他這個都督。十一日，革命黨人召集各界代表開會，再次宣布獨立，推舉王天培為都督。這樣，安徽就出現了兩個都督。王天培和朱家寶爭位。前者年輕，依靠部分同樣年輕的新軍官兵，實力有限，又因為強行剪辮而激起反對。朱家寶乘機煽動巡防營以反對剪髮辮為名哄鬧。王天培只當了幾天都督，旋即離去。安慶很快陷入舊勢力、立憲派和革命黨人群雄爭霸的局面。安徽其他地區自行獨立的都督也各行其是，不服從安慶指揮。中間，九江軍政分府兩次派軍入安慶，協助穩定政局。第一次驅逐了朱家寶，迫使後者翻牆而逃。但九江軍隊軍紀實在敗壞，一入城就劫掠百姓，遭到安徽軍民的反對；第二次九江參謀長李烈鈞親自前來，還是控制不了安徽群雄，不久率部去武漢參加會戰，得以脫身。等臨時政府成立後，革命黨人柏文蔚出任安徽都督，中央又派軍消滅地方割據都督，這才穩定了安徽局面。

　　以上七省相繼宣布獨立，都距離武昌起義爆發不到一個月，氣勢洶洶、其情迫切，可見人心向背。

東南易幟

　　革命爆發，社會動盪不安。長江三角洲地區的滬寧杭三地的走向，成了眾人的焦點。

　　以上海為中心，包括浙江、江蘇二省的滬寧杭地區，聚集著中國最密集的人口、最發達的經濟和最傑出的文人。這裡有虎踞龍蟠的漢族古都南京，當年被清朝推翻的明朝就是在此開朝建國的；有享有「人間天堂」美譽的魚米之鄉蘇州、杭州，還有最先開埠、極速膨脹起來的遠東大都市上海，生機勃勃的十里洋場吸引著來自五湖四海的輕狂夢想和冒險精神。對於每個中國人來說，揚州二十四橋的明月夜，姑蘇城外寒山寺的夜半鐘聲，點綴著桃花、鱖魚、白鷺的西塞山和野曠天低樹、江清月近人的新安江，都是從啟蒙時起就注入血液的記憶。這裡是所有中國人的文化故鄉，是中華文明皇冠上的明珠。

　　從唐宋開始，長江三角洲就是朝廷的賦稅重地。南宋年間，「蘇湖熟、天下足」，太湖流域是整個中國的糧倉。而中國經濟中心的地位在此生根，再未移動。蘇州城內外那些一步一景、美輪美奐的園林，默默向人宣示著，所謂的文化是長年累月的沉澱和累積，是建立在物質和精神雙重基礎之上的。發展到清朝，不僅朝廷的賦稅仰仗東南，北京城裡百萬親貴、官民、兵將的衣食都仰仗於東南地區一點一滴的漕運輸送。

　　因此，東南滬寧杭地區的歸屬，不僅關係到中央王朝的生死，更意味著一個政權能否在思想文化上為中國人所接受。

　　正因為如此，清朝在滬寧杭地區的統治力量，僅次於京畿重地，非常強大。在江蘇，兩江總督張人駿駐紮在南京，江蘇巡撫程德全駐紮在蘇州，統帥有強大的巡防營和軍警。南京還有江寧將軍鐵良率領的八旗

駐屯軍，江南張勳率領的江防營和徐紹楨統制的新軍第九鎮。在浙江，浙江巡撫增韞統帥巡防營和新軍一協，杭州將軍德濟轄有八旗駐屯軍。

三座重鎮，清軍兵力各自數以萬計。上海因為行政級別較低，除舊巡防營外沒有駐紮大批清軍，但清朝在此機構重重，各部門都有各自的武裝力量。海軍會有軍艦不定期停泊、江南製造局不僅生產軍火而且自身防守力量也很強大，水警、商團等新興的武裝也受官府控制。

武昌起義爆發後，上海、南京、杭州、蘇州各地官吏，神經高度緊張，密切防範本地革命黨人的動向。江南製造局加快軍火生產，裝備清軍，一派山雨欲來風滿樓的景象。

當富庶之地面臨戰火威脅，東南地區的立憲派坐不住了。和經濟一樣，東南地區的立憲勢力也在全國居首，橫跨傳統的儒商、士紳和近代資本家、社會活動家雙重身分，擁有豐厚的產業。江蘇的張謇、浙江的湯壽潛都是國內立憲派的領袖。他們和傳統體制保持著千絲萬縷的連繫，為了防止戰火破壞經濟，立憲派在武昌起義爆發最初是反對革命的。比如張謇就擔心「秩序一破，不可回復」，勸說兩江總督張人駿出兵協助鎮壓武昌起義。張人駿可能是覺得東南地區比武昌更加重要，按兵不動，把眼睛盯死在自己的轄區。十月底十一月初，多個省分宣告獨立，革命形勢席捲全國，張謇等人因體制內革命勢潮的考量蓋過了保守的一面，趨向革命。和譚延闓等獨立省分的立憲同志一樣，張謇等人有能力、有聲望，更有意願參與新的政權。江蘇巡撫程德全和立憲派走得很近，張謇等人就密切連繫他，希望他能夠反正。浙江的立憲派在參加巡撫增韞召開官紳會議時，也公開呼籲巡撫大人帶頭「獨立」，爭取主動，免得革命黨人奪取政權，對大家都不好。程德全、增韞兩人都連連搖頭，不願意宣布獨立。立憲派們也沒有更深一步的行動，也只能搖頭散開，靜候局勢發展。這是一九一一年十一月初的事情。

舊體制的力量有多強大，革命的力量就相應有多強大。別忘了，滬寧杭地區是開風氣之先、經濟最為發達的地區，也是新興社會力量最為強盛的地區。本地區的革命力量是國內最強大的。

光復會是東南歷史最長的革命組織，成員眾多。光復會的徐錫麟、秋瑾等人就曾想發動浙皖聯合起義，不幸失敗。一九一○年初，陶成章、章太炎在東京重建光復會，李燮和擔任南部執行員，重新在東南地區發展光復會組織。李燮和，湖南安化人，先後加入華興會、光復會和同盟會，一人具有華興、光復、同盟三會會員的身分。廣州起義失敗後，陶成章與李燮和等回到上海，集中精力組織光復會上海支會，組建光復軍。他們的主要做法是爭取清軍巡防營、水警等既有武裝力量。

同盟會在滬寧杭也擁有許多會員。廣州起義失敗後，同盟會內部痛心於廣東革命力量的削弱，同時深感在南方邊陲起義對全局影響不大，很多人謀劃在長江流域壯大力量，發動起義。一九一○年，宋教仁來到上海，與陳其美等成立了同盟會中部總會。陳其美，浙江吳興人，一九○六年在日本加入同盟會。陳其美這個人，俠義豪爽，喜愛冒險，在上海這口大染缸裡浸染多年，人脈廣關係硬，黑白兩道都熟。他本人經商多年，在新興工商業群體中尤其吃得開。後人記住陳其美，可能是記得他是陳立夫、陳果夫的叔叔，更記得他是蔣介石的拜把兄弟，是他把蔣介石引薦給了孫中山，彷彿他是站在蔣介石和兩個侄子背後的模糊影像。其實，在一九一一年前後的滬寧杭，陳其美是響噹噹的名字，是同盟會在東南的中流砥柱。如果說其他奔走呼籲革命的同志也有響亮的名氣的話，那麼有一樣事情是他們不能和陳其美相比的：陳其美在上海地區累積多年的實力。

武昌起義捷報傳到上海，陳其美感到的除了喜悅，更多的是緊迫感。他召集親信，說：「今日武昌為首義之區，南北兩京尚在滿清之手，

各省自聽命於武昌。而武昌起義者，又均系光復會人。長江一帶，本為光復會勢力所瀰漫，今以首義示天下，同盟會將無立足之地。所以吾人為同盟會計，為報答孫先生多年奔走革命計，不得不繼武昌而立奇功於長江下游。」武漢的共進會、文學社雖然從同盟會分化而來，但獨立性很強，武昌起義就是他們獨自策劃的。它們和光復會關係密切，領導人交流頻繁。如今，光復會又策劃東南起義。陳其美馬上意識到同盟會落於人後，擔心革命成功後各地為其他革命黨人控制，同盟會不能掌握政權。爭強好勝的陳其美急於要為同盟會正名，要為同盟會掌握一處政權。

陳其美投入了緊張的準備：他聯絡各報館，及時傳達起義消息，悉力鼓吹革命。他又與李燮和聯絡，謀劃共同起義。李燮和向水陸各處軍警攤牌，後者紛紛表示贊同革命，很快就組織了光復軍。陳其美還透過富豪李平書疏通了上海城內外商團的工作，商團答應參與起義。短短十幾天時間裡，上海地區氣氛轉向，人心傾向革命。清朝官員看在眼中，懾於革命威勢，不敢干涉，也不做預備。陳其美胸中的目標非常遠大，又跑到杭州聯絡同志、會黨，約定十一月六日上海、杭州共同起事。他希望先占據上海、杭州，以此為基礎奪取整個東南地區。

當時，青年蔣介石正在日本軍隊中擔任候補士官生。國內革命熱火讓這些年輕人按捺不住，急於歸國革命。蔣介石向師團長請假遭到拒絕，又向聯隊長商洽。聯隊長在職權範圍內，給了蔣介石最大時限的假期：四十八小時。蔣介石毅然請假，他迫切需要一個離開軍隊的機會。和他一同請假的軍校同學，還有張群等。暗地裡，軍中上下都知道蔣介石等人要逃回國參加起義，都睜隻眼閉隻眼而已。軍中悄悄地為他們設宴惜別。主持歡送會的日本軍官高舉著酒杯，為蔣介石等人送行。蔣介石一行人抓緊時間，先乘火車到了東京，分別向本省同盟會的東京支部領取旅費，再前往長崎，登上了開往上海的輪船。為了掩蔽身分，他們

脫下軍裝，寄回聯隊，同時準備了毒藥，預備在遭到緝捕時自殺。所幸，蔣介石、張群等人順利抵達上海。當時是十月末，蔣介石二十四週歲生日前夕。

回到上海，蔣介石等人首先去拜訪陳其美。後者正忙於組織上海和杭州的同時舉義，就指示浙江籍的蔣介石前往杭州，參加當地起義。蔣介石不顧旅途勞頓，立刻和同志奔往杭州。他的老家奉化縣溪口鎮離杭州不過一百三十公里，蔣介石非但沒有回鄉看望母親和兄長，還寄去絕命家書，表示要殺身成仁為革命殉命。按照起義計畫，蔣介石負責指揮敢死隊。敢死隊員除了血氣方剛的年輕革命者外，還有秋瑾的餘部、紹興王金發帶來的會黨成員。

十一月二日，情況發生了突變。吳淞口出現了五艘清軍軍艦，停泊在那準備裝運江南製造局的槍砲彈藥。據說這五艘軍艦是從武漢方面來的，準備裝足軍火返回支援清軍的。陳其美得到緊急情報後，立即約李燮和商議攻打江南製造局。李燮和說：「要光復上海必須攻克製造局。

但製造局守備強大，不經過死戰啃不下來。一旦僵持不下，蘇州的程德全就可能派所部水陸軍警增援，半天時間就能到達上海。」因此，李燮和覺得提前攻打製造局太冒險，不同意。陳其美將清軍軍艦停泊吳淞口的情報告訴了李燮和，說：「清廷方以軍艦運製造局械彈，上駛漢口濟馮國璋，倘不先事定上海以伐其謀，武昌且危。」兩人都覺得不能讓上海的軍火去屠殺武漢起義軍，決定提前到明天（三日）午後四點起義。

十一月三日，閘北巡警率先發難，光復閘北。商團武裝緊接著在南市起事。上海道臺、知縣保命要緊，倉皇逃往租界。陳其美不等各路起義軍彙集，就率領敢死隊和部分商團進攻江南製造局，企圖搶奪頭功。

江南製造局是清朝在上海地區最堅固的堡壘，生產存儲了大量的槍砲彈藥。製造局總辦張士珩在武昌起義後日夜戒備，親自帶著衛隊巡查

守備，嚴密控制工人。李平書曾勸他不要接濟清軍軍火，張士珩不聽。

李平書再開導他說：「清朝人心開始瓦解，你就是守住一個區區的製造局，又有什麼用呢？不如為自己籌劃保全之策。」張士珩還是不聽。看來他是頑固到底了，只能硬拚了。陳其美帶上人強攻，子彈如雨、炸藥橫飛，張士珩死命地反抗。激戰了數小時，起義軍硬是攻不下製造局。

陳其美著急上火，頭腦一熱，決定單槍匹馬進入製造局幫張世珩疏導一下觀念思想，試圖像之前爭取清朝軍警和民間商團那樣把張士珩爭取過來。結果張士珩沒被爭取過來，陳其美是自投羅網，成為人質。李燮和聞訊，火速組織起義軍警全力赴援。圍攻製造局的起義軍實力大增，攻勢一陣超過一陣。張士珩見大勢已去，這才逃入租界。起義軍占領製造局後，到處尋找陳其美，最後在廁所旁儲藏鋼鐵的小房裡找到戴著鐐銬、髮辮繫在牆上的陳其美。他已經被折磨得手足麻木，不能走動了。

江南製造局被攻占的時間是四日上午八時，宣告上海光復。陳其美被推舉為滬軍都督。

上海決定提前起義，並沒有及時通報杭州。當時蔣介石正在從上海返回杭州的火車上 —— 之前他去上海接收了一批敢死隊員。十一月三日晚上，蔣介石和敢死隊員分住在城內奉化試館及仁和火腿店內待命。當天深夜，杭州同志們才得知：「陳其美已在上海發難，光復在即。」一時間，大家摩拳擦掌，不甘落於人後。杭州城內人心惶惶，謠言四起。

四日，浙江巡撫增韞想出了一個應對辦法：他強裝鎮定，輕裝簡從，在杭州鬧市招搖過市，表示局勢還在官府控制之中，自己臨危不亂胸有成竹。但一九一一年的杭州不是幾千年前的小城，演這種小把戲已經不能穩定民心了。杭州人看巡撫如此反常舉動，人心更加不安了。一回到巡撫衙門，增韞立即召開官紳會議，商量對策。大家討論來討論

去，多數人還是建議不如宣布獨立，爭取主動。增韞開了一個下午的會，終於意識到：為了避免殺身之禍，最好的辦法是宣布獨立。可惜的是，還沒等增韞把獨立告示草擬好，外面的槍聲先響了。

起義爆發了！起義的先鋒就是敢死隊。杭州的新軍雖然傾向革命，但駐防城外，交通不便，加上清朝官府嚴格控制武器，每一士兵分配子彈不滿五發，相反給八旗駐屯軍裝備了充足的軍火。實力懸殊，革命者將起義的希望寄託在敢死隊身上，希望他們能發揮尖刀的作用。蔣介石、王金發等人不負期望，迅速組織起來向巡撫衙門衝殺過去。隊員向衙門裡扔了兩枚炸彈，再派人翻牆進去打開大門，就順利地湧入了巡撫衙門。巡撫衛隊沒有反抗，士兵們自動放下武器，還制服了搬出機關槍就要掃射的教練官。敢死隊一舉攻占了大堂，可就是找不到增韞。原來，增韞聽到炸彈響，就從屋後垣牆間隙逃出，藏身馬槽。敢死隊員們從馬槽中把他揪了出來，關押在市內福建會館。同一時間，城外的新軍也順利入城，拿下了軍械局。凌晨，起義軍就控制了除旗城之外的地區。感覺敏銳的商家開始插出白旗，大書「歡迎」二字迎接起義軍了。很快，大街小巷白旗招展，和十一月五日的黎明一起迎接杭州城的光復。

天亮後，旗城周圍爆發了激戰。杭州將軍德濟指揮八旗駐屯軍，憑藉之前配備的強大火力，負隅頑抗。城內槍炮聲隆隆不絕，驚得立憲派跑到旗城中，勸說德濟放下武器，顧全大局。德濟不答應，甩開膀子和起義軍大打起來，堅持到下午八旗子弟不敵，落入劣勢。參領貴林等人逼德濟投降，起義軍又答應只要八旗駐屯軍繳械投降，保證旗民的生命財產安全，德濟這才下令投降。杭州全城光復。

接著，寧波、溫州、嘉興、紹興等相繼光復。起義軍和立憲派推舉原諮議局議長湯壽潛為都督，成立軍政府。蔣介石等從四面趕來的革命者遭到排擠。蔣介石返回上海，好在陳其美對這個小兄弟很看好，提拔

他當了滬軍團長。而綠林色彩濃厚的王金發因為湯壽潛與秋瑾被殺事件有關，反對推舉他為都督，結果他的意見並不重要，重要的是背後的社會群體。王金發最後被排擠回紹興，會黨分子也沒進入新政權。起義者浴血奮戰，最終政權還是為原來社會中的強勢群體所占據。軍政府成立後，鑑於增韞、德濟為官尚可，並無大惡（增韞還曾違背聖旨，沒有剷平秋瑾墳墓，而是暗中通知家屬遷走），將他們禮送出境。

上海、杭州相繼光復，蘇州的江蘇巡撫程德全的處境就危險了。尤其是上海光復後，蘇州失去了進出口的商埠和軍火供應地，官民人心動搖。從十一月三日起，蘇州的紳商、立憲派和革命分子就包圍程德全，勸說他反正。程德全和增韞一樣，猶猶豫豫，不說獨立也不說頑抗到底。

拖延到四日晚上，蘇州城內的新軍、革命黨人等不及了，發動了起義，很快就占領了蘇州城。第二天一早，起義軍衝進巡撫衙門，逼出程德全。

事到如今，起義軍還希望程德全能夠宣布獨立。程德全表態：「值此無可奈何之際，此舉未始不贊成。」為了表示順應革命，程德全叫人用大竹竿將巡撫衙門大堂屋簷上的瓦片挑去幾片。瓦片落地破碎，清朝的江蘇巡撫衙門也就變成了革命後的軍政府。程德全比增韞幸運，在立憲派的支持下當上了江蘇都督。

至此，滬寧杭地區全部落入革命黨的掌握之中，從經濟和文化上動搖了清朝的根本。

東南光復，是同盟會和光復會共同努力的成果，雙方擁有各自的軍隊。同時，立憲派掌握著不少地區的政權。三方很快對滬寧杭三地的政權控制權展開了競爭。

三地中，上海的滬軍都督府最為重要。上海是當時最大的商埠、最繁榮的經濟重鎮，還是人口大市。光復後，陳其美利用在上海工商業群

體中的龐大人脈，迅速擠掉李燮和，建立了清一色同盟會會員組成的都督府。李燮和被排擠到吳淞，索性另立了一個軍政分府，與陳其美對抗。

雖說是分庭抗禮，但吳淞軍政分府完全不能與滬軍都督府相比，陳其美控制著豐裕的人力、物力和財力，將上海逐漸建設成同盟會堅固的堡壘。在辛亥革命期間，滬軍都督府向各地革命軍供應大批軍火和相當數量的軍費，作了很大的努力。軍政府多次召集大會號召各界助餉，黃興、陳其美、程德全等都曾親自登臺動員。上海資本家紛紛認捐，並組織募捐團體，推動各行業助餉；文化界組織了宣講社、募餉團四出活動；京劇演員發起義演助餉，書畫界舉辦書畫助餉會，以墨潤助餉；清貧的文教界也不甘落後，學校師生踴躍捐款，同盟會控制的《民立報》報館全體職工每月捐助薪水的五分之一資助革命。各地起義軍遇到後勤困難，都找滬軍都督府，向陳其美求助；南方獨立各省軍隊調動，都以上海為中轉樞紐和兵站。海外革命黨人也紛紛趕回上海，再奔赴各地革命。無形之中，武漢雖然是首義之地，但上海很快後者居上，成了事實上的革命中心。

因為上海為同盟會控制，也就意味著同盟會掌握著革命的事實中心。

上海行政上歸江蘇管轄，立憲派控制的江蘇軍政府試圖在行政上對滬軍都督府發號施令，進而控制上海。蘇州光復後，立憲派聯名上書滬軍都督府，藉口「上海亦蘇省之一部分，若行政亦經分立，殊與全省統一有礙」，以行政統一為理由要陳其美拱手交出政權，交給程德全。陳其美在上海灘練就了一身精明，當然不會為冠冕堂皇的理由所誘惑。地盤，在亂世中永遠是最大的籌碼。陳其美對立憲派的建議不置一詞，將江蘇軍政府的指令一律置之度外。

立憲派咒罵陳其美是「無賴」，滬軍都督府經常受到掣肘。陳其美巍然不動，上海政權始終控制在同盟會手中。政權爭奪一直持續到臨時政

府成立之後。陳其美的壓力越來越大，以退為進，三次呈請辭去都督，取消滬軍都督府。陳其美在呈文中揭露：「上海地處交通，人人得而求備，而地居下邑，事事為人阻撓……（江蘇）對於滬上各機關人員，委任非專，號令不便。管轄上既無統一之權，事實上乃有衝突之勢，牽制如此，無事可為。且凡百收入，均被各方面爭之而去；凡百支出，均由各方面誘之而來。縱系巧婦，無米難炊，雖極肝腦塗地之誠，豈能收戮力同心之效？」結果，滬軍將領、地方士紳聯名，分別電請孫中山任命陳其美為江蘇都督──既然他人一直藉口上海是江蘇的一部分，那就乾脆任命陳其美為江蘇都督算了。有了上海方面的強硬團結和孫中山的強力支持，陳其美屢次得到慰留。上海的特殊地位就此開端，最終從江蘇劃出。

滬寧杭的獨立，是十一月上旬的事情，可算是武昌起義後的第二波獨立浪潮。

南國烽煙

在一九一一年的最後歲月裡，嶺南、西南各省陸續獨立，掀起了第三波獨立浪潮。

十月十日當晚，廣西省會桂林電報局的革命黨人吳某在電波中得到了一個令人振奮的消息：當晚武昌新軍起義了！他馬上把這個消息傳給廣西同盟會支部。廣西革命者成了第一批得知首義消息的同志。

廣西新軍中的革命勢力也非常強大。一九〇九年後，歸國的日本留學生、保定軍官學堂學生與內地革命黨人匯聚桂林，滲透進入陸軍幹部學堂、陸軍小學堂、新軍混成協、督練公所、警察教練所以及諮議局、法政學堂等重要部門。其中廣西陸軍小學在創辦之初即為革命黨人的巢穴。

它雖然是清廷的陸軍基幹訓練機關，但校內平時極少提到「忠君」一類的話。有也是為敷衍遠道前來視察校務的欽差而說的。同盟會在陸軍小學附近成立「軍事指針社」，專門在陸小學生中吸收同志，選擇的對象都是成績優異有血性的青年。比如身材矮小敦實、皮膚黝黑的鄉間學子李宗仁在廣州起義半年之前歃血為盟，被吸收進了同盟會。

十一日，電報局又傳來激動人心的消息：武昌起義成功，宣布成立中華民國軍政府。廣西同盟會支部長耿毅等遂決定在重陽節（十月二十九日）晚十二時舉行起義。起義的主力是駐紮在桂林南郊的新軍混成協及學兵營約兩千人，其基層軍官均受革命黨人薰陶，士兵多是桂林周邊的知識青年；此外還有陸軍小學的學生及支持同盟會的會黨數百人。清朝官吏非常驚恐，將廣西巡防營六個大隊開進桂林城，加強防衛。

天有不測風雲，二十九日下午起，桂林突發狂風暴雨，雨越下越

大，到晚上城郊道路變為一片汪洋。即便如此，起義還是在當晚如期舉行。

新軍混成協三個營的起義隊伍在向桂林進發途中，為郊外暴漲的河水阻隔。城內外的起義人員終因不能會合而被迫停止了起義。桂林官府聞訊，調撥水師船隻在灕江和各碼頭加緊巡邏搜查，使得革命黨人再次起義的難度加大。

幾天後，耿毅決定單刀赴會，去說服廣西布政使王芝祥宣布廣西獨立。他和兩名會黨槍手，每人身佩兩支手槍、四顆手擲炸彈，闖入布政使衙門。衙門外還暗藏了二十多名革命黨人祕密策應。王芝祥是河北人，不僅是廣西政府的二把手還身兼中路軍統領，是省內實權人物。耿毅三人預備著，如果王芝祥配合獨立尚好，如果王芝祥翻臉，就與他同歸於盡。見面之後，耿毅也不多說，就把手槍和炸彈亮在王芝祥面前：「我們今天說好就說，說不好就這個！」這一下子就把王芝祥給鎮住了，接著耿毅對他曉以民主共和的大義，又表示，廣西獨立後革命黨人絕不待在廣西，而要北上增援武漢同志，廣西的都督還是由你們來決定。軟硬兼施下來，王芝祥表示贊同革命，並願意去做廣西巡撫沈秉堃的工作。

那一邊，廣西諮議局已經在敦促巡撫沈秉堃宣布獨立了。十月三十一日，同盟會員劉崛依靠當地的綠林兩千餘人攻下廣西東部重城梧州，全省震動。桂林城內人心浮動，社會上流傳起義和攻城就在眼前。桂林工商界擔心戰事損害利益，集會請求沈秉堃獨立。十一月六日，諮議局再次勸巡撫沈秉堃、布政使王芝祥：「廣西協餉全靠湖南、廣東等省協餉補助，現在湖南已宣布獨立，倘廣西不宣布獨立，則湖南、廣東的協餉定不會來，財政方面怎能支持？梧州已經獨立，省內各處都在醞釀行動，桂林將成為一座孤城，如何能守？新軍、民軍、會黨都準備起事，萬一發生戰事必致地方糜爛，怎對得起地方父老和各界人士？」沈

秉堃、王芝祥無言以對，被迫在當日宣布廣西獨立。沈秉堃被推為廣西軍政府都督，王芝祥與廣西提督陸榮延被推為副都督。

這樣的獨立，是極其不穩定的。沈秉堃等人本沒有革命的意識，各方面反革命的力量又保存完好，隨時可能出現反覆。但是，樂觀的廣西革命黨人卻很快組成以新軍革命骨幹為主的敢死隊，日夜兼程，冒著冬季南方的寒雨，奔赴武昌。（後來，這支廣西援鄂部隊又開拔到了南京，改編為著名的第八師。當年還是年輕小夥子的白崇禧就在這支敢死隊中。）廣西革命勢力削弱後，巡防營的頑固勢力蠢蠢欲動。巡防營官兵多數是湘軍舊部，他們就策劃兵變，槍殺革命黨人，然後在桂林劫掠一番（重點是搶劫廣西藩庫），最後返回湖南老家。王芝祥獲悉後，從藩庫取出五千兩白銀安撫軍心。但仍有一小撮官兵頑固不化，仇視革命。

十一月九日晚上，桂林民眾提燈遊行，慶祝廣西獨立。就在大家歡聚一堂的時候，巡撫衙門的舊衛隊首先放槍作亂，鼓樓上的巡防營官兵則向人群射擊，接著關閉了四方的城門。兵亂開始的時候，革命勢力在郊外新軍兵管能夠集中的軍隊很少，而且大多是軍校的學生。其中就包括陸軍小學的學生李宗仁。

革命軍沒有能力彈壓亂軍，只能採取守勢了。當晚桂林城一片混亂，許多剪了辮子的民眾被殘害，陳屍街頭。沈秉堃身為軍政府的都督，想到的不是如何調兵鎮壓叛亂，而是自身安全。他學瑞澂在巡撫衙門的後牆打了一個洞，帶上眷屬，在親兵掩護下急匆匆往北逃走了。副都督王芝祥調兵遣將，才在第二天早上將亂兵鎮壓了下去。可是，都督沈秉堃找不到了。廣西各界就以都督下落不明為由，推舉陸榮廷為廣西都督。陸榮廷是出身舊軍隊的綠林好漢似的人物，盤踞南寧，這導致了日後廣西的省會從桂林遷徙到南寧。

桂林叛亂的當天，廣東也獨立了。

廣州起義被鎮壓後，兩廣總督張鳴岐大舉清鄉，企圖消滅響應革命的會黨幫會。清兵四出掃蕩，騷擾百姓，反而進一步失去了人心。武昌起義爆發後，廣東革命黨人和民眾聞風而動。十月二十四日，新任廣州將軍鳳山抵任。他剛踏上廣州的碼頭，就連人帶轎被革命黨人李沛基用炸彈炸得粉碎。消息傳出，廣州官吏無不為之喪膽。張鳴岐、李準更是惶惶不可終日。革命形勢越發展，他們就越覺得自己手上沾染了革命者的鮮血。

但是在力量對比上，張鳴岐等人占有絕對優勢。廣東有舊軍編練而成的陸軍第二十五鎮，由龍濟光為統制，全軍超過一萬人。而革命黨人經過廣州起義的失敗後，實力大損，軍事人才喪失殆盡，無力組織起義。

張鳴岐急令龍濟光把全軍調到廣州附近，陡增了許多底氣。所以當江蘇巡撫程德全十三日請張鳴岐會銜，奏請朝廷改組內閣、宣布立憲時，張鳴岐以「時機尚為至」回答，拒絕上奏。他對革命是既擔心，又心存僥倖，採取觀望態勢。廣東的士紳巨賈卻沒有張鳴岐那麼樂觀，看出革命是大勢所趨，希望張鳴岐宣布獨立。十月二十五日，省內各大團體開會。

清鄉總辦江孔殷在會上發言：「廣東提倡獨立，不如利用官府改良獨立，當求完全，不可糜爛。」聽眾熱烈鼓掌。大會決議：舊日專制政府，政治勢力已失，共和政府勢力已成，應即承認共和政府。

二十九日下午，各團體再次集會，有人拿出上書「廣東獨立」四字的一面白旗，由工人溫東用竹竿挑起招展。有人大呼：「廣東獨立萬歲！」應和之聲震瓦壁。溫東高舉旗幟在前引導，眾人尾隨其後，向兩廣總督衙門進發。沿街各商店也張旗、宣燈，鳴放爆竹，表示擁護。請願隊伍到達總督衙門時，已經形成了兩萬餘人的龐大隊伍。大家要求張鳴岐立即宣布獨立，與清廷脫離關係。張鳴岐避而不見。廣州商民不知

道確切情況，各商舖以為廣東已經獨立了，紛紛燃放爆竹，或在店前樹立旗幟燈籠。一時城廂內外，甚至周邊城市爆竹聲不絕於耳，從黃昏放到三更天後聲響才弱下來。

當晚，張鳴岐得知清軍在武漢前線獲勝，底氣又足了起來。他下令龍濟光派兵到大街上撕扯旗幟、標語、燈籠，逮捕倡言獨立的人。張鳴岐貼出布告：「本晚西關河南，紛豎獨立旗幟，顯有匪徒主謀。希圖擾亂人心。」要求嚴加剿辦。總督衙門防範森嚴，全城封閉，只開大南、小東兩門出入，還挖掘新豐街的街石趕築炮臺。如此一來，廣州一片混亂，各商舖多以鐵鏈鎖門，或用木板釘蓋，街上行人寥寥。廣東獨立形勢急轉直下，看似沒有希望了。

堡壘最容易在內部被攻破。廣東的光復，最後的推動因素竟然是清朝內部的權力矛盾。水師提督李準手握重兵、忠於清朝，是鎮壓廣州起義的元兇。廣州起義時，張鳴岐隻身投奔李準，全靠李準調兵遣將才保住了廣州。之後，李準以為憑自己功勞，會加官晉爵，頗為洋洋自得。

不料，張鳴岐不能忍受李準的居功自傲，更害怕李準動搖自己的地位，提拔龍濟光為統制，調他的軍隊到廣州，地位在李準之上。李準的失落和不滿，可想而知。胡漢民等人洞察其情，派人離間張李兩人。張鳴岐對李準更加猜疑，奪走了李準所屬的部分軍隊，還把虎門要塞的大砲撞針收繳走了。李準更加不滿，同時也擔心自身處境。他想反正，推翻張鳴岐，推動廣東獨立，以功贖罪。可他也知道革命黨人對他恨之入骨，許多人覬覦著他的項上人頭。李準擔心即便自己反正，也不容於革命黨人。於是，他派出幕僚到香港與同盟會接觸，希望反正後能給自己留條生路。同盟會答應了李準的條件。胡漢民給李準寫信，信中大談民族大義，明確李準如果能幡然醒悟，從清朝政府的立場轉變到國民立場上，大家就化敵為友。李準馬上次復，表明當盡力為民，革命黨人如果

直取廣州，自己願做內應。

李準說幹就幹。張鳴岐並不足慮，可怕的是掌握軍隊的龍濟光。李準先禮後兵，派人去遊說龍濟光，動以至誠，希望他能夠在革命中按兵不動，以免兵禍殃及百姓。龍濟光是張鳴岐的愛將，深得後者栽培，可面對洶湧澎湃的革命浪潮，龍濟光對前途也喪失了希望，不願意與革命黨人硬碰硬。既然李準提供了一條能夠避免冒險的方法，他欣然接受。龍濟光明確表示和李準一道站在革命一邊，拋棄了張鳴岐。

張鳴岐就此成了孤家寡人。李準再派部下去見張鳴岐，下通牒說：「我決心率領部下官兵和各炮臺反正，請總督不要貪慕虛榮，貽害地方。」張鳴岐吃驚不小，對自己的立場仍猶豫不決，還想看看各省起義的成敗再決定自己的行動。李準爭取到龍濟光後，傳令所部水陸各軍、沿海炮臺同舉義旗，各部悉受命令。李準部署完畢，打電話告訴張鳴岐，說自己已經與革命軍連繫好反正。反正的軍隊比張鳴岐控制的部隊強大，而且四江軍艦集中省城，炮口對準總督衙門，請張鳴岐「好自為之」。張鳴岐接完電話，趕緊召龍濟光來商議對策。張鳴岐問龍濟光：「能打敗李準嗎？」龍濟光明確回答：「不能。」張鳴岐知道大勢已去，偷偷在十一月九日黎明逃往沙面英國租界，由那裡乘船逃往香港，做起了寓公。

原本，士紳們有意推舉張鳴岐為獨立後的都督。九日上午，各界代表數千人再在諮議局開會，經商議推舉張鳴岐為臨時都督，龍濟光為副都督。代表們將印信送到總督衙門，撲了個空，這才發現張鳴歧逃走了。

龍濟光也不願意擔任副都督。於是，代表們重新推舉胡漢民為都督。李準下令各炮隊軍艦一律升起國民軍旗，並電邀胡漢民來廣州。

消息傳出，萬眾歡騰，爆竹如雷。當天中午十二點，水師公所首先高懸國旗、軍旗，鳴炮志賀。各兵船、衙署、局所，一律同時升旗鳴炮。

城內外各商店都掛旗，有寫「中華民國萬歲」的，有寫「民國軍萬歲」的。

廣州反正前，陳炯明已經在惠州起義，擁有七旅民軍。李準反正後，又說服惠州清軍向陳炯明投降。陳炯明就此成為廣東革命黨人中最有軍事實力和影響的人物。不久，各界補選陳炯明為副都督。

廣東獨立後，東南沿海只剩下福建一省沒有獨立了。

福建同盟會在學界、商界都有良好的基礎。地方民團也掌握在革命黨人手中，福建保甲局總辦彭壽松就傾向革命，後來被福建布政使彈劾罷官後乾脆加入了同盟會。但是革命黨和軍隊的關係有限。新軍中的革命力量並不強。武昌起義前夕，彭壽松發起組織福建軍警同盟會，吸收新舊軍官兵和警察參加革命，開始籌劃起義。

武昌起義發生後，閩浙總督松壽將福建新軍視為眼中釘肉中刺，時時處處加以限制，將新軍彈藥全部收繳，保存在旗城中。新軍官兵產生強烈不滿情緒。革命黨人趁機爭取新軍將領，新軍將領紛紛加入同盟會。十月三十日新軍第十鎮第二十協統領許崇智、十一月五日該鎮統制孫道仁分別宣誓加入同盟會。

革命黨人覺得起義時機成熟了，遂定於十一月十二日起義。

諮議局也開始推動獨立。七日下午，諮議局開會，一致決議所有福建之政務由新政府施行，八日正式勸閩浙總督松壽交出政權，令繳駐防營軍械。權力的交接從來伴隨著或明或暗的血雨腥風，諮議局這種和平接收政權的願望只能是一廂情願的幻想 —— 更何況松壽手上還掌握著相當強的實力。果然，松壽接著諮議局的通牒後，不僅不交權，還命令軍隊整頓備戰，計劃第二天次直撲諮議局，消滅首腦。福州城中駐屯的八旗子弟則組織殺漢隊，企圖配合松壽大開殺戒。在這種情況下，同盟會決定當晚提前起義，用武力消滅頑抗的敵人。

當天晚上，革命黨人、反正官兵、各校學生和會黨分子迅速集合起來，向各個目標發動攻勢。九日零時，起義開始。反正的新軍迅速占領福州城內的制高點於山，在北面山腹布防，裝置大砲。彭壽松率軍警、會黨分子組成的炸彈隊攀登上山，與新軍會合。

起義軍的主要敵人是福州的八旗駐屯軍。福州將軍樸壽上任後，招募了精卒四千人，專心訓練。這支軍隊在各地駐屯軍中，戰鬥力較強。

旗兵得知起義爆發，迅速布置工事，以法政學堂為中心點，占據民房頑抗。他們四處放火，企圖阻止起義軍的進攻。新軍和炸彈隊在炮火掩護下勇敢巷戰，逐步打退旗兵。旗兵死傷數百人，退入旗城。將軍樸壽先寫信求降，後又想逃跑，被起義軍活捉，關押起來。總督松壽聽說旗兵失敗，吞金自殺。

旗城的戰鬥還在繼續。十日黎明，旗城掛起白旗，起義軍正準備受降，不料這是旗兵的詐降。旗城乘起義軍疏於防備，突然殺出數百旗兵，直撲於山，劫奪大砲。起義軍拚死護炮，和旗兵展開肉搏。許崇智等將領也親上火線拚殺，終將敵人殺退。樸壽乘旗兵反撲時逃出，被抓回即行正法。之後，旗兵零星的反對相繼被撲滅。福建透過戰鬥，宣告了獨立。

點燃辛亥革命導火線的四川地區，在獨立道路上一波三折。

保路同志會在四川各地組織了同志軍，革命黨人加入其中居主導地位，清朝各級官府已經在事實上對地方失去了控制。先是榮縣宣告獨立，十一月二十二日川東重鎮重慶宣布獨立，隨後其他各府、州、縣陸續獨立，剩下省城成都成了被革命勢力團團包裹的孤島。城內的立憲派和總督趙爾豐等人都不希望出現血流滿地的場面，商議著和平移交政權。十一月底，成都召開四川官紳代表大會，宣布脫離清政府獨立，成立大漢四川軍政府，原諮議局議長蒲殿俊任軍政府都督，陸軍第十七鎮

統制朱慶瀾任副都督。趙爾豐將政權移交給蒲殿俊，蒲殿俊保證趙爾豐等原清朝官吏的生命和財產安全。不過，趙爾豐雖然下臺了，還擁有相當的實力：副都督朱慶瀾是他的親信愛將，還有三千人的巡防營尚且歸趙爾豐直接指揮。

政權接替時的破壞性在這個時候的成都展現無餘。舊的體制結束了，新的權威沒有及時建立起來。成都塞滿了保路同志軍、袍哥等幫會分子、失去控制的前清官兵，局面日益失控。蒲殿俊是進士出身的傳統士紳，沒有一兵一卒；朱慶瀾也缺乏強硬的性格，加上他的那一鎮新軍實力並不強，控制不了局面。所謂的四川軍政府，除了頭面人物外，沒有固定的政權。於是，成都街頭出現了成群結隊頭頂英雄結，腰纏飄帶的「英雄好漢」，扛槍持刀，招搖過市。很多研究者相信，倉促交出政權的趙爾豐，眼看民國政府並沒有成立，而北京的朝廷還控制著北方廣大地區，心中難免後悔交權。於是，趙爾豐還在暗中操縱形勢，煽動兵變。

近年來，又有人認為，蒲殿俊、朱慶瀾的軟弱無力無所作為，對成都的混亂局面造成了推波助瀾的作用。總之，短短幾天內，獨立後的成都治安惡化，民怨沸騰。

十二月八日，軍政府在成都東校場檢閱軍隊，可能是為了慶祝獨立，也可能是都督蒲殿俊想以此來扭轉混亂局面。當天，大批軍隊和大量混雜在軍隊中的暴徒、幫會分子湧入東校場。蒲殿俊穿著上將軍服，在嘈雜的環境中發話聲明。原本軍政府曾答應給軍隊發放三個月的「恩餉」（也就是額外的薪資），現在蒲殿俊在聲明中承諾給官兵發放一個月的「恩餉」。頓時，臺下噓聲四起，秩序大亂。後面有士兵鳴槍起閧，很快發展成向主席臺放冷槍。蒲殿俊哪見過這陣勢，嚇得面無人色，在兩個衛士的保護下倉皇而逃，不知去向。閱兵變成了一場大混亂的序曲，士兵們鬧哄哄地散出東校場，去藩庫搶劫官銀。事後查點，當天四川藩

庫丟失官銀八百萬兩。遲到一步、沒有搶到官銀的亂軍，就從已經搶到銀子的人手中爭奪，將刀槍對準他們。還有人擁至成都市內，搶劫當鋪、商行和富戶，還四處放火。城中一片混亂。繼都督蒲殿俊不知去向後，副都督朱慶瀾控制不了軍隊，也逃遁出川。

當時在成都讀中國的十九歲樂山少年郭沫若目睹了這一幕亂象：有個人身穿灰鼠皮馬褂，下身穿狐皮袍子，在街上匆匆行走，準備趕往城外。路中，那個人忽遇本地哥老會的「自衛團」，喝令他停住。幾個人扭在一起，其中有個哥老會成員手快，一梭鏢就把那位爺捅個透心涼——這位兵爺搶劫後「化妝」不嚴謹，上身軍裝雖脫，卻忘了換那條有紅豎紋線的軍褲，故而被認出。幾個人翻剝屍體，從這位兵士屍體上又剝上好幾層狐皮好衣服，貼身的，竟然是一件女式皮襖……

這時候就需要一個強權人物出來穩定局勢了。曾經擔任過陸軍小學堂總辦的四川本地軍官尹昌衡在新軍中經營多年，又加入過幫會，是四川袍哥大佬，人脈很廣。軍政府成立後，蒲殿俊拉他做了軍事部長，想透過他穩定軍隊。成都大亂的時候，尹昌衡迅速逃離出城，從城外調遣了幾百部隊，連夜入城平叛。依託他之前經營的人脈，再加上諮議局羅綸的支持，尹昌衡最終控制了成都——實際上，很多亂軍看到「尹大哥」來了，紛紛從亂軍搖身變成了鎮壓亂軍的正規軍。尹昌衡再宣誓「五族共和，滿漢一體」，說服了城內的八旗子弟，收繳了他們武器，穩定了局勢。

尹昌衡平定叛亂後，理所當然地將軍政府都督一職攬入囊中（有說是他自己任命自己的，有說是被成都軍政各界會議推舉的）。尹都督比蒲殿俊有手腕得多，也強勢得多。當時很多人擔心依然指揮巡防營的趙爾豐暗中復辟，威脅軍政府。尹昌衡就謙恭地去拜訪趙爾豐，態度誠懇地說服後者交出了巡防營。趙爾豐對尹昌衡的印象很不錯，沒想到十二

月二十二日凌晨，尹昌衡指揮所部闖入趙家，把沒有一兵一卒又臥病在床的趙爾豐逮捕了。「成都血案」的受害家屬和對川漢鐵路股份念念不忘的人們，對趙爾豐恨意難消。更多的人開始瞎起鬨，於是趙爾豐的噩運就被決定了。尹昌衡在皇城內召開公審大會，群情激奮，要求將趙爾豐斬首。最後，年邁的趙爾豐被押至貢院斬首示眾。此事長久以來被當作「革命功績」來宣揚，直到最近幾年，人們才開始意識到趙爾豐其實是個能臣幹吏，在川藏事務上大有貢獻，且個人品行不錯。推翻一個舊體制的時候，能夠對革命構成威脅的往往是那些舊體制中開明的、有作為的且品行不錯的人才（比如趙爾豐，又比如端方），革命者將憤怒和功績都集中到他們身上。結果，真正對社會有用的人被革命烈焰吞噬，而舊體制中貪圖享受、明哲保身的庸才卻存活了下來。後者因為無能、無為和無用，不對革命構成威脅，反而是革命忽視和「歡迎」的人群。

成都動亂的時候，端方率領的部分湖北新軍到達了資州（今四川資陽）。

端方這支部隊是清朝在南方殘存的生力軍。為了挽救四川政局，清廷下令將趙爾豐革職，新任端方為四川總督。端方思想開明，傾向憲政改革，而且知道南方局勢已經糜爛，不是一城一地的得失可以挽回的。

朝廷需要的是整個大體制的改革，需要緩和百姓的憤怒。他既知事情不可為，就想回北京向最高統治者面陳機宜。遺憾的是，局勢不允許他這麼做。

端方計劃啟程的時候，還沒有得到成都獨立的消息。資州知州將成都的混亂消息告訴了端方，端方決意還京。但是資州當地士紳包圍他，請求：「端公別走。您如果反正，成都唾手可得，到時大家都會推舉您為都督。況且，現在端公率領的部隊已經出現了譁變的跡象，如果您不反正，恐怕禍起蕭牆。」地方士紳的話沒錯，端方帶來的湖北新軍內部

有革命傾向，端方最好的對策就是率領這支生力軍攻入成都，自己當都督。端方的可悲之處，就在於他雖然開明，了解民主憲政，卻對清朝愚忠，堅持要回北京。士紳們再次請求說：「端公如果擔心成都不能容，可以在資州易幟反正，我等可函致各地士紳來資州擁您為主，公幸勿疑。」端方長嘆：「如果我那麼做，有何面目見慈禧太后、德宗皇帝於地下哉！我計決矣，君等毋為我慮也。」地方官和士紳們見端方頑固不化，都嘆息而散。

軍隊拖了端方的後腿，讓他無法成行。新軍計劃響應革命，加上對前途迷茫無期，部隊軍心浮動。端方在資州盤桓多日，一來是他向成都的銀行借了四萬兩白銀發本月軍餉，借銀未至，二來是有土匪相約來投誠，他想等待他們如約而來（都什麼時候了，端方還想收編土匪，真是盡職）。端方越猶豫，軍心就越浮動。官兵們對端方進行消息封鎖，南北公私函電和同僚之間的信牘都被官兵們截留，到不了端方的手上。所以，端方只知道武昌新軍起義和成都局勢動盪兩件事情，對此後的各省獨立都一無所知。不過，新軍官兵們的消息是靈通的，他們知道得遠遠比端方多。他們要謀劃自身利益，想在大動盪中分得一杯羹。

端方所率兩標人馬統兵者分別是曾廣大和鄧某，都是端方擔任湖廣總督的時候提拔起來的，和端方有師生之誼。出發前，瑞澂又推薦了董海瀾給端方，端方任命他做了管帶，一起入川。一路上，端方為穩定軍心，極力籠絡部下。有士兵生病了，端方派弟弟到軍營問候；有士兵亡故了，端方親自修書哀悼；沿途官民勞軍的糧食，端方都先嘗毒；甚至有士兵行軍途中掉隊了，端方竟然下令僱轎抬著他。所以，端方得到了部分軍心，曾廣大也約束士兵，不讓大家亂動。

端方本來趕緊離開，或者偷偷離開都可以，不過他把成都銀行借銀的事情布告給了官兵。這批銀子遲遲沒有到，官兵們就不讓端方走。

十二月二十七日黎明，端方都整裝待發了，他任命的管帶董海瀾煽動部分官兵衝入端方的行館，把端方軟禁到側屋中，然後遍搜行篋，想得到些金銀財寶。結果，亂軍沒得到什麼銀兩，憤怒之下要殺端方。曾廣大為他求情說：「端方不是騙子，他想走就讓他走吧，何必殺呢？」他提議舉手表決要不要放走端方。結果舉手的人很少。曾廣大再三勸說，亂軍氣勢洶洶，懷疑曾廣大有異心，揚言要先殺曾廣大再殺端方。曾廣大不敢再說，大哭而走。亂兵把端方逼到行館的一間屋中，亂刃交下，又割下他的腦袋，返回武漢去了。端方的弟弟端錦見哥哥慘死，大罵亂軍。亂兵強迫他跪下，他不跪，也被亂刃刺死，被割下了腦袋。第二天，成都銀行的四萬兩銀子到達了資州，可惜挽回不了端方的命了。

據說端方在最後日子中，一再聲稱自己祖先姓陶，是漢人，明末清初的時候不得已才加入八旗的。為此，他還把名字改為「陶方」。不過此舉未能讓他脫離噩運。

金陵王氣黯然收

　　四川獨立後，長江以南各省全部光復，依然處在清朝統治下的只有江寧一座孤城了。

　　江寧，就是南京，是六朝古都、東南都會，當時處境非常危險。周邊的鎮江、常熟、江陰、宜興、南通、揚州等地的清朝官吏和守軍或起義，或不戰而逃，城市相繼光復。就連江蘇最北部的徐州，也在當地士紳組織下宣告獨立。南京被光復地區團團包圍，成了名副其實的大洋孤島。讓清廷聊以欣慰的是，困守南京的清朝官吏「忠君報國」，在四面楚歌的絕境中依然頑強地和起義軍對抗。

　　鎮守南京的清朝官吏主要有三個人。為首的是兩江總督張人駿。他是六十四歲的老臣了，直隸人（河北豐潤人），進士出身，宦海沉浮多年。城內駐紮著八旗駐屯軍，由江寧將軍鐵良統帥。鐵良，滿族人，曾任幕僚和侍郎，後赴日本考察軍事，回國後任練兵大臣、陸軍部尚書，對新舊軍事都很有心得，被視為滿族人中最「知兵」的人，是可以和袁世凱相對抗的實幹人才。可惜，載灃上臺後，認為鐵良不是自己「這一條線」上的人，非但沒有重用他，還將他貶到南京來養老，落得個眼不見心不煩。當時，鐵良已經五十八歲了。

　　第三個人就是五十七歲的江南提督張勳。這個人值得大書特書一下。

　　張勳，江西奉新人，出身貧寒，吃過糠、咽過菜，做過苦力受過責打，二十多歲投軍，目的只是混口飯吃。他和湖北張彪的經歷類似，都算得上是「苦大仇深」、「農苦人家」的苦孩子。但是參軍後，張勳因為頭腦簡單、為人忠厚（在新軍中經常受同伴欺負和鄙視），得到賞識，穩步升遷。據說八國聯軍侵華，慈禧太后西逃的時候。張勳不顧身

上有傷，寸步不離慈禧的車駕，日夜護衛，把慈禧感動得不行，直誇他是忠臣。

到革命爆發的時候，這個昔日的苦孩子已經擁有了榮華富貴和龐大軍隊了。晚清的時候，朝廷提拔了不少像張勳這樣的人，尤其是北洋新軍中有很多窮苦人家出身的將校。他們按照原來的仕途規律，幾乎沒有可能進入官場當官，能在社會上混個溫飽就不錯了，如今朝廷給了他們高官厚祿、鶯歌燕舞和強大的勢力，他們怎麼能不對清廷感恩戴德呢？相反，那些從小在溫柔鄉里長大的權貴，不是縮頭不吭聲就是望風而降、聞風而逃，讓清廷大為失望。

話說，張人駿、鐵良、張勳三個人都忠於清室，武昌起義後大肆搜捕革命黨人。遇著剪去辮子的青年，立即逮捕，押往刑場斬首，殺後懸首示眾。城內到處是手持大刀的舊軍，無辜青年嚇得戴上假髮藏在家中，不敢出大門一步。

進入十一月份後，東南一帶紛紛獨立。張人駿等人收攏南京周邊的軍隊，加固工事，防備革命軍來攻。南京城內的駐軍並不算少。占大頭的是舊軍，主要是張勳統率的江防軍和江寧將軍鐵良的旗兵，總兵力約二萬人。新軍編練為第九鎮，總數約七千人，統制為徐紹楨。新軍官兵傾向革命。廣州起義的指揮趙聲曾在第九鎮進行兵運活動，張人駿因此將他斥退。武昌槍響後，張人駿和鐵良認為新軍不可恃，調了江防營駐紮在新軍兵營附近，同時不顧徐紹楨的反對，斷絕了新軍的軍火彈藥補給，還收繳了官兵們在打靶和訓練的時候留存的子彈、搶走了營中的大砲和機關槍。新舊軍之後的對立情緒陡然上升，占據火力優勢的舊軍把炮口都對準了新軍兵營。眼看著火併一觸即發，城中的士紳、商家趕緊找張人駿請願：要打，也不要在城裡打起來啊！不如將新軍移往城外。張人駿覺得這個主意不錯，十月三十一日命第九鎮限期從市內移防至距

城六十五里的秣陵關。南京城的防務全部交由江防營和巡防營負責。張人駿給舊軍每人發足了武器彈藥,單單子彈就每人發了五百發,以防萬一。而出防的第九鎮的武器彈藥就可憐得多了,士兵平均每人僅有子彈三發。

即便如此,張人駿等人還對第九鎮不放心,命令舊軍把炮口都對準秣陵關方向,抽調城外舊軍包圍第九鎮。張勳則派人監視徐紹楨,觀察動靜。又有兩名滿族軍官,暗藏手槍,求見徐紹楨,企圖行刺。徐紹楨是廣東番禺人,中過舉人,考察過軍事,當過總兵、提督,當時已經五十歲了,本無意革命,但被張人駿等人苦苦相逼,胸中怒氣嚥不下去。部下原本就傾向革命,如今更是起義呼聲迭起。徐紹楨於是決心起義。反正被張人駿等人步步緊逼,難逃一死,不如揭竿而起,看看鹿死誰手?

徐紹楨聯絡南京城內同情革命的舊軍官兵,約為內應,定於十一月八日第九鎮以演習為名發難,襲取南京城。不料,城內的人自行於七日倉促起義,被張勳調兵鎮壓。張勳手下的悍將、江防軍統領王有宏親自用機關炮擊斃起事士兵二十餘人。舊軍中的革命官兵潰散。事後,南京城緊閉城門,全城戒備,如臨大敵。第九鎮官兵聽說城內已經起事,在十一月八日黎明誓師,兵分三路向南京城進發。南京城虎踞龍盤,周邊堡壘要塞眾多,加上幾個朝代的苦心經營,城防異常堅固。起義官兵非常英勇,發起連續衝鋒,都衝不破裝備精良、占據有利地形的清軍。加上起義軍彈藥嚴重不足,血肉之軀難以戰勝鋼鐵工事,廝殺到九日拂曉,起義軍傷亡慘重,彈藥用盡,被迫向鎮江方向撤退。之前,第九鎮某營管帶林述慶已經在鎮江起義,成立了鎮江軍政分府。徐紹楨就在鎮江收攏殘部,並向周邊獨立政權求援。

十一月十一日,滬軍都督陳其美分別致電江蘇都督程德全、浙江都

督湯壽潛，提議組織江浙聯軍，會攻南京，並推舉徐紹楨為聯軍總司令。

程、湯二人馬上覆電贊同。東南各處軍隊，紛紛向鎮江地區集結，計有鎮軍、浙軍、蘇軍、淞軍、滬軍，此外還有松江、江陰等地的巡防營，總兵力萬餘人。

江浙聯軍會攻南京城，是東南革命最堅硬、最困難的一仗。聯軍不敢怠慢，先派出一支部隊渡過長江，繞到南京城北，截斷清軍的後撤道路，然後各軍再開始對城外要塞發動進攻。十一月二十四日，淞軍及浙軍一部攻占烏龍山，乘勝又於次日晨攻克幕府山。聯軍趕緊在山上安置重炮，威脅城內清軍據點。同日，浙軍主力及鎮軍、蘇軍接近南京城牆，與清軍展開了一場遭遇戰。士氣高昂的聯軍在戰鬥中殲敵千餘，俘敵數百。

清軍統領王有宏被擊斃，大大挫傷了清軍的士氣。戰後，聯軍成功占領孝陵衛，前鋒抵達紫金山腳下。

張勳見聯軍步步推進，清軍處境不妙，在二十六日親自率領數千名清軍出擊，撲向幕府山、孝陵衛。張勳是玩了命地督戰，往前衝，聯軍是釘死在陣地上，寸步不讓。雙方反覆爭奪陣地，苦戰了一天。最後，清軍不敵，張勳撤回城中。聯軍乘勝肅清了城外殘存的清軍。

二十九日凌晨開始，聯軍對南京城發動總攻。浙軍進攻朝陽門、蘇軍進攻雨花臺，都被清軍居高臨下擊退。聯軍重新部署後，決定對雨花臺發動佯攻，主力先取城外製高點天堡城，然後俯攻南京。天堡城建在紫金山西峰山頂的絕壁之上，是由太平軍修建的，當年湘軍和太平軍在此展開了曠日持久的鏖戰。如今，堡壘內的清軍憑藉儲存的大量火炮和機關槍，據險頑抗。聯軍自下而上，冒著槍林彈雨仰攻，傷亡很大，進展很小。革命軍拿出了攻堅的老方法：上敢死隊！聯軍組織兩隊敢死隊，從兩面進攻天堡城。敢死隊員攀岩走壁，不怕犧牲，無畏地向前

衝。各軍緊隨其後，向山上衝去。清軍漸漸不支，天堡城掛出了白旗。
聯軍官兵們高興起來，原地停止了進攻，派人上前聯絡。不料，天堡城
的清軍是假投降，趁聯軍麻痺下來，突然集中火炮和機關槍向聯軍隊伍
猛烈攻擊。聯軍倒下了上百人。倖存的戰友們憤怒至極，冒死衝鋒，終
於將守敵全部殲滅，占領天堡城。站在天堡城上，聯軍可以俯瞰南京全
城。官兵們將堡壘中的大砲調轉炮口，對著城內朝陽門、富貴山、太平
門等處轟擊，連連命中目標。

　　天堡城上炮聲一響，城內清軍立刻膽寒。南京城全部暴露在革命軍
炮口之下了！緊接著，雨花臺也被聯軍攻占，環繞南京的制高點全部為
聯軍所控制，清軍已經無險可守了。張勳知道敗局已定，終於想到「和
平」解決問題了。他派人分別向聯軍總司令徐紹楨、鎮江都督林述慶求
和，以交出南京城為條件，要求革命軍允許江防軍移往別處；徐、林只
答應接受清軍投降，拒絕張勳所部轉移他處。當晚，張勳率部偷偷渡
江，向北逃去。張人駿、鐵良等人也在當天夜間乘船出逃。張人駿逃亡
上海，當起了寓公。現在，人們都知道他有一個出名的姪女：張愛玲。
鐵良逃往北京，繼續效忠他的朝廷去了。

　　張勳帶著部隊逃跑，難度大了很多。這支清軍遭到了江北革命軍的
阻攔。張勳邊戰邊逃，丟棄了大量軍需輜重，狂奔到徐州才停歇下來。

　　徐州原本已經獨立，但由士紳與舊官僚主導，態度並不堅定，如今
見張大帥到來，自動取消了獨立。張勳就此長期在徐州盤踞下來。清廷
將張人駿革職，讓張勳在徐州空掛起兩江總督的虛職來，算是對這個頑
固悍將的肯定。

　　南京城內殘存的清軍多數是巡防營，無心抵抗，開城投降。十二月
二日，江浙聯軍開進南京城。南京光復。

　　「人世幾回傷往事，山形依舊枕寒流。」南京城看慣了金戈鐵馬，穿

城而過的長江淘盡了千古英雄。如今，光復後的南京城即將見證前所未有的歷史變遷。南京曾經是六朝古都，是歷史上南方的政治中心，又是前明朱元璋和太平天國洪秀全的都城。它的光復被革命黨人附上了濃厚的政治色彩。主張「排滿興漢」的人們特別興奮。入城後，江浙聯軍將士們絡繹不絕地到紫金山陽的明孝陵去祭奠，文人墨客們也競相鼓吹。

至此，南方各省全部獨立。南方渾然一體，南北對峙局面形成。湖北、湖南、江西升起了十八星旗，廣東、廣西、雲南和福建飄揚著青天白日旗，江蘇、浙江、安徽等地換上了光復會的五色旗。其他反正省分，主要靠士紳和舊官僚主導獨立，革命黨的力量並不強大，掛的是白旗，有的在旗上寫「大漢」或者「興漢」幾個大字。

說完南方獨立場景，我們來看看北方的革命情勢。

袁世凱的北洋軍幫助清朝穩定了華北幾省的形勢。比如河南省，在湖北、山西、安徽等獨立省分的包圍下，沒有獨立。河南革命黨人也發動了會黨，組織了起義。但北洋軍因為鎮壓武昌起義的緣故，早早就南下河南，壓制住了當地的獨立傾向。袁世凱本人在河南的人脈關係也造成了效果。又比如山東，巡撫孫寶琦是慶親王奕劻的兒女親家，面對士紳和新軍的獨立壓力，也不得不在大會上宣布山東獨立。後來，北洋軍向山東方向施壓，孫寶琦又宣布取消了獨立。

當然，這並不是說北方革命黨人沒有努力，沒有流血犧牲。北方和南方一樣，革命勢力滲透到了各地，即便是清朝「龍興之地」的東三省新軍中也有大批革命黨人。東北地區成立了同盟會遼東支部，領導人主要是「士官三傑」藍天蔚、吳祿貞、張紹曾等。他們一直在積極籌謀北方新軍革命。

這三人可不是一般的革命黨人或者新派知識分子，而是新軍高級將領。藍天蔚是奉天新軍第二混成協統領；吳祿貞是新軍第六鎮統制，駐

紮在保定、石家莊一帶；張紹曾任新軍第二十鎮統制，駐紮在奉天、直隸東部沿海一帶。他們三個人掌握的新軍約有三萬餘眾，呈半圓形包圍著北京的朝廷。

北洋新軍一向為袁世凱所控制，怎麼會讓革命黨人滲透到高層來呢？這得從袁世凱的失勢說起。袁世凱掌控北洋新軍的時候，軍官幾乎是清一色的袁家班底。袁世凱被斥退後，載灃集團引入了許多有留洋經歷或者考察過外國軍事的青年才俊（據說吳祿貞是賄賂了慶親王奕劻才當上的統制）。卻不料，這些才俊雖然精通近代軍事，政治上卻不可靠。藍天蔚、吳祿貞等人就是趁著袁世凱失勢，被清廷引進和提拔的。

早在武昌起義前，藍天蔚等人就密謀起義了。他們計劃著率領各自的軍隊，圍攻北京城 —— 不愧為宏大的計畫。一九一一年，清王朝準備在灤州一帶舉行新軍的聯合演習，剛好藍天蔚、吳祿貞、張紹曾的部隊都有份。他們三個人就乾脆在演習的準備會議上商議如何起義的事情 —— 反正外人看到的是三個將軍在認真地推演沙盤，還以為他們是在「研究工作」呢！他們最後決定利用演習時新軍實彈射擊的機會，把軍隊都拉出來，先將禁衛軍解決了，再整軍入京。藍天蔚、吳祿貞和湖北新軍關係密切，還約武漢方面同時舉兵，希望能收到讓清廷首尾難顧的效果。結果，演習沒有開始，湖北新軍先起義了。清廷慌忙下令停止演習，阻止新軍集中。十月二十四日，藍天蔚、張紹曾等屯兵灤州，聯名致電清廷，名為「奏請」，其實是「強烈要求」。在這封名為《請願意見政綱十二條》的電報中，革命的新軍將領要求朝廷在本年度內召開國會，制訂憲法，同時禁止皇帝否決法律，並且要求特赦、擢用革命黨人。歷史上稱之為「灤州兵諫」。載灃等人拿到這封電報，完全相信：華北新軍也變心了！

袁世凱不允許華北新軍革命。他栽培的北洋系軍官擔任絕大多數中

下層軍官職位，他們依然聽命於袁世凱。這樣，其他人就不能真正掌握軍隊。所以，藍天蔚、吳祿貞等人的起義多少有些像浮在水面上的油，攪動不了多大動靜。當吳祿貞下令阻截了清政府運往武昌前線的軍火後，清廷更加憂慮。袁世凱也不能再等了，決心對「士官三傑」下手。清廷先命令吳祿貞脫離第六鎮本部，前往灤州「宣慰」。吳祿貞到達灤州後，和張紹曾、藍天蔚三人還沒有意識到危險的臨近，制定了各率本部兵馬，兵分三路直逼京津推翻朝廷的具體細節。但是，他們的計畫很快被告密了，在灤州和奉天停放的全部車皮也祕密調往北京，三人的軍隊無法調動，底下的軍官也不願意起兵。起義計畫夭折了。袁世凱對吳祿貞尤其不放心，派人重金賄買了吳祿貞親信的衛隊長。十一月六日的夜間，吳祿貞被衛隊長殺害。吳祿貞曾經是湖北革命黨人屬意的最理想的都督人選，不想出師未捷身先死。接著，張紹曾也被清廷解除職務，開缺回籍。

剩下的藍天蔚，孤木難支，但他仍舊毅然決然地繼承吳祿貞的遺志，單獨在奉天發動起義。關外革命黨人推舉藍天蔚為都督，計劃於十一月中旬驅逐清朝的東三省總督趙爾巽，宣布奉天獨立。十二日，革命黨人按計畫在諮議局召開大會，準備宣布獨立。藍天蔚下令部下開進城內，準備大部分部隊進城後就攻占總督衙門和重要庫房。沒想到，部隊並不聽藍天蔚的話，砲兵竟然把炮口指向諮議局。原來，起義計畫被人告密，趙爾巽已調張作霖的舊軍入城鎮壓革命。獨立沒成，藍天蔚的協統職務也被撤了，還遭到軍警的嚴密監視。藍天蔚喬裝打扮，逃亡大連。關外革命黨人聚集大連，打算再有所行動。清政府向大連的日本殖民勢力施壓，驅趕了藍天蔚。十一月底，藍天蔚由大連乘船前往上海。關外最終沒能實現獨立。

袁世凱復出

讓我們把時間往前推，回到武昌起義剛發生後的十月中旬。

武昌起義消息傳到北京後，京城一片慌亂。好像大家都預料到會有險情發生，如今險情真的來了，人們馬上想到了逃命。朝中王公貴人，紛紛買金買銀，預備不測時候逃跑；一般在京官吏也紛紛尋找出路。商店、錢莊門前，行人驟然增多，搶購物資的百姓開始囤積食物和日用品，導致北京物價飛漲。十月二十五日，北京的米價漲到每擔十一兩白銀。

載灃只能調動軍隊來穩定局面。頓時，北京城內到處是戒嚴的士兵，持槍實彈的在大街上巡邏。駐紮在通州的軍隊緊急調入城內，分別駐紮在東華門和西華門；禁衛軍駐守景山，各要害路口也屯兵把守。

清廷內部展開了危機處理。首先對瑞澂棄城而逃的舉動，朝臣們主張從嚴治罪。載澤和瑞澂為兒女親家，在載灃面前竭力為他袒護。十月十二日，清廷下令將瑞澂革職留任，令其戴罪立功，「剋期克復省城」。

至於表現比瑞澂要好得多、盡職得多的張彪，因為朝中無人，在十三日受到了朝廷的嚴厲斥責：「平日訓練無方，而事前既毫無防範，臨時復漫無節制，不能固結軍心，竟敢倉皇棄營逃出……即行革職。」因為沒有接替人選，朝廷命令張彪繼續在瑞澂的督率下「克復省城」。

當然了，朝廷也知道「克復省城」是一句空話，沒人相信躲在軍艦上的瑞澂如果沒有援兵，能夠收復武昌。這援兵，就需要朝廷抽調了。

清廷先命河南巡撫寶棻派遣一協新軍，星夜馳援武漢；停止華北新軍演習，調北洋陸軍兩鎮增援湖北；又派薩鎮冰率艦隊加入援兵隊伍。任務緊，部隊多，自然需要一個統帥。陸軍大臣蔭昌是首當其衝的人選。

載灃就任命他為欽差大臣，統一指揮湖北的部隊和各路援兵。誰讓蔭昌是自己人呢？是自己人，就得為自己分憂。載灃向蔭昌下達了艱巨的任務，也為他準備大量資源。兩個鎮的北洋新軍從十三日前就分批南運，朝廷在河南信陽設立總糧臺，徵調軍械、補給保證援兵的後勤補給。一句話，凡是前線需要的，朝廷都盡量滿足，只要蔭昌能收復武漢就行。

蔭昌帶著重重期望，在北京前門火車站上車，踏上了前途未卜的南征道路。第一步就不順利：火車沒有準時出發。一問，原來是主管理鐵路的最高長官 —— 郵傳部尚書盛宣懷要來給蔭昌「送行」，盛大人沒到之前火車不敢發車。盛宣懷到後，原來是要拜託蔭昌在攻打漢陽的時候，務必保護漢陽鐵廠，因為盛大人在那有大額股份。蔭昌滿口答應，盛宣懷當即表示事後「當有重謝」。不過，蔭昌等不到盛宣懷的重謝了。因為朝野在檢討武昌起義爆發原因的時候，歸咎為鐵路國有化，認為主導這一政策的盛宣懷是罪魁禍首。十月二十六日，清廷下令盛宣懷即行革職，永不敘用。盛宣懷倉皇逃亡日本。《清史稿》給他的結論是：「宣懷侵權違法，罔上欺君，塗附政策，釀成禍亂，實為誤國首惡。」

派出蔭昌後，清廷還是不放心，決定將北洋六鎮和禁衛軍編組成三個軍：第一軍就是增援前線的北洋兩鎮，以蔭昌為軍統；第二軍以軍諮府正使馮國璋為軍統，聽候調遣；第三軍以貝勒載濤為軍統，由禁衛軍、陸軍第一鎮編成，「駐守近畿，專司巡護」。

武昌起義消息傳到洹上村的時候，正趕上袁世凱操辦五十二週歲生日慶宴。袁世凱在洹上村大擺宴席慶祝。而武昌的戰報就是給他最好的禮物。戰報傳來，親朋好友興高彩烈，認為清朝大廈將傾，該袁世凱出山了。果不其然，三天後，朝廷起用袁世凱為湖廣總督的詔書就送到洹上村了。

袁世凱一直在等待復出的機會。朝野上下也始終不乏要求朝廷起用袁世凱的呼聲。從袁氏出京回籍到武昌起義爆發，袁在彰德養病的兩年零八個月的時間內，僅據天津《大公報》與奉天《盛京時報》兩家報紙的統計，關於袁氏的消息報導就有一百零六則，其中涉及「出山」問題的有六十四則之多。在消息中，保薦或敦勸袁復出的有皇族、皇族內閣成員、軍機大臣、大學士、地方封疆大吏、立憲派首領、北洋將領等。載灃集團對此起彼伏的擁袁聲潮不聞不問。武昌起義後，清廷岌岌自危。內閣的二號人物那桐首先提出辭職，舉薦袁世凱取代自己，遭到載灃拒絕。但起用袁世凱的聲音達到了高潮。奕劻、徐世昌等都偏袒袁世凱，載灃也想早日解決湖北難題，就順水推舟任命袁世凱為湖廣總督了。

朝廷中有人擔心袁世凱的狼子野心，怕袁世凱藉機坐大。有人就詰問那桐：「此舉豈非速清亡耶？」那桐回答：「大勢今已如此，不用袁指日可亡；如用袁，覆亡尚希稍遲，或可不亡。」是啊，清朝到了生死存亡的時刻了，不管袁世凱是不是毒藥，都要試一試了。出乎意料，袁世凱不接受湖廣總督的任命。載灃不是讓他回家養病嘛，他就藉口自己「舊疾未癒」而拒絕了詔書。

袁世凱看不上區區一個湖廣總督。他從軍機大臣、北洋首腦的地位上跌落下來，蟄伏了將近三年，不是為了謀取一個湖廣總督的官職的。

湖廣總督不能施展他的抱負，發揮不了他的能力。更何況武昌起義給朝廷造成的威脅越大，袁世凱的機遇就越大。年齡不饒人，機遇更難得，為袁世凱設身處地想想，他怎麼會就滿足於當某地的總督呢？

奕劻、那桐幾個人也覺得載灃忒小氣了。現在都什麼時候了，還吝惜官位？當年咸豐皇帝遭遇太平天國起義，還發下狠話：誰能撲滅太平軍，就封誰為王，哪怕是鐵帽子王也行！載灃竟然只願意給一個總督，太小氣了。奕劻等人一齊向載灃保舉袁世凱，建議授予他更高的權力。

一項軟弱的載灃在這個問題上寸步不讓，還嚴厲申斥了「願以身家性命」為袁世凱做擔保的那桐，大發了一頓脾氣。聽載灃訓完話，那桐就告老辭職，奕劻也不上朝辦事，沒人處理朝政了。前線緊急軍情一封封送到載灃面前。內閣集體撂攤子，載灃傻眼了，趕緊安撫奕劻和那桐。

他賞那桐「乘坐二人肩輿」，懇請奕劻「體念時艱」，都不准兩人辭職。

載灃知道，矛盾的焦點是袁世凱的職位問題。到底賦予袁世凱多大權力呢？剛好蔭昌出發後，進展緩慢，暴露出北洋新軍除了袁世凱別人都指揮不動的毛病來。蔭昌就像吳祿貞他們一樣，掌握不了北洋新軍，他自己千里迢迢趕到湖北了，北洋新軍大部還在河北呢！更有情報說，馮國璋、段祺瑞的高級將領，不去找蔭昌商量公事，反而往洹上村跑，聽袁世凱面授機宜。載灃心想：乾脆讓蔭昌歇著去吧，既然你袁世凱明裡暗裡都要出來，就把武漢的爛攤子交給你吧！載灃決定讓步，他在湖廣總督的基礎上，給袁世凱加了一個「欽差大臣」的名號，賦予他指揮前方軍隊的權力。蔭昌總指揮的地位被袁世凱取代了，他的第一軍軍統的職位也被袁世凱親信馮國璋取代。

載灃簽發諭旨後，回到府邸。一夥王公親貴們包圍了他，紛紛埋怨載灃三年前放虎歸山，如今又要引狼入室。袁世凱和革命黨一樣不可靠，怎麼能讓他重掌軍權呢？載灃覺得親戚朋友們說得有道理，又後悔起來。他和這一夥王公親貴們商量怎麼辦。大夥說，讓袁世凱出來也可以，但不能給他兵權，更不能讓北洋舊部馮國璋、段祺瑞為軍統。又有人說，馮國璋這個人還行，和我們滿族人有交情，可以讓他帶兵。載洵見狀則說，說起交情，姜桂題和我交情不錯，可以用他來取代段祺瑞。七嘴八舌之後，載灃又重新擬了一道諭旨，把大家的意思都包括進去，連夜派人送到慶王府，叫奕劻換發一下。慶王府回話說，慶王爺已經睡

覺了，公事等明天上朝再說。第二天上朝後，載灃還沒說他的新決定。奕劻就稟告說，任命袁世凱為欽差大臣，全權負責前線戰事的上諭昨夜已經發出了。

這一回，袁世凱接了聖旨，決心「抱病」征戰湖北。載灃集團敗了下來。

小皇帝溥儀回憶這一回合的較量，說道：「據說，當時我父親曾跟王公們計議過，無論袁世凱鎮壓革命成功與失敗，最後都要消滅掉他。

如果他失敗了，就藉口失敗誅殺之，如果把革命鎮壓下去了，也要找藉口解除他的軍權，然後設法除掉他。總之，軍隊絕不留在漢人手裡，尤其不能留在袁世凱手裡。措施的背後還有一套實際掌握全國軍隊的打算。

假定這些打算是我父親自己想得出的，不說外界阻力，只說他實現它的才能，也和他的打算太不相稱了。因此，不但跟著袁世凱跑的人不滿意他，就連自己的兄弟也常為他搖頭嘆息。」

袁世凱出山，贏得喝彩聲一片。袁世凱派系的人馬就不用說了，盼望早日撲滅起義的朝野人士、對袁世凱的開明歷史抱有好感的立憲派都對他寄予了厚重的期望。國外勢力，也對袁世凱復出寄予期望。以英國為首的列強勢力，在各省獨立浪潮擴展後，表面採取了中立政策，暗地裡非常擔心革命破壞秩序，進而威脅列強在華的既得利益。而列強的中立，尤其是金融中立，是非常惡毒的招數。因為列強掌握著中國的海關，海關的關稅收入是當時中國財政收入的大頭，列強因此截留了中國關稅，用控制財政的方法來左右中國政治局面的發展。在中國各方政治力量中，英國人選擇了袁世凱。英國駐華公使朱爾典在朝鮮就和袁世凱相識，兩人交情不淺。更重要的是，袁世凱既傳統又開明的形象和他不可小覷的軍事實力，讓列強認為他是控制已經混亂的局面的最佳人選。

十一月十五日，英國外交大臣格雷指示朱爾典：「我們對袁世凱懷有很友好的感情和敬意。我們希望看到，革命最終的結果，會是一個強有力的政府，能夠與各國公正交往，並維持內部秩序和有利條件，使在中國建立起來的貿易獲得進展。這樣一個政府將得到我們能夠提供的一切外交上的支持。」這也是以英國為代表的列強對華政策的宣示。

袁世凱果然不負眾望，很快指揮北洋新軍收復了漢口和漢陽，將起義軍壓縮到武昌。他更是成功地控制住了華北的獨立傾向。這讓他在和朝廷的較量中更有底氣了。武昌起義之後，「皇族內閣」遭到了體制內外的強烈反對。許多官員意識到奕劻內閣非但不是朝廷憲政的成果，反而成了激化革命的惡果。十月二十一日，江蘇巡撫程德全聯合多省將軍、督撫，聯銜會奏解散「皇族內閣」，另選賢能組織內閣。第二天，資政院召開第二次年度會議，主題就是改組內閣，呼喚真正的責任內閣。議員們在隨後呈上的奏摺中公開指出「君主不擔負責任，皇族不組織內閣，為君主立憲國唯一之原則……皇族內閣與立憲政體有不能相容之性質」。第三天，兩廣總督張鳴岐電奏，尖銳指出朝廷之前立憲有名無實，懇請明確宣布滿族親貴永遠不得擔任總理。其中最有份量的奏請，就是「灤州兵諫」中革命的新軍將領以北方各軍將士名義發出的政治改革綱領了。載灃不得不讓宣統小皇帝下「罪己詔」，承認在第一個責任內閣組織上犯了錯誤。奕劻內閣的崩潰已成定局，獲得多方支持又剛立新功的袁世凱無疑是繼任的頭號人選。

在北洋軍攻入漢口的當天，清廷宣布解散「皇族內閣」，授袁世凱為內閣總理大臣。

清廷還走出了更遠的一步。它全部採納了地方督撫、資政院和革命將領們的要求，在解散皇族內閣之後又宣布召開國會，還命令資政院迅速起草憲法。在沒有國會、沒有憲法之前，清廷許可資政院先擬定了

《重大信條十九條》作為「臨時憲法」。這十九條基本原則在十一月三日正式公布。我們來看看它的內容就可以知道清廷走得有多遠：

皇帝之權，以憲法所規定者為限；

皇位繼承順序，於憲法規定之；

憲法改正提案權屬於國會；

總理大臣由國會公舉，皇帝任命。其他國務大臣，由總理大臣推舉，皇帝任命。皇族不得為總理大臣及其它國務大臣並各省行政長官；

憲法及法律的起草、憲法改正案的提出、涉外事務的決策、海陸軍調遣、官制官規、預算開支、皇室經費之制定及增減，由國會議決。

單就文本內容來看，清廷完全接受了「虛君立憲」的主張。小皇帝宣統的權力完全局限在憲法規定範圍內，沒有任命和罷免大臣的權力，沒有私自頒布聖旨、指揮軍隊的權力，就是連紫禁城的吃穿用度需要的銀子也要看法律的眼色。而皇室成員們不能擔任大臣，不能到外省擔任督撫，就是連原本人人都可能有份的皇帝寶座都要由國會決定人選。這十九個信條較之《欽定憲法大綱》，無疑是一個巨大的進步，也達到甚至超越了立憲派之前奔跑呼籲的要求。《重大信條十九條》和當時世界上的君主立憲國家法律相比，開明和限權程度也毫不遜色。

在王朝生死存亡時刻，清廷做出了遲到的讓步。載灃集團放出了袁世凱這頭猛虎，還在短時間內一股腦兒地進行了激進的憲政改革。不知道這危機面前展現的「憲政誠意」能否平息南方的叛亂，能否在關鍵時刻拴住立憲派的心？

在資政院議員和多名官員的敦促下，攝政王載灃代替年幼的溥儀，在太廟宣誓愛新覺羅皇室遵守十九條信條。十二月六日，隆裕皇太后降旨准許載灃辭去監國攝政王之位，同時要求其他王公貴族「恪守家法，束身自愛」。看來，最高統治層是動真格的。

　　載灃乖乖上繳了攝政王印章，退歸府邸，不再問政。回到醇親王府，載灃抱起次子溥傑，如釋重負般地說：「從今天起我可以回家抱孩子了！」醇親王妃被他那副輕鬆神氣氣得痛哭了一場，告誡溥傑：「長大了萬不可學阿瑪那樣！」

　　十一月八日，資政院以無記名投票方式公選總理大臣，袁世凱得票最多。清廷以溥儀的名義發表上諭，第二次任命袁世凱為內閣總理。這一次，清廷是「依法行事」的。

　　袁世凱從前線抵達北京，十六日組織了新內閣。名單如下：梁敦彥為外務大臣，趙秉鈞為民政大臣，嚴修為度支大臣，唐景崇為學務大臣，王士珍為陸軍大臣，薩鎮冰為海軍大臣，沈家本為司法大臣，張謇為農工商大臣，楊士琦為郵傳部大臣，達壽為理藩大臣。並以胡唯德、烏珍、陳錦濤、楊度、田文烈、譚學衡、梁啟超、熙彥、梁加浩、榮勛分任各部副大臣。這屆責任內閣中，原內閣中的滿族成員被全部斥退，新成員絕大多數人是漢族人，大多數人屬於袁世凱派系。值得注意的是，張謇、梁啟超這樣的立憲派領袖被拉入了內閣 —— 儘管他們並沒有到任。

　　袁世凱在朝廷風雨飄搖之際，在萬眾矚目之中合法地攝取了清朝大權。

民國肇建
——革命黨站穩腳跟，成立南京臨時政府

武昌起義爆發後，黃興在香港聞訊，立即準備奔赴武漢。行前，他寫了一首七律〈致譚人鳳〉：

懷錐不遇粵途窮，露布飛傳蜀道通。

吳楚英雄戈指日，江湖俠氣劍如虹。

能爭漢上為先著，此復神州第一功。

愧我年年頻敗北，馬前趨拜敢稱雄。

在詩中，黃興有喜悅，有豪情，也有遺憾，更有自責。革命黨人以天下為己任，前方戰事正酣，恰是慷慨赴難的時候。黃興先到上海，計劃從上海走水路到武漢。當時上海雖然光復，清廷奸細遍布，城市治安也不好，黃興的行動不敢過於冒險。恰好有上海醫生率領紅十字救護隊，出發到漢口救助傷員。黃興事先和救護隊說好，喬裝成隊員，妻子徐宗漢偽裝成護士，溯江而上，終於安全抵達漢口。

當時的漢口，一片緊張的勞軍備戰景象。革命軍和清軍在郊區已經開戰，不斷有戰況、傷員轉移到市區來。漢口軍政府有三個營的隊伍，一時伙食給養供應不上，漢口商會慨然允諾贈送十萬元以濟軍需，並組織全市的饅頭店負責蒸饃。饅頭店的蒸籠不夠，篾匠師傅編做臨時蒸籠；蒸饃的柴火襟章，船幫老闆運來劈柴；麵粉斷檔，米店夥計就到租界進貨；運輸工具缺乏，市民拿來竹籃、籮筐相助。饅頭熱氣騰騰，隊伍浩浩蕩蕩，男女老少挑著籮筐、提著竹籃或者用布包著，運送到固定地點。沒人偷吃一個。在戰爭最緊張的日子裡，漢口軍政分府的一切用度，沒有動武昌官庫分文，都是漢口商界籌集的。

不遠處的漢陽兵工廠承擔著革命軍軍火的生產任務。該廠的機器設備全部由德國進口，所生產的七九式步槍（俗稱「漢陽造」，到三〇年代仍然是中國戰場的主要步槍之一）、口徑六到十二公分的快炮及過山炮，都是先進武器。漢陽兵工廠工人日夜開工生產，支持革命軍作戰。平日

每天只能製造六十支步槍，戰時增加到八十支。在戰爭最激烈的時候，工人在炮火威脅之下，仍然日夜生產，武器彈藥隨成隨發。

　　一場新與舊、革命與保守、民主與專制的決戰，就要在武漢三鎮上空上演了。

武漢三鎮保衛戰

革命軍占領武漢後，清軍殘部退居劉家廟。劉家廟在漢口以北十公里處，瀕臨長江，周圍地勢平坦。劉家廟車站（即江岸車站）為南下清軍必經之路，也是革命軍保衛漢口的前哨陣地。第八鎮統制張彪帶著輜重第八營及四十二標殘部逃到劉家廟以後，河南方向的清軍援兵很快到達。

南下清軍先頭部隊進抵劉家廟東北的灄口；薩鎮冰所率艦隊也大部駛至武漢江面，並派魚雷艇在江面巡弋，防阻革命軍從武昌渡江增援。這股清軍部隊對新政權構成威脅，而且會越聚越多。

革命軍的最佳選擇是先發制人，爭取在清軍援兵主力沒有到達之前殲滅劉家廟的敵人，把戰線往北推。湖北軍政府於十月十五日召開軍事會議，確定趁南下清軍尚未全部集中先敵發起進攻。其方針是：「擬先擊攘漢口之敵，逐次向北進攻，以阻止清軍南下。」盤踞劉家廟之敵就成了首先打擊的目標。南北的決戰也就在此爆發了。

十八日凌晨三點，革命軍的大砲劃破即將敵亮的夜空，步兵在炮火支援下發起進攻，很快逼近劉家廟車站。清軍的抵抗很頑強。雙方在陣前展開了肉搏戰。革命軍第一波進攻受挫，部隊退回大智門車站附近。

上午十時，革命軍發起了第二波進攻。大批官兵雄糾糾氣昂昂地吶喊著殺向劉家廟。新兵的特點在這時候表露無遺：因為部隊倉促組建，新兵們缺乏訓練，射擊漫無目標，準確率極低，也沒有什麼進攻隊列。

戰鬥開始，第一線老兵開始射擊，後面的新兵竟然也開槍射擊，誤傷老兵。新入伍的砲兵也沒有得到訓練，射擊的時候砲彈落入前方友軍陣地，前線新兵大聲疾呼，說砲兵中有「漢奸」。但官兵們士氣高漲，

加上沿途有老百姓吶喊助威，革命軍進攻頗有聲勢。清軍正抵抗間，湖北第一協的一隊士兵，突然從右翼發起衝擊，其勢甚猛，迅速突入清軍陣地。

清軍大亂，一部乘火車北撤。該隊乘勝追擊，沿著鐵路線呼喊追殺。北逃之敵突然停車阻擊，革命軍遭受很大傷亡，不得不再次退回大智門一帶。新入伍的士兵軍心動搖，還要往後方跑。親臨觀戰的詹大悲高呼：

「前方我們打贏了，士兵們趕快去相助！」新兵們聽說「我們打贏了」，這才止住退卻的腳步，再次湧向前去。

革命軍兩次進攻受挫後，重新調整部署，發揚了老傳統：上敢死隊。這回敢死隊不是衝在最前面，兩個敢死大隊分別在第三、第四標之後，督同步兵衝鋒。

中午十二時後，革命軍發起第三波進攻。由於新兵不善利用地形，不會掩護，傷亡較大，進展遲緩，至午後三時才推進五六百公尺。關鍵時刻，敢死隊全部投入戰鬥，砲兵一部配合向敵右翼猛烈轟擊。下午四時，北方鐵道上黑煙滾滾，滿載清朝援兵的火車即將抵達劉家廟車站。車上有清軍步兵一標、砲兵一隊。如果讓這股援兵加入戰鬥，對革命軍的第三波進攻大大不利。必須攔截住他們！革命軍砲兵先發炮，沒有擊中火車；潛伏在鐵路兩側的革命軍士兵，迅即將十餘丈路軌拆毀，使列車脫軌傾覆。革命軍乘機發起衝鋒，附近的工人、農民亦手拿鐵鍬、鋤頭、扁擔助戰。清軍死傷慘重，但仍然黏在劉家廟地區。

十月十九日拂曉，革命軍約三千人，以騎兵為前鋒，在砲兵支援下，從兩翼發起進攻，並派兵一部阻擊敵之迂迴部隊。第四波進攻開始了！

清軍依靠艦炮支援，頑強抵抗。激戰至中午十二時，清朝軍艦彈藥

用盡，駛往下游。革命軍乘機加強兩翼攻勢。清軍竄入居民棚戶，繼續頑抗。

革命軍以敢死隊組織火攻。當時正是順風，頃刻之間烈焰沖天。清軍無法立足，丟棄大量輜重，向三道橋退卻。革命軍占領劉家廟，追至三道橋附近，才停止了進攻。

革命軍因連續作戰官兵疲憊，留下第二協的一半兵力固守劉家廟陣地，其餘人員運送戰利品回漢口市區。

「革職留任」的湖廣總督瑞澂一直龜縮在楚豫號兵船上。楚豫號先停靠在劉家廟江畔，和張彪的殘軍相呼應，後來移動到漢口德國租借碼頭，企圖依靠洋人的軍艦獲得保護，但仍遭到革命軍的炮擊。瑞澂惶惶不可終日，一面急電催援，一面藉故逃往上海，理由是「兵船煤盡」。

到了上海，他就當起了寓公，對政務不聞不問了。清廷大罵瑞澂「辜負朕恩，偷生喪恥，實際堪痛恨」，下令兩江總督張人駿將瑞澂捉拿進京治罪。張人駿自顧不暇，哪裡還把這種吃力不討好的聖旨當回事，根本不管。倒是北京的一些青年貴族，對瑞澂的「失職」十分憤慨，曾組織了一個暗殺團到上海刺殺瑞澂。不料全國形勢驟變，這些滿族親貴在上海反成了革命黨人的暗殺目標。謀殺瑞澂的計畫也就不了了之了。

據守劉家面失利後，湖北提督張彪也淡出政務。民國後張彪居住在天津，在日本租界裡置田二十畝，修建花園住宅，取名「張園」。宣統小皇帝溥儀被逐出北京後，協同皇后婉蓉等住在張園。年過六旬的張彪堅持每日清晨親自灑掃庭院，以盡所謂「事君」之道。臨終時，溥儀親臨探望，張彪緊盯著溥儀的「龍顏」，說不出一句話。

革命軍雖然占領了劉家廟，戰局並沒有得到根本改觀。大批北洋新軍乘車南下，無法到達劉家面，不斷在祁家灣、灄口附近集結。革命軍還是得抓緊時機，趁清軍主力屯集之前先發制人。

十九日夜，革命軍召開軍事會議，還是決定在清軍尚未全部到達之前繼續進攻。攻擊目標就是灄口之敵。指揮劉家廟戰鬥的第二協協統何錫藩因為與少數革命黨人意見不合，提出辭職。軍政府改任張景良為漢口前線指揮官。張景良是個舊軍官，原為第八鎮步兵第十五協二十九標標統，武昌起義後歸附革命。革命軍擁戴黎元洪為都督時，張景良公開反對說：「朝廷已宣布立憲，不宜更言革命。黎公，你長久受到朝廷恩遇，諸將唯公命是聽，請三思而行？」起義官兵聽他說出如此糊塗的話來，氣憤地把他關了起來。不過黎元洪非常看好張景良，他很快被放了出來，出任湖北軍政府參謀部副部長。一次在軍政府會議上，張景良突然大喊大叫，用頭撞擊黎元洪。革命軍再次把他逮捕。這一次還是黎元洪出面，證明張景良只是暫時精神不正常，把他保釋出來。何錫藩辭職後，張景良出乎意料地表示要到前線殺敵立功，還願意以全家人作為人質。革命黨人面面相覷，不知道如何是好。最後，蔡濟民出面擔保，大家才同意張景良出任前線總指揮。

張景良到達劉家廟後，故意拖延時間，不作任何作戰部署。二十日，軍政府派人前往檢查，發現部隊混亂，毫無進攻準備，就代張景良下達作戰指令：令步兵第二協二十一日拂曉從正面進攻。

十月二十一日拂曉，革命軍發起衝鋒。清軍以機關槍猛烈掃射。革命軍既不能前進，又無法機動，傷亡慘重。革命軍無法再行進攻，就占領險要地形，加緊構築工事，轉入防禦。

這回輪到清軍進攻了。北洋第一軍主力和大批重型火炮已經到達了祁家灣一帶。清軍一面加固陣地，一面將重型火炮和第一軍主力調往前線，企圖先奪占劉家廟，爾後向漢口市區發展。清軍進攻的總兵力約一萬五千人，同時還有海軍艦艇配合作戰。十月二十六日晨，清軍水陸協同，向革命軍發動進攻。清朝軍艦乘革命軍的青山炮隊疏於戒備之際，

向革命軍陣地實施火力急襲。革命軍猝不及防，犧牲五百餘人。接著，
灄口的清軍在機關槍和重炮火力的掩護下，沿鐵路兩側大規模南下，發
動猛攻。革命軍依託工事頑強抗擊，終因傷亡過多，被迫後撤。上午十
時，清軍重新占領劉家廟，革命軍退守大智門一帶。正當激戰之際，前
線指揮張景良竟然不知去向。中午十二時，標統謝元愷自告奮勇，指揮
部隊向劉家廟反攻。在距劉家廟五百多公尺處，戰士們上好刺刀，冒著
彈雨，齊聲喊殺，勇往直前，與敵人展開肉搏。清軍不支，紛紛逃竄，
劉家廟又被革命軍奪回。

二十七日凌晨，清軍集中更多兵力，對劉家廟發起更猛烈的進攻。
革命軍依託陣地，堅決抵抗。兩軍僵持，比的是誰的軍火充足，誰的後
勤穩定。身為前線指揮的張景良不親臨前線指揮也就算了，竟然還不給
部隊及時補充彈藥，甚至在相持的關鍵時刻突然放火焚燒軍需物資。不
多久，革命官兵彈藥告罄，加之新兵軍事素質不高，部隊傷亡過大，敢
死隊隊長馬榮等多名軍官先後犧牲，何錫藩等多名軍官中彈受傷。革命
軍不得不從劉家廟逐步後撤，退守大智門一帶。

前清軍隊官宋錫全被動參加漢陽起義，率部占領了漢陽兵工廠，立
有大功，起義後升任新組建的第一協協統，鎮守漢陽。十月二十七日，
他看到漢口劉家廟失守，竟然私自帶領隊伍南逃，撤往長沙。湖北軍政
府電告湖南都督譚延闓，以臨陣脫逃罪將宋錫全槍斃於長沙。

幾個回合較量下來，革命軍和清軍各有勝負。革命軍暴露了許多問
題，傷亡很大；但清軍擁有訓練有素的新軍、強大的軍火和後勤，也只
能和倉促成軍的革命軍打了個平手，也暴露了諸多問題。其中最大的問
題莫過於蔭昌無法真正指揮北洋新軍。不久，清廷召蔭昌回京，以袁世
凱為欽差大臣，全權指揮武漢戰事；馮國璋出任第一軍軍統，親往漢
口督戰。

　　二十八日上午，清軍大部隊沿鐵路向大智門猛撲，一部分清軍迂迴革命軍翼側。張景良又一次找不到影子，部隊無人指揮，又沒有清軍那樣的持續補給。即便如此，官兵們還是與敵人反覆拚殺，終因後援不繼被迫從大智門後撤。漢口革命軍偵察出張景良躲藏在漢口，立即把他捆綁到漢口軍政分府。詹大悲主任親自審訊，以「通敵」罪將張景良槍斃。

　　張景良這個革命軍前敵指揮竟然被列入了《清史稿・忠義傳》，裡面記載「景良臨刑夷然，仰天大言曰：『某今日乃不負大清矣！』」軍政府真是用錯了人。第二天，清軍用重炮轟擊革命軍砲兵陣地。由於革命軍的砲兵目標暴露，火炮和人員損失很大。清軍在優勢炮火支援下向前推進，攻入漢口街區。武昌起義的成果受到了直接侵害。革命官兵與敵人展開了激烈的巷戰。在激烈的戰鬥中，實際指揮戰鬥的謝元愷陣亡。部隊士氣開始渙散。

　　黃興在這個關口由上海抵達武漢。軍政府各派馬上推舉他為武漢革命軍總司令，負責前線指揮。黃興到任後，在已經是前線的漢口設立總司令部，並立即到前線視察部隊，激勵士氣。軍政府做了兩面一丈二尺的大旗，上書大大的「黃」字，派兩個騎兵高舉著，在漢口街頭呼嘯而過。「黃興來了，黃興來了！」

　　常年的革命經歷和同盟會領袖的身分，讓黃興在武漢軍民心中有著崇高的地位。聽說黃興出任了指揮，軍民精神為之一振。當時，漢口的革命軍尚有六千餘人，經過動員整頓，渙散的士氣重新凝聚起來了。

　　革命軍來了一個黃興，清軍的欽差大臣袁世凱也於十月三十一日抵達河南信陽接任。袁世凱知道朝野有無數雙眼睛盯著自己，必須在短時間內取得明顯的戰果，不然對他的期望有多高失望相應就有多深。於是，袁世凱督促馮國璋調集精兵強將猛攻，務必盡快占領漢口。馮國璋也將此看作個人加官晉爵的絕妙良機，不敢怠慢，親自督戰。

一批批清軍配備上強大的火力，節節向漢口市區進逼。革命軍依託堤防頑強抗擊，一街一巷一屋一瓦，都流血力爭。清軍用大砲掃射前進，革命軍爬上屋頂射擊或躲藏在暗處放槍，使敵人每前進一步都要付出傷亡。勇敢的革命官兵們不食不眠，在炮火中連續作戰，最後面目黝黑至不可分辨。漢口百姓也站在軍政府一邊，協助革命軍打擊清軍。清軍初進漢口，兩眼一抹黑，常向市民問路，市民趁機把他們引向死胡同中，然後報告革命軍前來圍剿。清軍在街上搜尋前進，都惴惴不安，害怕不知道哪裡會射出流彈來。雖然清軍在數量和火力上都占優勢，但是一時無法突破防線。

武昌、漢陽革命軍組織了援軍或敢死隊，冒著敵人的炮火，渡江到漢口增援。測繪學堂組織了敢死隊，頭挽英雄結，荷槍佩刀，布條上大書「敢死隊」三字，奉命前往漢口督戰。二十二歲的喻育之是陸軍測繪學堂學生，參加了敢死隊。他的家就在漢口市區。喻育之路過家門口，回家捎話說：「我參加了敢死隊，來漢口參戰，你們不要害怕。」他叔叔聽後撲上前來，兩手把他抱住，說：「兒啊，千萬不要去，火線上太危險。」

喻育之推開說：「匈奴未滅，何以為家」，扭頭去追趕隊伍了。

清軍進展緩慢，馮國璋著急了。戰鬥拖得越久，對他越不利。他咬咬牙，下令清軍燒城。十一月一日上午，清軍不顧漢口居民的生命財產，火燒歆生路一帶房屋，燒一段進一段，一直燒到長江岸邊。繁華的漢口市區頓時湮沒在一片火海之中。火光沖天之際，漢口專職救火機構保安會和熱心市民，急忙上街撲滅。清軍看到有人救火，喪心病狂地開槍射擊，當場槍殺不少百姓。在火魔面前，漢口革命軍陣地正面及左翼的部分軍官兵失去了勇氣，擅自撤退。下午，漢口市區逐步為清軍占領。黃興見漢口革命軍已被打散，無法挽回敗局，遂決定退守漢陽，等

待援軍，再圖恢復。十一月二日，漢口完全失陷。

清軍攻占漢口後，一面鞏固陣地，一面調運槍械彈藥及渡河器材。

一列列火車源源不斷地將援軍運來。馮國璋召開軍事會議，決定乘勝進攻漢陽，再攻武昌。當時，他手頭有清軍約三萬人。不過，協同作戰的海軍各艦中下級官兵傾向革命。提督薩鎮冰感嘆自己「屢歷戰爭，從未一獲勝」，如今又不願意將炮口對準無辜百姓和革命同胞。經歷一番心理糾結後，薩鎮冰率艦隊在十一月一日駛離戰場東下。

袁世凱比只知道攻城略地的馮國璋考慮深遠得多。他面對的湖北軍政府是多方力量構成的，立憲的勢力強大。如果能不戰而屈人之兵，就最好了。十一月十日，袁世凱派親信到武昌進行「和平」試探。袁世凱開出的和談條件是南北停戰，清廷施行君主立憲，湖北方面效忠朝廷。

黎元洪對和談很有興趣，對君主立憲也可以接受，但革命黨人拒絕效忠朝廷。民主共和必須實現，皇帝必須廢黜，革命黨人是朝著這個目標進發的，而且拋頭顱灑熱血已經取得了不小的成果，怎麼願意自動放棄呢？是的，革命軍現在是失利了，遇到困難了，但革命黨人相信是暫時的。湖北軍政府拒絕了袁世凱的和談試探。袁世凱誘和不成，放手讓馮國璋積極備戰，進攻漢陽。

漢口失陷後，軍政府固守漢陽的力量不夠，電請獨立各省出兵增援，合攻清軍。十一月八日，都督黎元洪仿照西漢韓信登壇拜將的往事，拜黃興為總司令。（革命黨人在都督和總司令的上下級關係之間破費了一番周折，有人提議總司令位在都督之上，全權指揮湖北軍事。他們對黎元洪不放心，企圖借此掌握大權。但黎元洪和軍政府中的其他人紛紛反對，最好採取了都督授命總司令的方法。）黃興受命後，立即趕到漢陽，在昭忠祠組織司令部，積極布置守城事宜。漢陽原本駐軍逃往湖南了，黃興掌握的軍隊只有退駐漢陽不足五千人的革命軍，加上武昌

調來的步兵第六協陽，共約萬餘人。恰好，湖南獨立後派來的援軍王隆中、甘興典二個步兵協在十一月六日、九日先後抵達漢陽。黃興掌握的兵力增至二萬餘人。

獨立省分的數目在迅速增長，各地紛紛告訴湖北，援兵已經在路上了。漢陽的防守兵力將會大大增加。黃興對軍事形勢盲目樂觀，做出了錯誤判斷。他對漢口失陷，耿耿於懷，得到湖南的援軍後，黃興產生了急於收復漢口的思想。革命軍內部很多人反對反攻漢口。他們認為革命軍新兵太多，缺乏訓練，而且援兵和本地士兵磨合尚需時間，不宜馬上反攻。黃興堅持反攻漢口，先發制人來打亂清軍的進攻計畫。

十一月十六日下午五時，革命軍工程營在漢江上架橋，革命軍的反攻開始了。當晚十時，主攻部隊陸續渡河，抵達預定地點。清軍猛烈射擊，給反攻部隊造成很大傷亡。渡河的部隊無法有效展開，只能停止反攻。第二天早晨，革命軍再次反攻。湖南援軍兩個協和武漢革命軍第五協擔任主攻部隊，勇敢推進，清軍不支而出現後撤。上午九時許，主攻部隊在漢口江邊收復了不小的地區。黃興下令步兵第四協和第六協渡河，攻擊清軍左翼，以收夾擊之效。但這兩協在渡河時，遭到清軍機關槍猛烈掃射，搶渡未成。攻入漢口的主攻部隊失去了有力支援。而清軍的援兵源源不斷湧來，在炮火及機槍火力掩護下猛烈反撲。主攻部隊出現退卻，牽動全線。黃興嚴禁退卻，但部隊在巨大壓力面前都不聽命，不斷地後退。沿途在清軍的強大火力下，革命官兵傷亡慘重。黃興不得不率軍返回漢陽。

在反攻行動中，黃興令標統楊選青由漢陽渡江到漢口龍王廟，作為反攻漢口的助攻。十六晚他竟然在家結婚，沒有親往前線指揮。戰後，軍政府將楊選青正法。楊選青是原二十九標的老革命黨人，是十月十日當晚手持汽油桶火燒總督府衙門的敢死隊員之一。軍政府念他起義有

功，安排上等棺木收殮。

黃興堅持的反攻漢口行動，非但沒有達到目的，還嚴重削弱了漢陽的防守力量和士氣。返回漢陽後，黃興部署防備清軍的進攻。清軍的部署是正面部隊發動佯攻，另派出大批清軍從孝感、新溝南下，迂迴側擊漢陽，這支部隊還是攻取漢陽的主力。黃興對清軍的部署做出了錯誤的判斷，他認為正面是敵人的主攻方向，對於側擊的大批清軍是牽制部隊，沒有足夠重視。他整頓革命軍在正面迎戰，只派少數部隊防備清軍主力。清軍於十一月二十日向漢陽發起進攻。側擊的清軍進展迅速，漢陽周圍的制高點大多為清軍控制。革命軍反攻爭奪這些制高點，造成更大的傷亡，最後竟至無力反攻。有經驗的老兵、能戰的敢死隊，死傷殆盡。

二十六日，革命軍防線最終被突破。這時，駐漢口的清軍從正面渡過漢水，發起進攻。革命軍腹背受敵，不聽黃興號令，紛紛撤退。增援的湖南部隊，一協退往武昌，另一協自動撤回湖南。黃興見敗局已定，含淚下令撤退。

漢陽最大的策略目標是漢陽兵工廠。黃興下令將兵工廠的武器彈藥運往武昌。二十六日下午，漢陽兵工廠凡是能夠拆掉的設備、要件，凡是能帶走的圖紙、工具，凡是能夠離開的工人、技師，都撤向武昌。漢陽的歸元寺是戰時軍用物資供應站，名為「總糧臺」。部分僧人和浙江僧人管鍔領導的「和尚軍」還參加了武漢保衛戰。其餘僧人也支持革命。二十六日歸元寺接到命令：凡是寺內不能搬走的屋子，立即焚燬。僧人們大公無私，同意焚燒寺廟。一時間，歸元寺火光沖天，照遍漢陽全城。

當革命軍和漢陽百姓乘船向武昌撤退時，清軍從龜山向江中開炮。

當時《民生報》報導傷亡說：「武昌城外，由江中撈出之死屍陳列堤上，不計其數。內有未死而呻吟者，有婦人抱子，母死而子甦，啜泣索

乳者，血濺江邊，死者相枕藉。」慘狀不忍目睹。部分革命軍沒能渡江，向鸚鵡洲方向退卻，以後輾轉到大冶一帶，因為無人統帥又沒有接濟，自行離散。

二十七日，清軍進據漢陽城。清軍連戰連捷，袁世凱為此累積了新的政治資源，馮國璋獲封二等男爵。

革命軍渡江撤回武昌，潰兵空腹荷槍，編制也被打散了，躑躅街頭。大街上滿是焦頭爛額的遊兵散勇，老百姓驚恐不安。武漢三鎮百姓悲痛異常，大街小巷一片寂靜，人力車停止上街，商家關門歇業，小販呆滯路旁，迷茫和悲痛之情籠罩全城。軍政府的張振武忍住傷痛，騎馬舉刀，在城內沿街呼號：「同胞們，漢陽失守是我軍疑兵之計，千萬不要聽信謠言。」武昌的人心稍微安定下來。

武昌形勢危急，清軍對革命軍造成壓頂之勢。軍政府緊急商議對策，黃興主張放棄武昌，增援南京。當時南京還在清軍手中，江浙聯軍正在浴血奮戰。黃興覺得南京遠比武昌重要，可惜軍政府絕大多數人反對棄守，認為武昌是首義之區，天下關注，如果武昌失守，必然動搖全局。

張振武對黃興放棄武昌的發言非常氣憤，大聲喝責。會議不歡而散。散會後，黃興找到黎元洪，堅持要東下南京。他向軍政府領了二十萬元現洋，二十七日晚乘船東下。

湖北軍政府整軍堅守武昌。十一月二十九日到十二月一日，清軍架在龜山上的大砲一連三天不停地向武昌城內射擊。百姓傷亡和房屋損失不少。

武昌鳳凰山、蛇山、黃鶴樓上的砲兵也向漢陽方向還擊。長江兩岸炮聲隆隆。武昌城內百姓，拖兒帶女，爭相出城逃避。十二月一日，清軍集中炮火攻擊都督府。下午一時都督府軍服室中彈起火，黎元洪倉皇

出城，逃往郊區的葛店。黎元洪潛走後，武昌危城全靠蔣翊武、吳兆麟支撐。

客觀地說，清軍如果一鼓作氣猛攻武昌，勝算很大。馮國璋也這麼想，他迫切錦上添花，將二等男爵再往上提一下。可袁世凱不這麼想。

飛鳥盡良弓藏走狗烹，武昌的革命黨人就是飛鳥，袁世凱就類似良弓和走狗。袁世凱不希望武昌革命黨人被剷除，他需要革命黨人的存在時刻提醒著朝廷危險的存在，他需要熱氣蓬勃的革命形勢來襯托他的重要性。革命軍被壓縮到武昌，袁世凱已經立功了，不必將革命軍斬盡殺絕。

那樣無異於殺雞取卵。於是，袁世凱透過英國領事聯合各國領事，向軍政府提議停戰三天。停戰對革命黨人有利，蔣翊武、吳兆麟等人非常願意。只要雙方在停戰條款上蓋印，即可停戰。然而，當時都督印信已被黎元洪帶走了，要簽署議和協議，黎元洪不在怎麼辦？沒有印怎麼行？

於是，吳兆麟急中生智，編出黎元洪不在的理由，然後又拉英國領事「赴宴」。暗地裡，他連夜通知孫武刻印，終於簽署了協議。革命軍得以喘息，湖北軍政府扎下了根來。

此後停戰期限一再延期，實際上武漢再無戰事。

孫先生來了！

　　革命爆發後，各地獨立政權各自為政，雖然都掛以「革命」或「民國」名義，也一起打仗，但相互間並無隸屬關係。成立之後，各地就在醞釀成立統一的政權。而對革命的認同，就成了大家統一政權的思想基礎。

　　各地獨立政權中的政治力量非常複雜。立憲派、舊官僚掌握著不少獨立政權，他們希望染指新的中央政權。就在革命陣營中，同盟會和光復會之間也發生了激烈的衝突。上海都督陳其美就是排擠了光復會的李燮和才掌握上海政權的。然而，光復會在浙江光復、攻克南京等事上屢見戰功，革命軍中也有不少光復會軍官。陳其美和李燮和之間明爭暗鬥不斷，連帶造成了光復會的章太炎和孫中山、黃興之間的對立情緒。

　　此外，武昌和東南地區爭奪中央政權地位。光復後的上海搶先呼籲組織各省都督府會議。江蘇、浙江和上海三方都督先派代表，其他各省都督大多委派在上海的名流為代表。到十一月十五日已有十省代表報到，各省都督府代表聯合會在上海正式開幕。湖北方面就堅持武昌是首義之地，更適合舉辦各省代表大會。各省都督進入了兩難，兩邊都不能得罪，只好兩邊都派代表。十一月底，十一省共二十三名代表先後抵達武漢。當時正值漢陽失守，清軍隆隆炮擊武昌。代表們臨時選在漢口英國租界開會，主要討論兩個問題：第一是組織中央政府；第二是選舉領導人。湖北軍政府對會議施加了巨大的影響，會議初步認為湖北軍政府為中央政府，請黎元洪以大總統名義執行中央政務。當然了，這些都是暫時的。各省酌立憲派和舊官僚們想要盡快和平地結束戰爭，建立新的中央政府，這樣才能保住他們已經得到的權力和地位。袁世凱是和平實

現權力交接的合適人選。袁世凱是漢人，符合「排滿興漢」的標準，而且袁世凱控制的北洋軍如果能反戈贊成共和，清廷就失去了武力支柱，馬上會土崩瓦解。因此他們傾向說動袁世凱反正，快速、和平地實現政權更迭。十二月二日，漢口的各省代表通過了「虛席以待袁世凱反正」的決議案。

也就是在決議通過的十二月二日，南京光復。南京在代表們心中的地位，可比武昌高多了。而武昌的軍事形勢每況愈下，武昌事實上已經成了一座危城，無力與南京爭奪臨時中央政府。湖北軍政府的諸位，不再提武漢是「革命中心」這回事了，之後政治重心逐漸向南京轉移。

十二月四日，上海搶先採取行動，邀請各省留滬代表舉行會議。會議暫定以南京偉臨時政府所在地，並推舉了大元帥和副元帥成為臨時的革命首領。黃興以十六票當選為大元帥。章太炎站出來說：「黎先生究系首難的人物，不可辜負他。現在大元帥既選定，請設一位副元帥，並選取黎先生任之。」於是，各省代表再以十五票選舉黎元洪為副元帥。這是陳其美、宋教仁等人預想的結果，他們不願同盟會領導權旁落。但黃興遭到了湖北、浙江軍界的反對，各方對上海另立各省代表大會選舉首領也頗有微詞。在這種氣氛下，黃興不願意就任大元帥，並推薦黎元洪為大元帥。無奈，各省代表移駕南京，再次開會推舉黎元洪為大元帥，黃興為副元帥。

正當革命陣營內部為領袖問題進退維谷的時候，傳來了孫中山歸國的消息。

孫中山是在美國丹佛，在為革命前途陰鬱的時候，從報紙上得知武昌起義的消息的。多年的流血犧牲，終於把清朝統治打開了一個豁口。

孫中山預計這個豁口會越來越大，終將推倒整個清朝統治的大壩。由於對國內形勢非常樂觀，孫中山決心在回國前先為革命黨人進行一番

外交活動，「決先從外交方面致力，俟此問題解決而後回國。」所謂的外交，主要是為即將誕生的民國政府爭取西方列強的支持。孫中山透過美國人荷馬李與四國銀行團商談停止對清朝政府的貸款，同時希望向新中國放貸。四國銀行團的答覆是，這兩件事情需要等新政府正式成立後和政府磋商，拒絕將孫中山視為談判對象。在倫敦，孫中山委託維加炮廠經理向英國外交大臣格雷交涉，提出英國政府停止對清朝政府的一切貸款，制止日本援助清政府，取消英國政府和英屬殖民地對自己的放逐令以便回國等三項要求。對於孫中山的三項要求，英國政府採取了太極手法，既不答應，也沒有反對。孫中山很快就感覺到了英國政府虛與委蛇的態度，感嘆「個人所能盡義務已盡於此矣」，於是從倫敦取道巴黎歸國。

出師不利的殘酷現實並沒有打擊孫中山的樂觀情緒。在倫敦，孫中山拜訪吳敬恆未遇，留條說：「近日中國之事，真是泱泱大國民之風，從此列強必當刮目相見，凡吾同胞自當喜而不寐也。今後之策，只有各省同德同心，協力於建設，則吾黨所持民權民生之目的，指日可達矣。」喜悅之情溢於言表。

一九一一年十二月二十一日，孫中山抵達香港。廣東都督胡漢民和廖仲愷等到香港迎接，與孫中山討論起國內形勢與應對措施。孫中山一心去上海。但是胡漢民不主張孫中山去上海。因為上海和武漢等地的革命黨人就首領職位爭論不休，且革命陣營內部糾紛不斷，如果孫中山去了上海或者南京，雖然會被擁戴為總統，但手下無兵、號令難行，不會有所作為。胡漢民建議孫中山逗留在廣州。嶺南革命氣氛濃烈，同盟會掌握政權，孫中山可以以廣東為根據地，整頓軍隊，循序北伐。滿心喜悅的孫中山認為胡漢民的建議過於保守，堅持去上海，還要胡漢民跟著自己一起去。他說：「以形勢論，滬、寧在前方，不以身當其衝，而退

就粵中，以修戰備，此為避難就易，四方同志正引領屬望，至此其謂我何？」他急切去前方領導軍民，同時針對胡漢民對袁世凱的擔心，說：「謂袁世凱不可信，誠然，但我因而利用之，使推翻二百六十餘年貴族專制之滿洲，則賢於用兵十萬。……我若不至滬、寧，則此一切對內對外大計，決非他人所能任，子宜從我即行。」胡漢民說服不了孫中山，只好放棄廣東都督不做了，委託陳炯明代理廣東都督，跟隨孫中山同船赴滬。

別人是近鄉情更怯，孫中山卻是越快到革命前線越樂觀。儘管共和國還停留在計畫之中，有一大堆破舊立新的事情需要處理，孫中山躍躍欲試，說：「現在各國政府士大夫，均望文速歸，組織中央政府。此事一成，財政外交皆有頭緒。此外問題，亦因之迎刃而解。」早在巴黎，孫中山就向國內《民立報》發電轉呈軍政府，建議早日確定總統。電報說：「文已循途東歸，自美徂歐，皆密晤要人，中立之約甚固。……今聞已有上海會議之組織，欣悉總統自當選定黎君，聞黎有擁袁之說，合宜亦善。總之，隨宜推定，但求早鞏固國基。滿清時代，權勢利祿之爭，我人必久厭薄。此後社會當以工商實業為競點，為新中國開一新局面。

至於政權，皆以服務視之為要領。」當時獨立的數省已經派人在上海商量成立全國政權的問題。孫中山的意見是，不管未來的元首是黎元洪還是袁世凱（當然他對自己出任總統難免也有所期許），早日把人選確定下來才是正道。

孫中山即將回國的消息經報導後，國內軍民對他有很大的期望。很多人想當然認為他籌措了巨款。船到上海，孫中山剛上碼頭，就有記者開門見山，詢問：「您這次帶了多少錢來？」孫中山回答說：「革命不在金錢，而全在熱心。吾此次回國，未帶金錢，所帶者精神而已。」大家紛紛為孫中山的革命樂觀主義鼓掌。然而，「中山的好口才雖能使聽眾大

鼓其掌，然亦顯示出，在這次聯合推牆的眾人之中，他除聲望之外，並無特殊政治實力也。」（唐德剛著：《袁氏當國》）

孫中山崇高的聲望加上同盟會的組織力量，讓領袖選舉一事一下子簡單了下來。革命陣營內部沒有人可以與之較量。在上海，同盟會就議定推舉孫中山為總統了。一九一一年十二月二十九日，在南京的各省代表進行了總統選舉。一共有十七個省的都督派代表參加，這些省分是：直隸、奉天、山東、河南、湖北、湖南、廣東、廣西、福建、山西、雲南、陝西、江西、安徽、四川、江蘇、浙江。計有候選資格者三人：孫中山、黎元洪、黃興。十七省代表依次無記名投票，一省一票，由臨時議長湯爾和（浙江）按省分次序逐次點名。開票結果是孫中山得十六票，黃興得一票。孫中山高票當選。

一九一二年一月一日，孫中山從上海乘坐鮮花裝飾一新的火車前往南京。沿途得到了蘇南各地軍民的夾道歡呼，南京城幾乎是萬人空巷，人們用到火車站歡呼孫中山的到來。孫中山抵達後，四周有重兵護衛，閒雜人等，一概不得上車。孫中山自花車下月臺，手持平常軍帽，身穿土黃色呢質軍服，沒有佩戴簡章金帶等。出站臺後，他轉乘藍色繡花綵綢馬車，向總統府（原清朝的兩江總督衙門、太平天國的天王府）駛去。

軍樂馬隊奏凱旋歌前導，後隨衛隊。總統府大門裝飾醒目，電炬輝煌如白晝，用冬青樹枝紮彩，襯著紅色絲綢。馬車隊到總統府，黃興、徐紹楨恭迎孫中山下車，一行人迎接他入府。

晚上十點，總統府燈火通明，軍樂悠揚。中國歷史上第一次總統就任典禮開始。

「先請大總統就位後，各部人員行三鞠躬禮，各炮臺再鳴炮二十一發……大總統初臨大禮堂。海陸軍代表各省代表們，歡呼萬歲。奏軍樂畢，代表團推景耀月（山西）報告選舉經過，略說：『今日之舉，為五千

年歷史所未有。我國所希望者，在共和政府之成立，及推倒滿清專制政府，使人人得享自由幸福。孫先生為近代革命創始者，富有政治知識，各省公民選定後，今日任職。願先生始終愛護國民自由，毋負國民期望。』並請總統宣誓，即由大總統宣述誓詞如下：

傾覆滿洲專制政府，鞏固中華民國，圖謀民生幸福，此國民之公意，文實遵之，以忠於國，為眾服務。至專制政府既倒，國內無變亂，民國卓立於世界，為列邦公認，斯時文當解臨時大總統之職，謹以此誓於國民。中華民國元年元旦。

孫大總統宣誓畢，代表團景耀月授以大總統印（印文「中華民國臨時大總統印」）並致頌詞。」

孫中山接過大印，在《中華民國臨時大總統宣言書》上，莊重地蓋上了第一個鮮紅的、神聖的印章。

接著，胡漢民宣讀宣言，海陸軍將士代表徐紹楨致頌詞，孫中山答詞，表示要竭盡心力不辜負國民公意。代表和海陸軍將士三呼「中華共和萬歲」，禮成，奏樂，散會。總統就任典禮就此結束，孫中山成為臨時大總統，南京臨時政府成立了。君主專制制度在中國大地被推翻了。

一月三日，各省代表又選舉副總統。黎元洪全票當選。

南京臨時政府基本由同盟會控制。政權組織原則是孫中山倡導的總統制。宋教仁主張責任內閣制，將行政權交給內閣總理，以總統為虛職，被孫中山等人否決。因此，南京臨時政府沒有總理，由總統負責行政。

內閣也由孫中山提名組織。王朝體制下的內閣組織不能適應新形勢了，得重新組織。原來的尚書、侍郎名稱也不能用了，有人提議用「卿」來代替，因為容易讓人聯想起君臣公卿而被否決，最後決定新政府的長官叫「長」，正職叫「總長」，副職叫「次長」。

就職後，孫中山向各省代表提出了內閣名單。第一次提名的內閣組織和成員名單如下：陸軍總長黃興，海軍總長黃鍾瑛，外交總長王寵惠，內務總長宋教仁，財政總長陳錦濤，司法總長伍廷芳，教育總長章太炎，實業總長張謇，交通總長湯壽潛。但是，名單中的宋教仁和章太炎沒有通過。孫中山作了修改，將內務總長換做程德全，教育總長換做蔡元培，內閣名單才通過。

在內閣成員中，除了黃興、王寵惠和蔡元培是同盟會員外，其他各位總長多數是立憲派和前清官員。表面看起來，臨時政府中同盟會勢力低落，實際由於臨時政府成立時間短，國內事務繁亂，除了黃興和蔡元培外，其他總長不是無法到位（在任都督的各位總長）、不願到任（比如張謇，他同時「兼任」著清朝內閣的成員），就是在外為特定事務奔波（比如伍廷芳負責南北和談、王寵惠在上海爭取外國承認），各部門實際主持工作的是次長。孫中山提名的次長名單如下：陸軍次長蔣作賓，海軍次長湯薌銘，外交次長魏宸組，內務次長居正，財政次長王鴻猷，司法次長呂志伊，教育次長景耀月，實業次長馬君武，交通次長于右任。

除了海軍次長外，其他次長都是同盟會員。海軍次長湯薌銘，原系清海軍副艦長，對他的提名曾引起一場風波。湯薌銘是黃興提議的，任命後被留學生揭發曾經在歐洲盜孫中山的皮包向清政府駐法國公使邀功。有人埋怨黃興失察，也有人說皮包失竊一事孫中山並沒有宣揚，如今又重用湯薌銘是寬宏大度的表現。因為次長主張，人們常說臨時政府「部長取名，次長取實」，是「次長內閣」。在位總長和主持工作的次長全部是同盟會員，也就意味著臨時政府完全掌握在同盟會手裡。

陸軍部長黃興兼任了臨時政府的參謀總長，協調各處軍事，又協助孫中山負責人事，是事實上的政府第二號人物。而被各省代表否決的宋教仁，被孫中山任命為總統府法制局長；章太炎被聘任為總統府顧問。

　　此外，胡漢民被任命為總統府祕書長。

　　以上就是中國的第一屆民主政府的組成了。我們可以說它是「民主政府」，卻不能說它是「民選政府」。因為通過它的是各省代表會議——這些代表是地方都督委任的，本身就沒有經過選舉，再由他們通過的政府自然不能算是民選政府了。臨時政府成立後，建立相應的最高立法機關就成了當務之急。臨時政府和各省代表會議商議，決定由各省各「推舉」三名參議員，到南京成立臨時參議院。各省都督接到通知後，有的將原來的都督代表順延為參議員，有的重新派出了新人。多數省分是三名參議員，少數省分只有一名或兩名。一月二十八日，臨時參議院在南京宣布成立，實際參議員只有四十多人。其中同盟會員超過三十人，控制著參議院的絕對多數。同盟會員林森擔任了議長。

　　籌組臨時政府人選時，孫中山剛從海外歸來，對國內人事情況並不了解，人事安排一般遵從黃興的意見。人事問題向來是政權的核心難題，要照顧到方方面面的利益和感受。組織政府前，湖北代表劉成禺等就向孫中山建議多照顧武昌起義的諸位將領，免得武漢方面埋怨、失望。但黃興和武漢方面因為棄守武昌一事把關係鬧僵了，不願推介武漢人選。

　　最終的政府中，除了黎元洪首義名聲難以忽視擔任副總統外，湖北人在臨時政府中沒有一席之地。蔡濟民、蔣翊武、孫武、吳兆麟等起義功臣都名落孫山。孫武之前公開表示想當陸軍部次長，還特地跑到上海給各方面做「公關」。可黃興就是不予考慮，後來任命的各部次長不但全部是同盟會員，而且是起義成功後從海外歸國的。這讓參加各省起義卻沒能進入臨時政府的國內同志們有意見。而孫武大失所望，一氣之下跑回武昌。湖北方面和南京臨時政府開始貌合神離。之後，孫武聯絡了失意的湖北革命黨人和少數政客成立「民社」，擁黎元洪為首領，和同盟會暗中較量，埋下了民國初期種種政治糾紛的隱患。

臨時政府的困境

南京臨時政府成立後，推出了許多振奮人心的政策，讓人耳目一新。

比如臨時參議院決議五色旗為中華民國國旗。國旗的五種顏色代表漢（紅色）、滿（黃色）、蒙（藍色）、回（白色）、藏（黑色）五個主要民族。臨時政府強調五族共和，民族平等。孫中山曾建議用同盟會的青天白日旗為國旗，臨時參議院沒有同意，而將青天白日旗改為海軍軍旗。

武昌起義時所用的十八星旗則成為陸軍軍旗。

又比如臨時政府發布了一系列政策法令，廢除刑訊、跪拜，嚴禁吸食鴉片、纏足、蓄辮等陋習；保護私人財產；宣布新聞及言論自由；廢除讀四書五經，推行近代教育。附著在中國人身上幾千年的束縛，在理論上一下子消除了。

但是臨時政府面臨種種困難，運行並不順暢。孫中山這個總統其實很不好當。

首先，孫中山兩手空空，整個總統生涯一直在為「缺錢」發愁。

孫中山回國身無分文，到上海後全靠陳其美送了一千銀圓資助，才到南京組織起了臨時政府的框架。偏偏臨時政府成立後，百廢待興，前線戰鬥正酣，用錢的地方很多，數額很大。臨時政府卻沒有收入（獨立各省截留稅款自用尚顯不夠，無力支援中央）。孫中山又不能從列強手中收回關稅，列強銀行團也拒絕向臨時政府貸款（沒有一個外國政府承認南京臨時政府）。沒有錢，日子沒法過。一次安徽前線告急，急電中央催糧催餉。孫中山緊急批示：撥二十萬元濟急。胡漢民持總統手令前往財政部撥款，發現國庫之內竟然只有銀圓十塊！財政問題成為臨時政府的頭號問題。黃興曾求工商總長「張謇設法向上海方面借幾十萬元以

應急，他一拖就是個把月，急得先君走投無路」。臨時政府實業總長張謇原本就有為政府「創收」的責任，加上監管鹽務，所以在解決財政危機方面責無旁貸。但是張謇等人在袁世凱和臨時政府之間搖擺不定，在財政問題上陽奉陰違，前後籌款不過一百萬元。而他控制的兩淮鹽稅在一九一一年十二月至一九一二年二月的三個月內至少收入四百萬元。張謇的作為，代表了南方許多舊官僚和立憲黨人的姿態。他們正準備看臨時政府的笑話呢！眼看軍隊在饑寒交迫中作戰，黃興甚至表示準備「剖腹以謝天下」。

沒有接受過財政經濟訓練的孫中山只能迎難而上，但他想出來的方法卻是「厲行徵發」，希望透過加大老百姓的稅負來克服財政困難。黃興強烈反對，老百姓的日子已經很難了，不能涸澤而漁。據說，正當他一籌莫展時，總統府裡有個差人，在太平天國的時候給天王洪秀全當過差，來報告說當年「天朝」即將滅亡的時候在某地埋下了金銀財寶，數額估計還清外債還綽綽有餘。孫中山病急亂投醫，連忙派人去挖，結果什麼也沒挖到。最後，孫中山硬是想出了一個「好方法」，計劃將獨立各省的官辦實業公司抵押給外國銀行，借款來解決財政困難。據說，孫中山的這個方法是在日本人的「啟發」下想出來的，不久（一九一二年二月）就發生了南京臨時政府批准官辦的江西漢冶萍公司改為「中日合辦」漢冶萍公司，以此向日本借款五百萬日元的事件。消息傳來，輿論譁然。

臨時政府尚未有所作為，就將國有企業抵押給了日本。同盟會內部紛紛指責孫中山此舉賣國，張謇、章太炎等原來就不接受孫中山作為的力量更是拚命反對。張謇致書孫中山、黃興，抨擊「抵押貸款」說：「何至以此區區數百萬之款，貽他日無窮之患，為萬國所歡笑！」他堅決請辭實業總長的職務。客觀地說，孫中山此舉並非賣國，而是政治經驗不足，缺乏財政手段導致的。他本人很快意識到了問題的嚴重性，誠懇地

接受了批評，解釋貸款是「民軍待哺，日有譁潰之虞，譬猶寒天解衣裘付質庫，急不能擇」。此議就此結束，不再重提。

孫中山把主要精力投在籌款找錢問題上，終日奔忙，始終沒有籌措到足夠的款項。臨時政府在財務方面的失敗，讓絕大多數政務難以推行，政府和孫中山本人的威望都受到沉重的打擊。

其次，臨時政府的軍事力量非常薄弱。獨立各省各自為政，各自軍事力量就不強大。獨立後各地紛紛擴軍，大部分入伍新兵是城鄉貧民，軍政府沒時間也沒經濟能力對他們進行系統的軍事訓練。因此，革命軍各部雖然形式上具備軍師旅團營連排的編制，其實是烏合之眾。依靠這樣的軍隊推翻清王朝，是不現實的。

南北方還處於戰爭狀態，孫中山其實是一個「戰爭總統」。南京臨時政府成立後，隨即號召北伐，沒有放棄用戰爭推翻清朝。可孫中山能夠直接指揮的軍隊，只有聚集在南京周邊的少數軍隊。南京的軍隊素質普遍很差，黃興認為這樣的軍隊根本沒法和北洋新軍作戰。而從各地參加北伐的軍隊中，有戰鬥力的部隊很少。至於各省都督的軍隊，黃興是調不動的，他和湖北軍界和浙江軍界的關係很糟糕，更是無法指揮這兩處軍隊。孫中山既沒有嫡系部隊，又沒有支持戰爭的經濟能力，實際上他的軍令往往出不了南京城。孫中山的可貴之處就在於，他往往明知不可為而為之，用堅毅、剛強和樂觀，組織起了一次北伐。

早在一月四日，孫中山就致電廣東陳炯明，命令他迅速出兵北伐：「中央政府成立，士氣百倍，和議無論如何，北伐斷不可懈！廣東軍民，勇敢素著，情願北伐者甚多，宜速進發。」十一日，孫中山宣布自任北伐軍總指揮，任命黃興為陸軍總參謀長，並制定分兵六路直搗北京的宏偉北伐計畫。誠如孫中山北伐需要向陳炯明等地方都督要兵一樣，臨時政府的北伐本質上是一個空架子。由各地派兵拼湊起來的北伐軍，

是由烏合之眾倉促組成的烏合之眾。戰爭只在安徽、江蘇北部和陝西、山西等局部地區有小規模的戰鬥。值得稱頌的是，從東北難逃的藍天蔚在一月率領主要由上海起義敢死隊和青年學生組成的北伐軍數千人，聯合部分滬軍、閩軍和光復軍，分乘海容、海琛和南琛三艘軍艦以及其他運輸船從海路北上，進攻山東沿海地區。這支北伐軍成功攻占了煙臺，並且和京畿和關外的革命黨人取得了連繫。這是臨時政府北伐取得的最驕傲的成果。不過很快就遭到了山東清軍的阻擾，進展局限在煙臺一地。

臨時政府在財政、軍事兩方面困難重重，步履蹣跚。革命黨人內部卻瀰漫著一股「改朝換代」成功之後的喜悅之情，很多人墮落了，沉溺於勝利後的享受之中。南方富庶的大城市都在革命黨人囊中，各級政權需要建立，有些革命黨人熱衷追求個人的官位與利祿，修建私宅、迎娶妻妾、貪汙受賄，甚至喝花酒吸鴉片。晚清官僚的腐朽作風，在一些新人身上迅速擴散。藍天蔚在大連革命失敗、逃到南方後，見到同志們的墮落情形，痛心疾首，泣告大家：「目前漢陽已被清軍攻破，清廷正在進行最後掙扎，敵眾我寡，大家齊心協力尤恐難於取得最後勝利，現在竟內訌起來，重蹈太平天國的覆轍，這怎麼能行呢？」為了引起注意，藍天蔚舉槍自擊，擊傷了左腕。還有革命黨人錯誤認為，革命黨本為革命建立，現在革命成功政府建立，革命組織已經沒有存在的必要的。他們鼓吹取消革命組織，轉入和平的建設，還批評那些堅持參加革命組織活動的同志們「恐怖」、「戀棧」。

除了「改朝換代」等錯誤思潮興起外，革命陣營本身存在的問題（派系鬥爭、缺乏執政人才等）在革命初步勝利後，也被放大了。各種錯誤思想攪和在一起，革命黨人禍起蕭牆，出現了內訌苗頭。孫武、張振武、劉成禺等人是武昌首義英雄，但在臨時政府成立後沒有得到「安排」，氣憤之餘開始大肆攻擊同盟會和孫中山、黃興。劉成禺公開辱罵孫

中山為「海賊」。部分湖北舊官僚和立憲黨人組織「民社」，推黎元洪為首領，企圖與孫中山的臨時政府分裂。

最讓親者痛仇者快的內訌發生在上海。策劃上海光復的同盟會陳其美與光復會李燮和在勝利後各自為政，李占據吳淞，自稱吳淞都督，和陳其美武力對抗。而陶成章則設光復軍司令部於上海，招兵買馬，威脅到陳其美的權勢。光復會的力量在浙江蓋過同盟會，原來的都督湯壽潛被孫中山任命為交通部長後，浙江方面有意推舉光復會領袖陶成章為新都督。這更加引起身為浙江人的陳其美的嫉妒和猜忌。陳其美衝動之下，指使拜把兄弟蔣介石在上海法租界廣慈醫院將陶成章暗殺。（蔣介石事後被安排去日本「躲避風頭」。）陶成章遇刺前還在病床上慷慨陳詞：

「現時對異族革命雖漸成功，但政治革命尚甚艱巨。北方未定，北伐尤急，滿清殘喘，原不足平，但北洋軍閥勢盛，尤以袁氏司馬昭之心路人皆知，不可不有嚴重策略對付，當須國民加倍團結，一致剷除，免得再勾結帝國主義禍國加甚。」陶成章死後，《民立報》刊登大標題新聞：〈陶成章死不瞑目〉。光復會的勢力迅速削弱。（另一重要領袖李燮和之後北上投靠袁世凱，後來參與袁世凱竊國。）

臨時政府的困境和革命內部的分化，讓新政權對社會的控制很弱。

社會並不穩定 ── 當然，其中也有新舊交替時帶來的不穩定因素。

晚清時的社會控制不見了，新政府又提倡民權和自由，社會一下子不知道怎麼個「民主」法，不小心就自由過頭了。比如各種社團紛紛成立，多人過江之鯽。上海一地在光復後冒出八十多個大社團來。至於幾個人在上海弄堂亭子間裡宣布成立的小社團就更多了。廣州則有一百一十多個。「那時辦社團的職員，胸前襟章，掛著十個八個，緞綢的也有，洋布的也有，銅銀的也有，五光十色，隨風飛揚。因為有些出風頭的投機分子，一身而兼十多個社團，什麼會長、社長、理事、董事、

幹事、主任等職，聚於一身，東也開會演說，西也開會通電，忙不開交。最奇怪的，有些社團且備有一方長方形木板，寫了『請眾鼓掌』四字，準備顯要們到會演講時，演到某一段落，宣布員把這塊木板向著聽眾一搖，臺下掌聲如雷，跟著發響了。」而「社團的加入，手續簡便，只填一張入會書，繳兩三元會費，即發給襟章一個。因之諸色人等胸前掛有襟章的，觸目皆是。好像身上沒有襟章，是不時髦，不愛國，甚至反對共和似的。」可見，其中真心為國家建設和社會發展的社團不多，多數是為私人牟利或者乾脆混吃混喝的。民國初年後，上海方言中多了一個詞，叫做「亭子間政治家」，說的就是這些「混」社團的人。

每次政權更迭，總有不法分子渾水摸魚。獨立時的戰鬥，也在社會上留下了不少軍火和散兵游勇。治安問題考驗著新生政權。在廣州，軍政府為了顯示革命軍的「強大」來震懾不法分子，經常讓革命軍士兵在街頭巷尾徘徊。士兵們手提白布巾，包著一個牛奶罐式樣的東西，對外假稱是炸彈，或者在香菸盒子或者牛奶罐子裡藏些泥沙，照樣用布包起來，對外假稱是軍火。有時候，革命軍也要演示一下「炸彈」的威力。

沒有真炸彈，怎麼辦？有人就想到用電燈泡代替，把電燈泡裝些鐵片火藥什麼的，甩出去聲音不小，迸發出來的碎片還有一定的殺傷力。光復初期，廣東警察廳長是陳景華。廣東都督給了陳景華特權，允許他對案卷不用呈准，可以斷然處理便宜行事，只須事後呈報備案。這就給了他「先斬後奏」的特權。陳景華執法嚴苛，廣州城內有許多鼠竊狗偷的地痞、扒手、流氓，祕密社會的會員、打手，恃強凌弱的暴徒、流氓，都被抓起來吃「蓮子羹」（廣東話把槍斃諱稱為吃「蓮子羹」）。有一個時期，槍決犯人之前都給他一支「強盜牌」香菸抽，結果強盜牌香菸一時無人問津。廣州好在有一個陳景華，軍政府尚能穩定治安，少數缺乏強權人物的地方，治安問題堪憂，最後不得不搬出晚清時候的那一

套嚴刑峻法，或者乾脆把晚清衙門的那一幫書吏衙役都召回來穩定社會局面。

臨時政府舉步維艱，獨立各地社會不穩，擁戴袁世凱出任總統收拾局勢的聲音日益響亮。黃興致信袁世凱說：「明公之才，高出興等萬萬。

以拿破崙、華盛頓之資格出而建拿破崙、華盛頓之事功，直搗黃龍，滅此虜而朝食，非但湘鄂人民戴明公為拿破崙、華盛頓，即南北各省當局亦無不有拱手而聽命者。蒼生霖雨，群仰明公。千載一時，祈毋坐失。」

難道臨時政府的困境只有請出袁世凱才能解決？袁世凱會接受民主共和嗎，革命黨人又如何約束他呢？

山雨欲來
── 一個嶄新時代的踉蹌起步

山雨欲來—— 一個嶄新時代的跟蹌起步

民國成立後，遇到當官的不用跪拜了，腦袋後面不用垂辮子了，一般國民的心理卻不能立刻從根子上轉過彎來。就說剪辮子的事情，光復後大城市裡經常有大兵背著槍拿著剪刀，看到辮子就剪。

人們臨時剪掉辮子，頭上四周光光，中間露出一兩寸長的辮子根，頭髮披散，如秋天亂草。也有思想保守的人，不肯剪去辮子，把辮子盤在頂上，戴帽子遮著來做偽裝，大約就像魯迅在日本留學時諷刺一些留學生的「富士山」。還有迷信的人，事先選擇吉日，祭拜祖先，然後剪去辮子。更有聯合多人同時剪辮子的，到時燃放爆竹，舉行公宴，非常隆重。

不過，截至四○年代，中國還有不肯剪辮的人。

社會習俗如此，政治慣性更大。民主、民權的思想對各級政權有多大的改變，進而對老百姓的現實生活有多大的改變呢？一九一一年前後，全國各地多災多難，非旱即澇，老百姓生活困苦。比如蘇南的無錫、常熟、江陰三縣的交界地區大雨成災，地主紳商趁機囤積糧食牟取暴利。

饑餓的農民搶糧抗稅。武昌起義消息傳來，農民們高興極了，都說：「皇帝已經沒有了，租米可以不交了。」方圓幾十里的貧苦農民紛紛組織起來，同心抗租。不料，江蘇光復後，無錫軍政分府迅速成立，首腦是一個官僚地主家庭出身的同盟會會員，成員基本是地主和舊官僚。新政府催迫農民照常交租，還在當年年底派軍警下鄉逮捕了抗租的農民首領，行為和晚清政府無異。同樣的事情還發生在山西省東南的長治、高平。

當地農民自發組織乾草會，抗拒苛捐雜稅。太原光復後，兩縣的各鄉乾草會號召百姓組織起來，要求免糧免稅，並放火燒毀了許多大地主的家。不久，民國新縣官上任，地主們湧到縣裡、省裡控告「刁民」。新政府照樣保護地主，派兵鎮壓農民組織。傳統政治彷彿是一汪死水，水面起的風要深入水底，讓水流暢起來，還有漫長的路要走。

南北議和

　　革命引發了戰爭，但是戰爭並不是目的，只是推翻清朝的手段。不僅是立憲派、普通商民不希望戰火蔓延，就是革命黨人也不願看到戰火塗炭生靈、摧毀村莊和城鎮。如果能和平地透過談判解決南北雙方的政治問題，如果能不戰而屈人之兵，推翻清朝，革命陣營非常願意坐下來談判。

　　清軍占領漢陽後，袁世凱就授意清軍停止進兵。之後，北洋軍和湖北軍政府達成了停戰協議。加上南京戰鬥的勝利，之後敵我雙方再沒有爆發激烈戰鬥。南北雙方都尋求在談判桌上解決問題。十二月七日，清廷任命袁世凱為全權大臣，負責與南方和談。袁世凱即委派唐紹儀為全權大臣總代表，南方則公推伍廷芳為獨立各省議和總代表。十二月十七日唐紹儀到達上海，南北和議正式開始。歷來決定談判結果的不是正式代表的表面磋商，而是桌子底下的斡旋。本次南北和談，幕後角色都聚集到上海趙鳳昌的「惜蔭堂」私宅商討。趙鳳昌早年曾任張之洞幕僚，在晚清官場有人脈，又與張謇等江浙名流關係很好，和黃興、伍廷芳也能談上話，他家就成了理想的幕後舞臺。事實上，經過武漢保衛戰後，南北雙方都沒有繼續激戰的能力了，所以雙方都想在談判桌上得到政治目的。這一輪和談，南北雙方都相當重視，是真心想談出成果來的。

　　袁世凱相對占有一些優勢。他控制著被各國承認的中國政府，聽命於他的北洋新軍的實力也強於南方的革命軍。國內湧動著擁戴袁世凱出來結束亂局統一南北的呼聲。袁世凱深諳權謀之道，自然會利用這些有利條件來爭取自身利益最大化。袁世凱之前和革命黨人沒有接觸，對革命黨也不了解，迫切需要和革命黨核心建立連繫。於是，刺殺載灃的革

命黨人汪精衛被袁世凱放了出來。有一段日子，袁世凱每天晚飯後都找他來詢問共和、革命等情況。汪精衛一般是七八點進入袁府，和袁世凱談到十一二點才出去。後來汪精衛又推薦了魏宸組。他們討論的內容已經包括君主制和共和制，哪種制度更適合中國。魏宸組大談共和制的好處。袁世凱起初還說官話，後來漸漸不堅持君主制，只說在中國實行共和很不容易。汪精衛和魏宸組都說：「中國非共和不可，共和非公促成不可，且非公擔任不可。」袁世凱半推半就，默許了。他的真實心思是，君主制正在被國民拋棄：「然而彼眾若狂，醉心民主，兵力所能平定者土地，所不能平定者人心，人心渙散，如決江河，己莫能御，爵祿不足以懷，刀兵莫知所畏。似此億萬之所趨，豈一二革命黨所能煽惑。」袁世凱的兒子袁克定的年紀比汪精衛大，袁世凱卻要兒子稱汪為兄。汪精衛從死牢逃生，知恩圖報，在京津與楊度等人發起國事共進會，倡導南北妥協實現和平，後來南下打入了臨時政府內部，鼓吹擁戴袁世凱。

唐紹儀和伍廷芳的會談，因為雙方都有結束戰爭建立新政權的期望，很快就達成了召開國民會議商議國體問題的共識。雙方都同意少數服從多數，用開會來決定中國走君主立憲還是共和立憲的道路 —— 君主專制已經不是南北雙方考慮的選擇了。但是在國民會議的成員、時間和地點等細節上，雙方達成不了一致。

國民會議的結果，君主立憲也好，共和也好，清朝皇室不可能再專制了。他們是最大的失敗者。所以，這個談判「成果」是瞞著清廷進行的。

袁世凱怕消息傳出引起清廷權貴的極力阻擾，更擔心背上背主篡權、欺負孤兒寡母（宣統小皇帝和隆裕太后）的壞名聲。他在一封通信中明確表示自己希望「不辜負孤兒寡婦」。但他想一點都不辜負，是不可能的。

　　實際上，袁世凱已經在利用革命形勢威脅清廷，榨取隆裕和宣統手中的權力了。他能夠做的最現實的事情就是為隆裕和宣統手中的權力找到一個好的「售價」，讓他們避免歷史上末代君王慘遭殺戮甚至滅亡的悲慘命運，能夠有個安逸富貴的後半生。如果能把隆裕和宣統安排好，順利接過他們的權力，袁世凱將是最大的獲利者。可惜，沒等他想好怎麼做，半路殺出一個程咬金來：孫中山歸來！

　　孫中山回國後，南方形勢大變。眾人推舉孫中山為臨時大總統，而且組織了新政府。之前是南方組成鬆散的聯盟和北方的中央政府談判，不是兩個平等的談判對象，而類似於獨立省分和原來的中央政府談判；現在是南京臨時政府和北京的清朝政府談判，是兩個平等的政權在談判。南方的要價水漲船高。儘管孫中山對袁世凱很謙虛，但在給袁世凱的電報中明確表示：「民主、君主不待再計。」南方就在事實上推翻了之前召開國民大會的決議，要求袁世凱只能接受民主共和一條路。至於如何解決清朝政府，讓滿族權貴接受民主共和，就要袁世凱想辦法解決了。

　　袁世凱的惱怒之情，可以理解。他也不是好惹的，很快展開了反攻。

　　首先，袁世凱讓唐紹儀辭去北方和談代表的職務，宣布唐紹儀這個人忒大膽了，之前的談判都是背著他私自幹的，沒有和他商量，因此無效。袁世凱又宣布親自操刀之後的談判，透過電報與伍廷芳直接談判。

　　袁世凱一上來，就質問南方：「選舉總統是何用意？設國會議決君主立憲，該政府及總統是否亦即取消？」堅持召開國民會議討論共和與君主立憲問題，要求南京臨時政府撤銷。同時，北洋軍將領段祺瑞、馮國璋等四十多人在袁世凱的授意下，於一九一二年一月二日發表通電，主張君主立憲，反對共和，宣稱如果以「少數人的意見」採取共和政體，必誓死抵抗。軍事是袁世凱手中的王牌，北洋軍態度陡然強硬起來，讓南方感覺到了軍事壓力。袁世凱由此提醒孫中山，實力的天平倒向北

方。同時，袁世凱又透過此舉樹立忠臣形象，緩和了一下和清廷的關係。袁世凱還入宮向隆裕太后表示效忠，大談「兵馬未動糧草先行」，向太后索取內宮庫房裡的三百萬兩銀子——他是真沒錢，北洋軍也瀕臨山窮水盡邊緣。內庫銀子可是紫禁城的私房銀，往常都是只進不出的，無奈現在王朝危急要拉攏大兵們，隆裕太后咬咬牙掏出了這筆銀子。袁世凱可謂的「一舉兩得」。

這麼一反覆，和談出現了僵局，就看誰先妥協了。

我們知道南方實力略遜於北方，而南方內部早有擁戴袁世凱的聲音。早在一九九一年十一月初，各省都督代表就在武漢決議：「如袁世凱反正，當公舉為臨時大總統。」孫中山不計較個人名位，在海外的時候就同意選舉袁世凱為大總統，一九一一年十一月十六日致電民國軍政府說：「今聞已有上海議會之組織，欣慰。總統自當推定黎君（指黎元洪）。聞黎有請推袁之說（黎元洪也擁戴袁世凱出面統一南北），合宜也善。總之，隨宜推定，但求早鞏國基。滿清時代權勢利祿之爭，吾人必久厭薄。」他從國家早日穩定和推動社會發展的立場出發，希望早日建立共和國。當時中國人普遍都有這樣的心理。經歷了辛亥革命過程的歷史學家李劍農說：「當臨時政府組織時，一般人的心理，已注定南北議和的成功，已注定清朝皇帝的命運全操在袁世凱手裡，已準備俟清皇位推翻後把臨時大總統的位置作袁世凱的酬勞品，已準備在袁世凱做總統的時候，便得到共和立憲的政治。」因此，南方決定妥協。

南京臨時政府重申了各省都督代表會議的決議，答應只要袁世凱擁戴共和，推倒清朝，依然會推舉他為民國總統；只要清廷自行退位，就給予優待。袁世凱樂在心裡，可有點得寸進尺，提出：清朝退位的同時，南京臨時政府要同時取消，由他在天津成立臨時統一政府。這個條件突破了南方的底線：新的統一政權必須是已經建立的中華民國。南方

肯定不會取消中華民國。孫中山非常憤怒，在一月二十二日將南北談判的內容公諸於眾（那時候的談判是祕密的，不像現在一樣暴露在媒體的螢光燈下），指責袁世凱缺乏誠意。孫中山還強硬地對擁戴袁世凱為總統提出了限制條件：袁世凱要和清朝政府斷絕關係，變為「民國國民」，也就是要求全國統一在中華民國的五色旗下；袁世凱必須由臨時參議院選舉為總統，必須宣誓接受參議院所定之憲法（當時還沒有，但會有的）。孫中山把祕密談判內容全部曝光後，各方面反響強烈。南方雖然有雜音，但基本上對袁世凱另外新政府的條件不能接受。孫中山進一步宣布袁世凱破壞和議，下令革命軍準備戰鬥。北方社會更是炸開了鍋。滿族親貴們知道袁世凱在和南方談判，但不知道袁世凱已經把朝廷給出賣了，換來了一定總統帽子自己戴。他們組成的宗社黨，激烈反對清廷退位，敵視袁世凱。

和談又一次僵住了，還走到了戰爭的邊緣。袁世凱面臨巨大壓力，先讓步，基本上接受了孫中山的要求。南京臨時政府也適當讓步，接受了袁世凱提出的對清室的優待條件。袁世凱能否用優待條件說服隆裕太后主動退步，能否將擔任大總統的諾言變為現實，就看他的努力了。

袁世凱是怎麼做的呢？宣統皇帝溥儀幾十年後回憶說：「我糊里糊塗地做了三年皇帝，又糊里糊塗地退了位。在最後的日子裡所發生的事情，給我的印象最深的是：有一天在養心殿的東暖閣裡，隆裕太后坐在靠南窗的炕上，用手絹擦眼，面前地上的紅氈子墊上跪著一個粗胖的老頭子，滿臉淚痕。我坐在太后的右邊，非常納悶，不明白兩個大人為什麼哭。這時殿裡除了我們三個，別無他人，安靜得很，胖老頭很響地一邊抽縮著鼻子一邊說話，說的什麼我全不懂。後來我才知道，這個胖老頭就是袁世凱。這是我看見袁世凱唯一的一次，也是袁世凱最後一次見太后。如果別人沒有對我說錯的話，那麼正是在這次，袁世凱向隆裕太

后直接提出了退位的問題。從這次召見之後，袁世凱就藉口東華門遇險的事故，再不進宮了。」

溥儀說的「事故」是一九一二年一月十六日袁世凱退朝回家途中遇刺的事。同盟會員楊禹昌、張先培、黃芝明三人藏在東華門大街便宜坊酒樓上，向袁世凱的隊伍投擲了炸彈。袁世凱只受了輕微傷，他的侍衛長袁金標成了替死鬼。事後，袁世凱以「久患心跳作燒及左骸腰疼痛等症」為名請假，不再入朝，讓胡唯德等人作中間人與宮廷聯絡。在重要歷史時刻，這三名革命黨人的行動是幫忙還是搗亂，很難鑑定，不過可以肯定是他們的刺殺並非南京臨時政府指揮的。

溥儀為什麼會看到隆裕太后在哭呢？因為立國三百年的清朝四面楚歌，極可能在她手裡滅亡了。跪在地上的袁世凱拿來了兩份密奏，第一份是駐俄公使陸徵祥聯合各駐外公使的上奏，內容是要求皇帝退位，第二份密奏是內閣全體成員的上奏，內容是認為除了實行共和，朝廷別無出路。密奏中除了縱論形勢外，還有威脅，比如：「海軍盡叛，天險已無，何能悉以六鎮諸軍，防衛京津？雖效周室之播遷，已無相容之地。」、「東西友邦，有從事調停者，以我只政治改革而已，若等久事爭持，則難免無不干涉。而民軍亦必因此對於朝廷，感情益惡。讀法蘭西革命之史，如能早順輿情，何至路易之子孫，靡有孑遺也。」軍隊都叛變了、友邦都背叛了、不接受共和的法國王室被滿門誅殺了，這樣的內容怎麼不讓閉塞懦弱的隆裕太后滿心恐懼？

袁世凱走後，被嚇暈的隆裕太后慌忙召集宗室和親貴們來開御前會議，把情況一一讓親戚們拿主意。王公們先不提主意，紛紛痛批袁世凱，有說袁世凱忘恩負義的，有罵袁世凱一直就不是東西的。袁世凱之前表現得效忠朝廷。武昌起義後，清廷發布過准許百姓剪髮的上諭，留不留辮子由老百姓自己決定。一次散朝，世續指著自己腦後的辮子笑著

問袁世凱：「大哥，您對這個打算怎麼辦？」袁世凱還肅然回答：「大哥您放心，我還很愛惜它，要設法保全它！」這讓很多滿族親貴對袁世凱感到滿意，認為：「袁宮保絕不會當曹操！」其實，那是他們自欺欺人，就像溺水的人連稻草都不放過一樣，無能又伸出險境的滿族親貴們寧願相信袁世凱是忠臣，也不願意去想像他是曹操。如今，幻夢破滅了，那些自欺欺人的人恨恨地說：「誰說袁世凱不是曹操？」恭親王溥偉、肅親王善耆、貝勒載澤和其他年輕的皇親國戚們，都破口大罵袁世凱。奕劻和溥倫流露出贊成退位的意思，立刻遭到了猛烈的抨擊。多數人嚷嚷著要和革命軍決一死戰。在一片怨恨和爭吵聲中，誰都不知道到底應該怎麼應對袁世凱的逼宮。

第二天，御前會議繼續召開。和袁世凱關係密切的奕劻沒敢來，昨天贊成皇上退位的溥倫改變了立場，聲明贊成保留君主。同樣轉變立場的還有昨天嚷嚷著要和革命軍死戰的宗室親貴們，發言主戰的人越來越少，最後只剩下了四個人。載濤主張化整為零，將王公封到各地區建立藩鎮，分踞各地進行抵抗。這個主張很有「復古」風格，放在幾百年前可能有用，如今根本沒人聽。最後，宗室親貴們還有明白人，就說，請太后聖斷，別為奕劻之流迷惑了。最終，這次御前會議又無果而終。

隆裕太后想法是：「我何嘗要共和，都是奕劻跟袁世凱說的，革命黨太厲害，咱沒槍炮沒軍餉，打不了這個仗。」

溥偉和載澤說：「亂黨實不足懼，只要出軍餉，就有忠臣去破賊殺敵。馮國璋說過，發三個月的餉他就能把革命黨打敗。」

隆裕太后哭窮：「內帑已經給袁世凱全要了去，我真沒有錢了！」

溥偉舉出日俄戰爭中日本皇帝和皇后以首飾珠寶賞軍的例子，勸隆裕太后效法。善耆支持溥偉的意見。從日後紫禁城的生活來看，宮廷還掌握著相當多的金銀。但是隆裕太后對整場戰爭的前景表示悲觀：「勝了

固然好，要是敗了，連優待條件不是也落不著了嗎？」

部分宗室親貴不相信民國政府會優待皇室。「優待條件不過是騙人之談，」溥偉就說，「就和迎闖王不納糧的話一樣，那是欺民，這是欺君。即使這條件是真的，以朝廷之尊而受臣民優待，豈不貽笑千古，貽笑列邦？」

針對宗室親貴對優待條款的不信任，袁世凱抓緊說服隆裕太后。他派親信趙秉鈞帶話說：「這個事兒叫大夥兒一討論，有沒有優待條件，可就說不準了！」意思是讓隆裕太后「聖心獨斷」，別聽那些反對意見；再猶豫下去可能連優待條件都沒有了。這已經是赤裸裸的威脅了。

袁世凱還收買了後宮宦官，包圍意志薄弱的隆裕太后。宗室王公們曾千囑咐萬囑咐，讓隆裕太后別把優待條件和太監們說起，可是早被袁世凱收買的總管太監小德張等隆裕一回宮就搶先開口：「照奴才看，共和也罷，君主也罷，老主子全是一樣。講君主，老主子管的事不過是用用寶。

講共和，太后也還是太后。不過這可得答應了那『條件』。要是不應呵，革命黨打到了北京，那就全完啦！」這又是赤裸裸的威脅。袁世凱要讓隆裕太后知道：早點決定退位與否，不然連優待條件都沒了。

最後的刺客

要不要退位呢？事關祖宗留下來的百年基業，隆裕太后等人猶豫不決。

一九一二年一月十二日，良弼、毓朗、溥偉、載濤、載澤、鐵良等以「君主立憲維持會」的名義發布宣言，成立了宗社黨，以良弼為核心。良弼「政治可靠」，而且有真才實學，長期在軍隊中做事，參與改軍制、練新軍、立軍學等，可能是當時清廷中唯一有能力、有膽氣與革命軍一戰的貴族將領了。而宗社黨的宗旨就是保持王朝統治永固，採取仇視革命、扶滿殺漢的極端措施。當時的民政大臣滿人桂春就宣稱，外地不是仇殺八旗子弟嘛，他決心組織滿族警察和貴冑學堂的學生對北京城的漢人實行報復。北京城裡開始流傳宗社黨將採取恐怖行動的說法。總之，一部分王公大臣做出了拚命的姿勢。

一月二十六日，同盟會員彭家珍策劃爆炸，與良弼同歸於盡，隆裕太后和膽小的宗室親貴們被爆炸聲嚇壞了。宗社黨的喧囂趨於沉寂，清廷最終決定讓宣統退位。

彭家珍，四川成都人，當時二十四歲。他能做出如此壯舉來，外人以為他是一個英俊孔武的青年，其實彭家珍既不魁梧，也不英俊，大約只有一百五十幾公分高。他走的是海外革命青年的普遍道路，一九〇六年因成績優等被官府公派日本考察軍事，沒想到彭家珍加入了同盟會。歸國後，彭家珍在四川、奉天等地任新軍軍官。一九一一年，朝廷竟然任命彭家珍為天津兵站司令部副官長（據說是革命同志幫助彭家珍謀得的職位）。他到任後武昌起義就爆發了，配合張紹曾等人將清廷準備南運武漢前線的軍火截留在灤州。彭家珍計劃利用這批軍火起事，後因張紹

曾被罷免而未成。

當時，父親來信催婚，彭家珍回信藉口自己職位低下，缺乏經濟基礎，沒法構建家庭，必須再「邀遊數載，奪得將軍印」，「否則匈奴未滅，何以家為耶」？最終，彭家珍也回家完婚。他把全副身心都投入到京津地區的革命中去。汪精衛在天津成立了同盟會京津支部，汪精衛是支部長，彭家珍是軍事部長。他利用職務便利，將清軍的槍支、軍馬、錢糧和通行證源源不斷地支援給革命同志。事情敗露後，彭家珍遭到清朝陸軍通緝，來往於京、津、奉、滬積極聯絡黨人。四川已經獨立，籌建軍隊，彭家珍可以回家鄉競爭軍隊的領導職位，卻毅然返回北方。

京津的革命基礎遭到破壞，不具備武裝奪權的基礎。彭家珍就聯合敢死同志，組織暗殺團。一月十六日刺殺袁世凱的行動就是京津同盟會策劃的。此後，袁世凱深居簡出，而宗社黨氣焰囂張，成員大多胸前刺有二龍和滿文姓名，在京津等地積極活動，企圖趕走內閣總理袁世凱，由毓朗、載澤出面組閣，由鐵良、良弼等率軍與南方決一死戰。良弼甚至許下三月內擊敗民軍，否則斬首的軍令狀。彭家珍就決定親自刺殺良弼，認為「此人不除，共和必難成立」。

暗殺團反覆討論，彭家珍認為街頭狙擊的辦法不好，準確性差，而且敵人容易逃脫（刺殺袁世凱失敗就是例子），接近目標當面刺殺的方法比較好。可當面刺殺談何容易？

首先，彭家珍不認識良弼。幸虧清廷陸軍的通緝不嚴，彭家珍在京城活動並無障礙。他透過關係，和良弼的朋友搭上關係，並一起賭博。玩樂之際，彭家珍見壁上懸掛權貴官員的相片，不經意地問出了良弼的相片，並偷偷取走。其次，彭家珍如何接近良弼？彭家珍發現自己和良弼的親信，奉天講武堂監督崇恭外貌相似，計劃假冒崇恭去拜見良弼。他印了崇恭的名片，又購買相同的官服，化妝後還真能以假亂真。出發

前，彭家珍和同志們約定，如果行刺失敗被捕，落在良弼手裡就「供認」是袁世凱指使的，讓他們狗咬狗去。

一月二十六日晚，臘月初八，這是北京最冷的時節。北京金臺旅館裡來了一個操北方口音的清軍軍官。他自稱是奉天講武堂監督崇恭，吩咐夥計安排了房間，隨後要了旅館的馬車出門，前往紅羅廠良弼宅第。不用說，這個崇恭就是喬裝打扮的彭家珍，在他軍服的外套裡藏有炸彈，腰間別有手槍。夜幕中的北京城，點點燭火閃爍在灰暗的背景中。

到了良弼府上，彭家珍持崇恭的名帖求見良弼。看門人告之：「大人尚在陸軍部。」彭家珍問：「是否鐵獅子胡同？」看門人稱是。彭家珍轉身準備去陸軍部。他的車在胡同口和對面而來的一輛馬車擦身而過。

彭家珍注意到車中人相貌頗似良弼，就讓馬車停下等候。良弼車到家門口，走下車來，彭家珍已經拿著名帖遞了過來。良弼接過名帖，看來人似乎不是崇恭，感到詫異。這時候，彭家珍從懷中掏出炸彈。良弼看到對方掏出一個黑乎乎的東西，機警地向家裡跑去。彭家珍將炸彈向他猛擲過去。一聲巨響如驚雷劃破夜空，彭家珍頭部被彈片擊中，當場殉國。另有衛兵、馬伕等數人當場死亡。良弼左腿被炸得粉碎，渾身鮮血淋漓，被奴僕們抬去搶救。

數日後，良弼傷重不治。臨死前，他對妻子和女兒說：「炸我者，獨不殺老薩與蔭昌？聆其音確是川人，真是奇男子！（良弼曾在成都生活過。）我本軍人，死不足惜，其如宗社從茲滅亡何？」他的擔心果然沒錯，宗社黨諸人聽說良弼的噩耗後，喪膽氣衰，不敢高調與革命軍為敵，膽小的開始預備後路作鳥獸散了。

袁世凱充分利用良弼的死，給清廷權貴們施加壓力。段祺瑞率領北洋軍將領四十六人聯名奏請清廷「立定共和政體」，警告猶豫不決的王公大臣們考慮身家性命。在生死面前，養尊處優的王公親貴們，紛紛做起

了縮頭烏龜，再也沒有人找出來頑抗革命了。清朝權貴最後的抵抗意識也喪失了。清王朝在彌留之際，連為宗廟社稷死節的忠臣都找不到。而在火燒圓明園、八國聯軍侵華的時候，都有朝廷權貴和官員自盡。王朝氣數真的是盡了。

彭家珍在行刺的前一天，給同志和家人留下了〈絕命書〉。其中寫道：「共和成，雖死亦榮；共和不成，雖生亦辱，不如死得榮。」他以必死之心行刺良弼，人們檢查他的屍體時發現他一隻手裡還緊緊握著另外一枚炸彈。可見當時如果扔出去的炸彈沒有爆炸，彭家珍會扔出第二枚炸彈，直到完成任務為止。他用生命建立了「收功彈丸」的奇效，爆炸發生半個月後宣統小皇帝就宣布退位了。

小皇帝退位，大總統易人

隆裕太后無計可施，只得讓宣統小皇帝退位了。現在的問題是，如何敲定優待條款的具體內容。

隆裕太後代表清王朝放棄了祖宗的江山社稷，自然關心獲得的生活保證。市井百姓買賣商品還要討價還價呢，更何況是江山了。對於袁世凱傳遞的《清室優待條款》，隆裕太后非常重視，「逐字討論，見解明決」。這裡的用詞是什麼意思，那條牽涉到多少銀子的出入，以後可能出現的風險怎麼辦，她都考慮到了。這些條款由梁士詒和唐紹儀在中間傳達，往返商討了幾十次。

隆裕太后是怎樣「逐字討論」的呢？例如，第八款原來內容是「禁衛軍由民國陸軍部編制」，惹得隆裕太后不滿。她擔心紫禁城的禁軍聽命民國陸軍部指揮了，萬一將來民國政府解散禁衛軍，皇室的安全由誰來保證？隆裕太后於是提出，如由陸軍編制，「將來系陸軍部之自由，豈能擔保不解散？」梁士詒等無言以對，退朝後甚為焦灼。民國統一後，總不能讓清廷保留陸軍部吧？怎麼讓隆裕接受軍令統一呢？有人就建議不妨加上「額數俸餉，仍如其舊」八個字，作為一種保證。結果，隆裕太后一看禁衛軍的編制和待遇不變，就輕易滿意了。這一款就這樣掩飾過去了。

最後「精心」敲定的《清室優待條件》如下：

第一款　大清皇帝辭位之後，尊號仍存不廢。中華民國以待各外國君主之禮相待。

第二款　大清皇帝辭位之後，歲用四百萬兩。俟改鑄新幣後，改為四百萬元，此款由中華民國撥用。

第三款　大清皇帝辭位之後，暫居官禁。日後移居頤和園。侍衛人等，照常留用。

第四款　大清皇帝辭位之後，其宗廟陵寢，永遠奉祀。由中華民國酌設衛兵，妥慎保護。

第五款　德宗崇陵未完工程，如制妥修。其奉安典禮，仍如舊制。所有實用經費，並由中華民國支出。

第六款　以前宮內所用各項執事人員，可照常留用，唯以後不得再招閹人。

第七款　大清皇帝辭位之後，其原有之私產由中華民國特別保護。

第八款　原有之禁衛軍，歸中華民國陸軍部編制，額數俸餉，仍如其舊。

一九一二年二月十二日（宣統三年十二月二十五日），隆裕皇太后帶著六歲的宣統皇帝溥儀，在養心殿舉行了清王朝最後一次朝見禮儀。

袁世凱沒有參加最後的朝覲，委派外交大臣胡唯德、民政大臣趙秉鈞、郵傳大臣梁士詒等內閣成員上朝。皇帝要退位了，再行跪拜禮就不合適了。於是內閣成員向面容悽慘的隆裕太后和一臉茫然的溥儀首次行三鞠躬禮。隆裕太后頒下了宣統的退位詔書。全文如下：「前因民軍起義，各省響應，九夏沸騰，生靈塗炭，特命袁世凱遣員與民軍代表討論大局，議開國會，公決政體。兩月以來，尚無確當辦法，南北暌隔，彼此相持，商輟於塗，士露於野。徒以國體一日不決，故民生一日不安。

今全國人民心理，多傾向共和，南中各省，既倡議於前，北方諸將，亦主張於後，人心所向，天命可知。予亦何忍以一姓之尊榮，拂兆民之好惡。是用外觀大勢，內審輿情，特率皇帝將統治權公諸全國，定為立憲共和國體，近慰海內厭亂望治之心，遠協古聖天下為公之義。袁世凱前經資政院選舉為總理大臣，當茲新陳代謝之際，宜有南北統一之

方，即由袁世凱以全權組織臨時共和政府，與民軍協商統一辦法。總期人民安堵，海宇義安，仍合滿漢蒙回藏五族完全領土為一大中華民國，予與皇帝得以退處寬閒，優遊歲月，長受國民之優禮，親見郅治之告成，豈不懿歟。」在詔書中，清廷皇室爭取了主動，表示不願意戰火瀰漫，考慮到全國人民傾向共和，所以主動退位。文末，清廷不無自我安慰地說道：之後我和皇帝過著悠閒寬鬆的生活，接受國民的優待，不是很好嗎？

退位詔書的頒布，象徵著一六四四年開始入主中原的清朝的滅亡。

後人有觀點認為隆裕太后並不知道退位就是亡國，所以輕易頒布了退位詔書。據說後來南社詩人陳去病在北京時，房東恰好是原清室奏事處的太監邱和來。邱和來告訴他，袁世凱將草擬的退位詔書呈遞給隆裕太后時，她根本不知道什麼叫退位，將奏摺在養心殿放了三天，看也沒看。三天後，袁世凱派趙秉鈞、楊士驤等來催逼，隆裕當時就擬旨照准了。趙秉鈞等人接旨後伏地大哭，她還不明所以，見他們哭，自己也哭起來。過了幾天，沒有人再來奏事了，她感到奇怪，問奏事太監。太監回說：「國事已經歸了袁世凱了，太后以後請只問家事！」也有說法是隆裕太后在頒布退位詔書前，知道會有人反對，陸陸續續疏導了反對者的想法。直到十二日當天，還有王公大臣要上殿死諫，不讓皇上退位，隆裕太后得知後，突然變得果敢剛毅起來，告訴內閣大臣們：「我們先辦了這事，我再見他們，免得又有耽擱。」退位詔書蓋印發出後，她才知道鑄成大錯。事後，滿族親貴和八旗子弟都埋怨隆裕太后，埋怨她斷送了清朝江山。隆裕一度情緒敗壞，大罵王公親貴們當日「不出一謀，事後卻說現成話」。但是事情已經無法挽回了，她的身心狀況迅速惡化。

人們在紫禁城裡經常看到隆裕太后神情恍惚，漫無目的地散步，餓了就隨便找找水果充飢。一年後，隆裕太后就快快而死了。民國政府給

隆裕太后很高的評價，協助清廷舉行了隆重的葬禮。

皇上退位了，王公大臣們樹倒猢猻散。一部分王公跑到東交民巷尋求列強保護，慶親王奕劻父子帶上財寶和姨太太搬到天津的外國租界；醇親王載灃在御前會議上一言不發，兒子退位後他也躲進北海邊的王府閉門不出；肅親王善耆在宣統退位前一個月就知道大勢不可挽回，早早攜帶家眷遷居旅順。三百年前，他的祖先皇太極，還有第一代肅親王豪格，在遼東浴血奮戰，開創了問鼎中原的基業；如今，善耆逃回祖先「龍興之地」。出京前，這位鐵帽子王賦詩一首：

幽燕非故國，長嘯返遼東。

回馬看烽火，中原落照紅。

退位詔書是由張謇等立憲派起草的，經唐紹儀轉袁世凱，由清廷發布。但袁世凱做了一個小動作，加了一句「當茲新舊代謝之際，宜有南北統一之方，由袁世凱以全權組織臨時共和政府，與民軍協商統一辦法」。這就意味著清朝將政權委託給了袁世凱，後者是清王朝遺產的真正繼承人，可以與臨時政府進行平等談判。傳統思想濃厚的袁世凱不願意接受來自南方革命陣營的授權，寧願接受清室的授權。這是一個很要命的問題。孫中山就清廷退位詔書向袁世凱提出了抗議，強調共和政府不能由清帝委任組織。但清廷已經退位，「無再起死回生而使之更改之理」，南京臨時政府雖然憤怒，可以抗議，但已經找不到交涉的對象了。

皇帝的退位詔書一經公布就不能再改了。袁世凱透過這樣一個小伎倆，給自己貼了金。

不過，袁世凱逼迫清帝退位的消息傳到南方，還是引起了一片讚嘆聲。「南京各地各色人物彈冠相慶，聯袂北上，其擁袁之熱烈可見一斑。」根據和談條件，袁世凱將取代孫中山出任臨時大總統。清廷宣布退位後的第二天，二月十三日，袁世凱致電臨時政府，宣稱擁護共和政

體，永遠不讓專制君主重現中國大地。孫中山履行諾言，向臨時參議院提出辭職，並推薦袁世凱繼任。二月十五日，南京臨時參議院根據和談協議，選舉新任臨時大總統，仍然是十七省一省一票，袁世凱以全票當選。參議院發電給袁世凱，祝賀他當選。電文中稱讚他為「中華民國之第一華盛頓」。

十六日，袁世凱覆電南京參議院接受臨時大總統。之後，袁世凱通令自二月十八日（陰曆正月初一日）前清所有軍官、官吏一律剪髮。袁世凱本人並沒有剪一個時下流行、代表共和革命的「文明頭」，而是在外務部大樓剃了一個大光頭。從此，大禿頭、留小鬍子、身體發福的形象成了袁世凱的標準歷史像。

後人往往惋惜孫中山將政權拱手讓給北洋系軍閥。殊不知，在一九一二年，這是多數人眼中和平、正常、對國家有利的權力交接。國家不經大戰，共和驟然降臨中華大地，何樂而不為？「辛亥革命黨人其實是很溫和的革命派，他們仍然保持著士大夫的思維方式，在國家面臨危機面前，希望迅速平息革命後的動亂，走上和平建設的道路。儘管他們在理論上信仰共和，但他們很快就和前清立憲派人士在行為方式上沒有多少區別。他們完全沒有進行長期武裝鬥爭的心理準備。這使他們看不清自己面臨的危險。」（朱宗震著：《大視野下清末民初變革》）政治妥協在南北權力交接前後非常頻繁 —— 當然，南方做出的妥協遠遠多於北方。

拿什麼約束袁世凱？

孫中山還沒對袁世凱完全放心，他推薦袁世凱不是無條件的。

孫中山的辭職咨文附有三項條件：「（一）臨時政府地點設於南京，為各省代表所議定，不能更改；（二）辭職後，俟參議院舉定新總統親到南京就任之時，大總統及國務員乃行解職；（三）臨時政府約法為參議院新定，新總統必須遵守頒布之一切章程。」在這裡，孫中山給袁世凱套了三條緊箍咒：接受《臨時約法》，在南京就職，等袁世凱來北京後再正式卸任。

這三條之中，孫中山最看重的是《臨時約法》。憲法未立，臨時約法就代行憲法職能。西方的法律保障民主制度，人們對憲法和法律奉若神明。孫中山等人受西方教育薰陶，迫切希望給新生的民主共和制度圈上法律屏障。孫中山身為臨時總統，主持了《中華民國臨時約法》的制訂，組織同志加班加點，只用了一個多月就趕在一九一二年三月十一日袁世凱就職前公布。

我們來看看《臨時約法》的具體內容。首先，約法規定自由、平等和權利等原則，它規定：「中華民國之主權屬於國民全體」，「中華民國人民一律平等，無種族、階級、宗教之區別」。人民享有人身、居住、財產、言論、出版、集會、結社、通信和信教的自由；人民有請願、訴訟、考試、選舉及被選舉等權利。臨時約法還規定「中華民國由中華人民組織之」，「主權屬於國民全體」；「以參議院、臨時大總統、國務員、法院行使其統治權」。中國人第一次在法律上擁有如此巨大的權利和自由。這些規定和西方民主國家的憲法精神並無距離。不管這些規定能否落實，它們就像一面面高高飄揚的旗幟，正大光明無可辯駁，沒有後來

者敢反對。整個社會受惠於此，在民國前期氛圍寬鬆，知識分子利用
《臨時約法》規定的集會、結社、言論、出版自由，紛紛組織黨團、創辦
報刊、普及教育，大量介紹西方思想文化。中國人的思想教育程度有了
很大的提高。

其次，《臨時約法》最實質的內容確定了民國實行責任內閣制。約
法採取了宋教仁主張的責任內閣制，給予了議會和內閣很大的權力。議
會選舉內閣，總理領導內閣，對議會負責。總統沒有實權，就是個象
徵，是虛位元首。孫中山等人引入了西方的分權制衡原則，在約法中規
定立法權屬於參議院，參議院有權議決一切法律、預算、決算、稅法、
幣制及度量衡準則，募集公債，選舉產生臨時大總統、副總統，彈劾大
總統和國務員，對臨時大總統行使的重要權力，具有同意權和最後決定
權。大總統是國家元首，總攬政務，公布法律，統率全國海陸軍，但必
須聽命於參議院。比如《臨時約法》第三十四條規定：「臨時大總統任免
文武職員，但任命國務員及外交大使、公使，須得參議院之同意。」大
總統權力還受到了內閣的約束，行使職權時，須有國務員副署。比如第
四十五條規定：「國務員於臨時大總統提出法律案、公布法律，及發市命
令時，須副署之。」最後，參議院有權彈劾罷免總統。總統受參議院彈
劾時，由最高法院組成特別法庭審判。法官有獨立審判的權利。這樣，
約法就徹底否定了集大權於一身的君主專制制度。

袁世凱如果接受了約法，只能得到一個高高在上、空中樓閣般的總
統。不過，袁世凱對《臨時約法》沒有提出任何意見，他不必在條文上
和孫中山糾纏不休。況且，《臨時約法》只是過渡性的憲法，正式國會
召開後，必須制訂正式的憲法，後面還有應付的手段。

袁世凱口頭發誓遵守《臨時約法》了，至於他怎麼認知這部根本大
法、如何去遵守，其他人不知道也管不了。相反，袁世凱覺得孫中山提

出的三項條件中，最要命、最緊迫的是前兩條。袁世凱不能離開經營多年的北方，更不願意到南京去接任總統。

袁世凱的實力根基是北洋新軍，盤踞在華北地區。軍事強人很在意地盤，何況現在又是天下紛擾的亂世。袁世凱老擔心一旦離開了老巢，權力就失去了根基，甚至連性命也可能受到威脅。

不過，老道的袁世凱不會明著說「我不去南京」，相反，他給孫中山發電報說：「世凱極願南行，暢聆大教，共謀進行之法。只因北方秩序不易維持，軍旅如林，須加部署，而東北人心未盡一致，稍有動搖，牽涉全國。諸君皆洞鑑時局，必以諒此苦衷。」他以此為藉口遲遲不肯南下。糊塗的參議員們竟然主動通過了定都北京的決議，引起了孫中山的震怒，黃興甚至揚言要派兵捉拿那些同盟會的議員。參議院不得不重新開會，作出了定都南京的決議。孫中山派蔡元培等五人為迎袁專使，宋教仁也是使團成員，到北京迎接袁世凱南下就職。

面對孫中山派來了蔡元培、宋教仁、汪精衛等「迎駕」專使，袁世凱高規格接待，舉辦了盛大的歡迎儀式。袁世凱重申非常希望早日南下就職，還與五位專使商談了南下路線：走水路呢還是走陸路呢？五個專使天真地心花怒放，以為此行任務必將圓滿完成，於是拍電報給孫中山：「袁將不日到位。」

二月二十九日，北京城突發兵變。曹錕的北洋第三師在北京鬧市哄搶市場，產生了惡劣的影響。日後的戲劇理論家齊如山剛從法國歸來，穿著西裝，在崇文門大街上足足站了五六個小時，目睹了亂兵搶、燒各店鋪的過程。北洋大兵們將齊如山當成了日本人，對他很客氣，還時不時向他請教所搶財物的價值。齊如山看到有人衝入鐵鋪，一無所獲，將窮鐵匠打了一頓。有人搶了冥衣鋪裡的壽衣、被子之類，問齊如山是不是綢子。齊如山想告訴他們是不能用的冥衣，可又怕他們別處搶，就說

是，看著亂兵高高興興地抱著壽衣走了。又有人搶到貂褂，不知道是什麼，向齊如山諮詢。齊如山告訴他們是名貴的貂皮，亂兵們歡天喜地而去。

我們知道，北洋新軍在清朝招收的士兵基本是忠厚的農家子弟，對搶劫的事情很外行，也沒見過什麼好東西。不過，這一次兵變開了一個惡劣的先例。官兵們在兵變中「收穫」豐厚，開始「迷戀」上了兵變。進入民國後，北洋軍兵變迭起，各級長官為之頭疼。不知道最初兵變的始作俑者直到後事，會不會後悔？

專使團住處周圍，槍聲尤其密集。有子彈射入專使居處，蔡元培等人跳窗而逃，倉皇避入東交民巷內的六國飯店，僅以身免。接著，天津、保定相繼出現兵變。事後北京查點，發現有四千餘家商舖在兵變中遭到哄搶，京奉、京漢鐵路局和大清、交通、直隸三家銀行以及制幣廠也遭到劫掠，損失白銀九百多萬兩。東安市場、東四牌樓等處被焚燬，大火綿延三日。兵變後的北京城，街市白天如同黑夜，店鋪住戶閉門不出，路上只有巡邏的兵士和站崗的警察以及棄置的死屍。淒涼景象持續了約一週時間。列強駐華公使紛紛調集軍隊進入北京保護使館的「安全」。北京的政局真的不穩了。

兵變後，北洋將領通電全國主張「大總統在北京就職」，北方部分人士也籲請袁世凱「萬勿南下」。袁世凱因此再次要求暫緩南下，先在北京就職。蔡元培等人返回南京，也說北方多出兵變，的確需要有人穩定局面。臨時政府緊急商討，到底要不要讓袁世凱在北京就職，要不要遷都北京呢？許多人主張讓黃興統帥大軍北上，名義上是迎接袁世凱南下，實際上是掃蕩北洋軍閥勢力。會上，宋教仁認為這樣就挑動全面內戰，不同意。馬君武立即指責宋教仁在為袁世凱做說客，出賣革命。說到激動處，馬君武揮拳打傷了教仁宋的左眼。場面一時失控，孫中山責令馬

君武向宋教仁賠禮道歉,而袁世凱暫緩南下一事就此擱置。關鍵時刻,西方列強支持袁世凱,接受北方不穩,紛紛向北京地區增兵,製造緊張氣氛。舊官僚、立憲派和一些革命黨人也擁護袁世凱在北京就職。

上海十多家報紙還聯名致電孫中山,主張建都北京。孫中山無奈妥協,同意袁世凱在北京就職。

北京兵變恰是時候,幫助袁世凱破除了孫中山的兩大緊箍咒。那麼,這次兵變到底是袁世凱的苦肉計呢,還是真的軍隊失去了控制?支持袁世凱的著名外國記者莫理循認為是前者,並對袁世凱感到失望。他說:「我感到太難過了,因此不得不把這一切打電報告訴了《泰晤士報》。人們在過去幾個月裡見到我一直把袁世凱說成是大局的唯一希望,我真不知道人們現在會怎麼想。」也有人認為是北洋新軍確實不願意袁世凱離開北方,不願意中央政府定都在南京,那樣只會削弱北洋軍在全國政局中的地位。他們認為兵變是自發的,並不是袁世凱授意的。

不管是誰發動的,袁世凱是最大的受益者。一九一二年三月十日,袁世凱的臨時大總統宣誓就職大典於在京舉行。袁世凱以河南腔的北京官話宣讀誓詞。兩天前,袁世凱電傳給臨時參議院的誓詞說道:「深願竭其能力,發揚共和之精神,滌盪專制之瑕穢」,並表示:「謹守憲法,依國民之願望」。但在正式宣誓時,袁世凱把後一句改為了「速定憲法,副國民之願望」。三字之差,難道是口誤嗎?同日,袁世凱授權唐紹儀組織新內閣,以取代孫中山在南京的臨時政府。

典禮結束後,袁世凱一行在院外走廊處與紛至沓來的記者交臂而過。《民國報》記者梁漱溟觀察近在咫尺的袁世凱:「矮墩墩的個頭,光著禿腦袋(帽子拿在手裡),留著短鬚,已有幾根花白,鬍鬚周圍及兩頰都沒有修刮乾淨,一套軍服也是皺皺巴巴的,與大總統就職的莊重典禮很不相稱,尤其是那副漫不經心的模樣,分明是很不鄭重。」

四月一日，孫中山正式卸任臨時大總統的職務。孫中山讓位於袁世凱的手續最終完成。卸任後的孫中山希望將主要精力放在經濟發展上去，開始轉向籌劃中國鐵路建設。

第二天，臨時參議院決議臨時政府遷往北京。部分革命黨人還是對袁世凱不放心，孫中山安慰他們說：「總統不過國民公僕，當守憲法，從輿論。文前茲所誓忠於國民者，項城也不能改。」那是他的思維，袁世凱可不這麼想。如果沒有保衛約法的實力，如果有人不從約法不從輿論，你能將他如何？

南北統一，中華民國定都北京，辛亥革命至此可算結束。從表面看，革命取得了成功，共和國成立了。實質上，以袁世凱為代表的、脫殼於王朝體制的一批人控制了共和國。他們能否將民主共和的旗幟高高舉在中華大地上呢？從日後的事實來看，袁世凱等人並沒有推進民主共和精神，沒有將中國建設為真正的民主共和國。相反，舊權威消失新權威遲遲不能建立，民國初期的中國迅速陷入軍閥混戰中。而孫中山等革命黨人仍然要為民主共和而奔波，發動「二次革命」、護國運動、護法運動⋯⋯

很多人由此認為辛亥革命失敗了，或者起碼是沒有取得成功。圍繞辛亥革命的成敗的爭論到現在都沒有停息。曾經參加過辛亥革命的林伯渠就很感慨地說：「對於許多未經過帝王之治的青年，辛亥革命的政治意義是常被過低估計的，這並不足怪，因為他們沒看到推翻幾千年因襲下來的專制政體是多麼不易的一件事⋯⋯古人不以成敗論英雄，我們也不能因辛亥革命的失敗，而忽視它本身的光芒，以及由它而揭開的新的鬥爭的序幕。」

附錄一
──辛亥革命大事件年表

時間	大事記
\multicolumn{2}	1908 年（光緒三十四年）
2 月	2 日，清廷授醇親王載灃為軍機大臣。 湖北大冶鐵山、漢陽治鐵場和江西萍鄉煤礦合併組建漢冶萍煤鐵廠礦公司。「漢冶萍煤鐵廠礦有限公司」資本2,000萬元，盛宣懷任總理。這是中國最大的聯合企業。
4 月	由孫中山等策畫，由黃興發動的欽州、廉州、上思武裝起義，因缺乏後援而失敗。
5 月	河口起義失敗。
6 月	清廷頒布各省諮議局章程及議員選舉章程。 全國掀起立憲請願高潮。
8 月	27 日，清廷宣布預備立憲以9年為期限。
9 月	22 日，清廷公布《欽定憲法大綱》。這是中國歷史上第一部憲法。
11 月	14 日，光緒皇帝病逝於瀛臺涵元殿，終年37歲。 15 日，慈禧太后葉赫那拉氏病死，終年73歲。 安慶新軍起義失敗。
12 月	2日，溥儀即位，定明年為宣統元年。 13日，群治學社成立，在湖北新軍中謀劃革命，是為文學社的前身。 去年，湖北、湖南籍年輕同盟會員在東京成立共進會。
\multicolumn{2}	1909 年（宣統元年）
1 月	2 日，軍機大臣、外務部尚書袁世凱開缺回籍。

時間	大事記
2 月	17 日，清廷命各省正式成立諮議局
5 月	清廷宣布宣統皇帝為海陸軍大元帥，親政之前由攝政王代理。
10 月	4 日，張之洞去世。
11 月	湖北紳商軍學各界組成湖北鐵路協會，開展拒款築路鬥爭，反對借外債修鐵路。
12 月	16 省諮議局代表齊集上海，決定赴京請願早開國會。 本年，共進會在武漢、長沙成立湖北分會和湖南分會。孫武在湖北新軍中「抬營主義」穩妥發展同志。
	1910 年（宣統二年）
1 月	16 省代表赴京請願遭拒。
2 月	20 日，立憲派喉舌《國風報》在上海創刊。主持人梁啟超。 27 日，熊成基謀刺海軍大臣載洵和薩鎮冰，未成被殺。 本月，陶成章、章太炎在東京重建光復會，李燮和擔任南部執行員，重新在東南地區發展光復會組織。
3 月	長沙四處發生搶米事件，浙江嘉興發生罷工、罷市風潮。 清廷郵傳部准許湖北設立商辦粵漢、川漢鐵路公司。
4 月	汪精衛等人刺殺載灃未遂被捕，此事轟動全國。
6 月	立憲派發動第二次請願高潮。
7 月	清政府公布人口調查數字，全國人口為 4.2 億。
9 月	18 日，群治學社更名為振武學社，在新軍中建立祕密的標營代表制度，聯絡革命官兵。 安徽北部地區連年災饉，民情困苦。饑民聚眾起事。 夏秋之際，東三省水災遍地，難民數以十萬計。 蘇北各州饑民搶糧。

10 月	3 日，清政府資政院正式成立，舉行開院禮，攝政王載灃宣布訓辭。 7 日，請願代表發動第三次聲勢浩大的請願活動。
11 月	3 日，孫中山等人在馬來西亞檳榔嶼開會，決定發動廣州起義。 4 日，清廷決定原訂於宣統八年立憲期限，縮改於宣統五年，實行開設議院。 清廷向美、英、德、法銀行團貸款1,600萬英鎊。
12 月	東北發生鼠疫，死亡6萬多人。

時間	大事記
	1910 年（宣統二年）
1 月	30 日，振武學堂武昌更名為文學社，推蔣翊武為社長，並創辦《大江報》宣傳革命。
4 月	8 日，溫生才擊斃廣州將軍孚琦後被捕。 27 日，廣州起義，72名烈士葬身於黃花崗。
5 月	8 日，清廷裁撤軍機處和舊內閣，成立責任內閣。奕劻為總理。該內閣中皇室成員占絕對的數量優勢，因此被稱為皇族內閣。 9 日，清廷宣布「鐵路國有化」政策，計劃將商辦鐵路收歸國有，激起全國怒潮。 11 日，文學社、共進會召開第一次團體合作會議。 18 日，清廷命端方為督辦粵漢、川漢鐵路大臣。
6 月	6 日，廣東鐵路股東反對鐵路國有，力爭商辦。 17日，商辦川漢鐵路股東大會在成都組織「保路同志會」。不久，四川省等地也紛紛成立「保路同志會」。
7 月	5 日，清廷嚴各省議員，不得干預朝政 。 6 日，四川士紳電盛宣懷，反對借款喪權。 17 日，湖廣總督瑞澂下令查封文學社的《大江報》，逮捕主編兼總經理詹大悲。 31 日，宋教仁在上海成立同盟會中部總會 。
8 月	2 日，趙爾豐取代王人文出任四川總督。 下旬，四川保路同志會號召罷市、罷課、抗糧、抗捐。 浙江杭嘉湖紹四府遭遇水災，一片汪洋。直立東安永定河漫口。濟南等處發水災。

9 月	7 日，趙爾豐大開殺戒，釀成「成都血案」，激起民憤。 8 日，保路同志軍開始圍攻成都。圍城人數不下20萬。 20 日，清廷調端方率領湖北新軍31標，32標入川鎮壓保路運動。 24 日，文學社、共進會舉行聯席會議，決定中秋節(10月6日)起義，推舉劉公為總理，蔣翊武為軍事總指揮，孫武為軍務部長。同日，南湖炮隊暴動失敗。湖北官府決定新軍中秋節不放假。 25 日，榮縣獨立，為全川乃至全國的獨立先導。

時間	大事記
10 月	3 日，湖廣總督瑞澂召開防務會議，決定調集兵力，加強防衛，實行戒嚴。 9 日，孫武等在漢口俄國租界趕製炸彈，不慎爆炸，導致起義計畫暴露。湖廣總督瑞澂下令戒嚴搜捕。同日，蔣翊武決定提前到當夜12點起義，後因命令沒有按時傳達，起義發動未果。 10 日晚，武昌工程八營打響起義第一槍，辛亥革命爆發。 11 日，革命黨人宣部成立湖北軍政府。黎元洪出任中華民國軍政府鄂軍都督。 12 日，武漢三鎮光復；清廷派陸軍大臣蔭昌、海軍大臣薩鎮冰等率部鎮壓起義；孫中山在美國丹佛獲悉武昌起義的消息，決定轉赴歐洲進行外交活動，然後回國。 14 日，清廷任命袁世凱為湖廣總督，袁世凱婉拒。 18 日，清軍圍攻漢口，武漢保衛戰開始。 22 日，湖南獨立，成立湖南軍政府，焦達峰當選都督；陝西新軍攻占西安，宣佈陝西獨立。 23 日，江西九江光復，成立軍政分府。 24 日，北方手握兵權的同盟會員藍天蔚和張紹曾等屯兵灤州，聯名電奏清廷要求改革政治，史稱「灤州兵諫」。 25 日，李沛基炸死新任廣州將軍鳳山。 27 日，清廷召回蔭昌，授袁世凱為欽差大臣，統帥海陸軍鎮壓武漢革命軍。 28 日，黃興偕宋教仁抵武昌，指揮漢口保衛戰。 29 日，山西獨立，閻錫山任軍政府都督。 30 日，馮國璋到漢口督軍，下令縱火焚燒。大火燒了3天3夜，漢口的繁華街道變成一片焦土。 31 日，江西獨立，後來由李烈鈞出任都督，穩定政局；蔡鍔等於昆明起義成功，雲南獨立，蔡鍔為都督；湖南立憲派發動兵變，殺害起義領導人焦達峰、陳作新，譚延闓出任都督。

11 月	1 日，清廷宣布解散皇族內閣，任命袁世凱為總理內閣大臣；漢口陷落，革命軍退保漢陽。 3 日，上海光復，陳其美任滬軍都督；黎元洪登壇拜黃興為戰時總司令，黃即日赴漢陽指揮作戰。 4 日，貴州獨立；浙江獨立，後由立憲派湯壽潛出任都督。 5 日，江蘇獨立，前任巡撫程德全出任都督。 7 日，廣西獨立，之後推舉陸榮廷為都督；袁世凱派人暗殺革命黨人、新軍第6鎮統制吳祿貞於河北石家莊，華北新軍起義計畫遭破壞。

時間	大事記
	8 日，安徽獨立，後來由柏文蔚出任都督，穩定政局；徐紹楨率領新軍第9鎮起義。 9 日，廣東獨立，胡漢民、陳炯明之後相繼出任都督；福建獨立。 11 日，袁世凱派人至武昌媾和；在長江的清朝海軍起義；山東宣布獨立，不久又取消了獨立。江浙滬三地組織聯軍，徐紹楨被舉為江浙聯軍總司令。 15 日，獨立各省代表在上海開會，後改在南京開會。 16 日，黃興率軍反攻漢口，經過激戰，傷亡慘重，次日仍退回漢陽。 22 日，重慶獨立。 24 日，江浙聯軍對江寧(今南京)發動總攻。 26 日，奉天革命黨人起義。 27 日，革命軍被迫撤離漢陽。當晚，黃興乘船離鄂；端方在四川被革命黨人處死；四川獨立。
12 月	1 日，湖北軍政府與袁世凱簽訂停戰協議。 2 日，江浙聯軍攻入江寧。南方全部光復，南北對峙局面形成。 2 日，各省都督代表會議通過《中華民國臨時政府組織大綱》，決定如果袁世凱反正，推舉他為臨時大總統。 7 日，清廷以袁世凱為全權大臣，委託代表馳赴南方，討論大局。 13 日，雲南都督蔡鍔主張迅速組織中央政府，定國名為「中華民國」。 18 日，南北議和開始，南北代表伍廷芳、唐紹儀在上海英國租界舉行首次會議。 25 日，孫中山回國抵達上海。 26 日，袁世凱命汪精衛赴上海斡旋南北議和。 29 日，17省代表選舉孫中山為臨時大總統。

	1912 年（民國元年）
1 月	1 日，孫中山在南京就任中華民國臨時大總統。 3 日，黎元洪當選副總統。中華民國臨時政府組成，確定了各部總次長名單。 11 日，孫中山宣布自任北伐軍總指揮，組織6路軍隊北伐。 14 日，良弼等組成宗社黨；光復會陶成章被陳其美派人刺死於上海。 16 日，同盟會張先培、楊禹昌、黃之萌等謀炸袁世凱未中，3人均被捕遇難。 26 日，彭家珍在北京炸良弼。彭以身殉，良弼越2日死。 28 日，臨時參議院在南京成立；29日，選舉林森為議長。

時間	大事記
2 月	12 日，清廷發布退位詔書。清朝滅亡。 13 日，袁世凱通電贊成共和；孫中山辭臨時大總統職。 15 日，參議院選袁世凱為臨時大總統。 27 日，蔡元培等抵北京，迎袁南下。 29 日，袁世凱密令曹錕部在北京發動兵變。
3 月	3 日，中國同盟會在南京召開本部全體大會。宣布其宗旨為「鞏固中華民國，實行民生主義」，並舉孫中山為總理，黃興、黎元洪為協理。 6 日，參議院允袁在北京就職。 10 日，袁世凱在北京就任臨時大總統。 11 日，孫中山頒布《中華民國臨時約法》。 13 日，任唐紹儀為國務總理。
4 月	1 日，孫中山正式解臨時大總統職。 2 日，南京臨時參議院議決臨時政府遷至北京。 4 日，臨時參議院議決該院遷至北京。 25 日，同盟會本部遷往北京。
5 月	7 日，臨時參議院議決，國會採取兩院制，定名為參議院和眾議院。
6 月	29 日，袁世凱任陸征祥為國務總理。
8 月	25 日，同盟會與統一共和黨等4個政團，合併為國民黨，是日在北京召開成立大會，選舉孫中山為理事長。
9 月	25 日，袁世凱任趙秉鈞為國務總理。
10 月	8 日，梁啟超從日本返回天津。

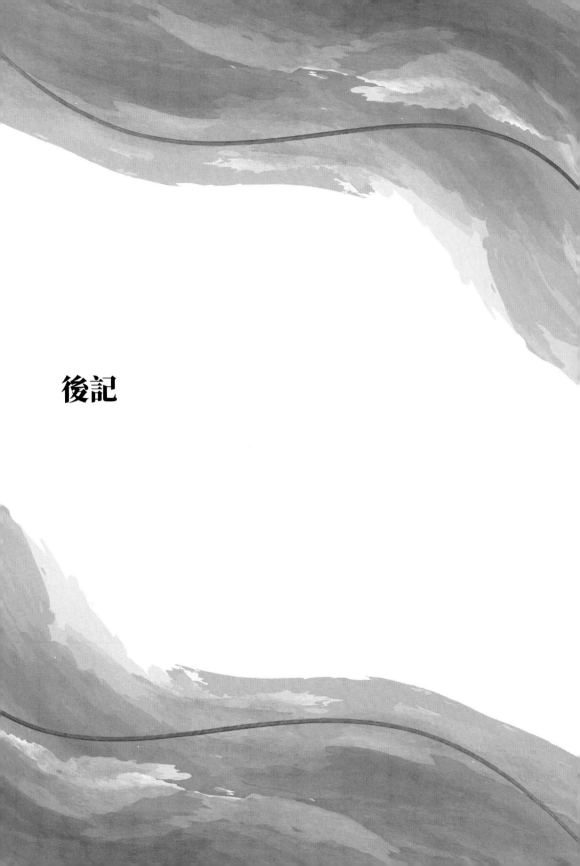

後記

感謝大家閱讀本書。

本書以辛亥革命為核心事件，講述從一九〇八年到一九一二年間的中國歷史和社會變遷。更準確地說，本書開始以宣統皇帝登基，結束於南京臨時政府北遷。這段時間是中國社會劇烈動盪，人物和事件錯綜複雜的時期。這段歷史很嚴肅，描述它的難度很大，我只能憑藉掌握的資料，抓住其中的主要事件，基本按照時間順序來講述，其中穿插重要人物的介紹，點綴有趣的歷史細節。

如今，書稿完成了，我的心情卻沒有輕鬆下來，走不出有關辛亥革命成敗與是非的爭論。從表面看，辛亥革命成功推翻了君主專制王朝，建立了民主共和國。但愚昧、保守、專制、貧弱等名詞並沒有從中國社會上消失。辛亥革命後，有人沉痛地指出：「吾人於共和國體下，備受專制政治之痛苦。」參加了武昌首義的蔡濟民回顧革命則說：「無量金錢無量血，可憐購得假共和。」革命只是掃蕩了中國社會表面的塵埃，消滅了那些張狂阻礙革命的人物，並沒有對中國社會進行猶如手術般的深入變革。其中的原因，我現在相信是中國社會歷史悠久，弊病積重難返。

中國的問題不是一場革命能夠徹底解決的。一九四三年二月，在成都旅行的費正清寫道：「簡直無法相信，在這片土地上竟有那麼多的老百姓，而統治他們的階層竟是那麼少的一小撮。農民和鄉紳都是舊中國的產物，新中國只不過是薄薄的一層，由極少數維持著現代社會運轉的人組成。」辛亥革命只是中國近代變革過程的一個點，既不是開始，也遠不是結束。

本書的重要的參考文獻作者朱宗震老師這麼評價辛亥革命的成敗：「辛亥革命的思想解放，僅僅是在少數人中，在理論上開了個頭。我們的先人從不同的視角作出了自己的努力，甚至獻出了寶貴的生命，我們不應該去侮辱他們的努力和成就，但也要看到前進的腳步是艱難的，不要總是指望一步登天。誇大或抹殺辛亥革命的效果，都無助於我們今天的

努力。」朱老師對歷史研究的定位，我也很贊同。他認為歷史學家不要去設想一個理想的社會發展步驟，也不要去設立一個標準的參照系統，更不要去從事簡單的理論推理，而只需要實實在在地考察運動的軌跡。抱著這麼一個態度，我在書稿中盡量照顧到革命雙方的言行和思想，多陳述而少評論。我始終認為，掃除層層塵埃，盡可能還原歷史原貌，本身就是一件意義重大、難度巨大的研究。

在寫作過程中，最感動我的是那些辛亥革命的先烈們。這是一場年輕人的革命。在現代人看來，他們是祖輩甚至是曾祖輩的人，但當年參加革命時，他們年輕得令人驚奇。那些縱橫疆場、捨生取義的先烈們的平均年齡在二十五歲左右。主持武昌起義的文學社和共進會的領導層的年齡也在三十歲左右。在那個冰冷昏暗的北京夜晚和良弼同歸於盡的彭家珍烈士，犧牲時才二十四歲；而參加廣州起義名揚黃花崗的許多烈士，還剛剛成年。南京臨時政府陸軍部在〈通電紀念殉難烈士文〉稱：「民國統一，共和告成，中外人心，同深歡忭。此實為吾全國殉難諸先烈及戰亡諸將士鐵血之功。」不管後人對這場革命的功過是非如何認定，對那些年輕的生命，我們應該抱有一致的敬仰和緬懷。

本書在寫作過程中，我要感謝有關辛亥革命研究的所有前輩和同行們。有關辛亥革命的一些史實，已經成為我們這個民族共同的記憶。這些史實在文中不另行指出出處。

最後，我要特別感謝唐琳娜。她為本書的寫作傾注了許多心血，貢獻了不少真知灼見，並是本書的第一讀者。本書的架構提綱寫於我從廣州飛往海南的飛機上，唐琳娜當時就坐在我身邊。謝謝她對我一貫的支持和寬容。

謝謝你們所有人！

張程

當革命槍響，天下再無皇帝：

爛尾新政 × 皇族內閣 × 十月圍城 × 光復浪潮……中國維持了上千年的帝制，而今大廈將傾的局面是該推翻還是力挽狂瀾？

作　　者：張程

發 行 人：黃振庭

出 版 者：崧燁文化事業有限公司

發 行 者：崧燁文化事業有限公司

E-mail：sonbookservice@gmail.com

粉 絲 頁：https://www.facebook.com/sonbookss/

網　　址：https://sonbook.net/

地　　址：台北市中正區重慶南路一段六十一號八樓 815
　　　　　室

Rm. 815, 8F., No.61, Sec. 1, Chongqing S. Rd., Zhongzheng Dist., Taipei City 100, Taiwan

電　　話：(02)2370-3310

傳　　真：(02)2388-1990

印　　刷：京峯數位服務有限公司

律師顧問：廣華律師事務所 張珮琦律師

定　　價：375 元

發行日期：2024 年 01 月第一版

◎本書以 POD 印製

Design Assets from Freepik.com

國家圖書館出版品預行編目資料

當革命槍響，天下再無皇帝：爛尾新政 × 皇族內閣 × 十月圍城 × 光復浪潮……中國維持了上千年的帝制，而今大廈將傾的局面是該推翻還是力挽狂瀾？ / 張程 著 . -- 第一版 . -- 臺北市：崧燁文化事業有限公司，2024.01
面；　公分
POD 版
ISBN 978-626-357-909-5(平裝)
1.CST: 辛亥革命 2.CST: 晚清史
628.1　112021676

電子書購買

臉書

爽讀 APP